URBANISTAS E URBANISMO NO BRASIL
Entre trajetórias e biografias

Rodrigo de Faria
Josianne Cerasoli
Flaviana Lira
[orgs.]

URBANISTAS E URBANISMO NO BRASIL
Entre trajetórias e biografias

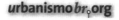

Copyright © 2014 Rodrigo de Faria/Josianne Cerasoli/Flaviana Lira

Grafia atualizada segundo o Acordo Ortográfico da Língua Portuguesa de 1990, que entrou em vigor no Brasil em 2009.

Publishers: Joana Monteleone/Haroldo Ceravolo Sereza/Roberto Cosso
Edição: Joana Monteleone
Editor assistente: João Paulo Putini
Projeto gráfico e diagramação: João Paulo Putini
Assistente de produção: Gabriel Patez Silva
Assistente acadêmica: Danuza Vallim
Revisão: João Paulo Putini

Imagem da capa: Projeto de Vera Cruz, Futura Capital do Brasil, 1955

CIP-BRASIL. CATALOGAÇÃO NA PUBLICAÇÃO
SINDICATO NACIONAL DOS EDITORES DE LIVROS, RJ

U64

URBANISTAS E URBANISMO NO BRASIL:
ENTRE TRAJETÓRIAS E BIOGRAFIAS
organização Rodrigo de Faria, Josianne Cerasoli,
Flaviana Lira - 1. ed.
São Paulo : Alameda, 2014
308p. : il.; 21 cm

Inclui bibliografia
ISBN 978-85-7939-257-3

1. Urbanismo. 2. Planejamento urbano. 3. Planejamento
urbano - Aspectos ambientais. I. Faria, Rodrigo de. II.
Cerasoli, Josianne. III. Lira, Flaviana.

14-10595	CDD: 711.4
	CDU: 711.4

ALAMEDA CASA EDITORIAL
Rua Conselheiro Ramalho, 694 – Bela Vista
CEP 01325-000 – São Paulo – SP
Tel. (11) 3012-2400
www.alamedaeditorial.com.br

Sumário

PREFÁCIO. Sobre biografias e trajetórias 7

APRESENTAÇÃO 15

PRIMEIRA PARTE. Trajetórias, biografias e a 25
pesquisa em história da cidade e do urbanismo

O herói da história. Algumas considerações 27
em torno da escrita biográfica
Daniel Faria

Biografia, não mais trajetória: para (re)pensar 55
argumentos de outrora na pesquisa sobre
o engenheiro José de Oliveira Reis
Rodrigo Santos de Faria

SEGUNDA PARTE. Urbanistas e urbanismo: 81
a cidade como objeto de intervenção

Engenheiro-arquiteto João Moreira Maciel e o 83
Plano de Melhoramentos. Autor ou coautor?
Célia Ferraz de Souza

Adalberto Szilard e a contribuição para o urbanismo e a 131
arquitetura no Distrito Federal nas décadas de 1930 a 1950
Vera F. Rezende • Fernanda de Azevedo Ribeiro

Práticas urbanísticas, deslocamentos e cruzamentos: 167
Louis-Joseph Lebret e Antônio Bezerra Baltar no Brasil
Virgínia Pontual

TERCEIRA PARTE. Urbanistas e urbanismo: a escrita 207
da história como campo de investigação

Biografias profissionais de médicos e engenheiros como 209
fonte para a a história da cidade e do urbanismo
Cristina de Campos

As múltiplas linguagens do urbanismo em 231
Luiz de Anhaia Mello: técnica estética e política
Maria Stella Bresciani

A formação do campo conceitual de estudos sobre a cidade: 271
(im)possibilidades de uma abordagem biográfica
Josianne Francia Cerasoli

PREFÁCIO. Sobre biografias e trajetórias

MARIA CRISTINA DA SILVA LEME

Faculdade de Arquitetura e Urbanismo — USP /
Coordenadora da Rede Urbanismo no Brasil

O Seminário que dá origem a este livro traz em seu título uma questão instigante.[1] Indaga dos participantes o que melhor qualificaria o procedimento adotado na pesquisa – se biografias ou trajetórias dos urbanistas – para a construção do campo do urbanismo no Brasil.

Antes de adotar uma ou outra opção, e mesmo concordar que possam estar em oposição, proponho discutir as duas possibilidades e refletir sobre os objetivos, as formas de investigação e de escrita que cada uma coloca para o pesquisador. Adotando e ampliando a interrogação do título do Seminário, como um ponto de partida eu perguntaria: uma biografia literária é diferente de uma autobiografia, ou uma história de vida? O que mobiliza a pesquisa de uma trajetória, de um itinerário é diferente dos motivos que levam a pesquisar e escrever uma biografia histórica?

---

1 Seminário "Trajetórias (biografias?) profissinais: urbanistas e urbanismo no Brasil – documentação e narrativas históricas", organizado pelo GPHUC-UnB/CNPq, CIEC-Unicamp e Rede Urbanismo no Brasil, realizado em abril de 2013 na UnB.

Eu diria que sim.

1. Ao escrever *A mulher calada*, a jornalista americana Janet Malcolm se debruçou sobre as várias biografias já escritas sobre a poetisa Sylvia Plath, pesquisou arquivos e entrevistou familiares. Ela mostra no livro como é tênue o limite entre a ficção e a realidade ao escrever uma biografia que trafega muitas vezes, como no caso de Sylvia, entre as várias versões construídas sobre uma poetisa que adquiriu contornos de mito.

Comentando esta intrigante atividade, ela compara o biógrafo a um arrombador oficial, que invade uma casa, revira gavetas e finalmente ao sair exibe com orgulho o resultado de sua pilhagem. O voyeurismo e a bisbilhotice que motivam tanto os autores quanto os leitores das biografias estariam encobertos por um manto acadêmico protetor.

O biógrafo é apresentado quase como um benfeitor. Sacrifica anos da sua vida ao trabalho, passa horas intermináveis consultando arquivos e bibliotecas, entrevistando pacientemente cada testemunha. Quanto mais o livro revelar este trabalho árduo e cuidadoso, mais o leitor irá respeitar a qualidade literária da biografia, sem levar em conta o potencial caráter transgressor que ela representa.

Janet Malcolm ainda alerta para os riscos que enfrenta o biógrafo ao respeitar os limites traçados por familiares, por amigos ou pelo próprio objeto da biografia. Ao se deixar cercear, não transpondo as fronteiras impostas, o biógrafo estaria traindo o principal objetivo da biografia – a exposição completa, sem censuras, sem reservas de todos os fatos e informações obtidas.

Seriam outros os sentidos de uma autobiografia, empreitada que intelectuais, escritores enfrentam em determinado momento de suas vidas como recurso indispensável para refletir sobre a própria obra.

Porém, mesmo ao propor tudo revelar e expor fatos e acontecimentos da vida com a maior precisão, a percepção que faz de si o autobiografado é muito diferente das leituras que dele fazem seus estudiosos, a cada época gerando uma nova interpretação. Se aplica mesmo àquelas mais diretas, simples relatos e sequências de fatos e acontecimentos. Estes limites são perceptíveis ao confrontar o livro escrito por Robert Moses, em 1970, *Public Works, a dangerous trade* e as biografias escritas sobre este polêmico urbanista. Ele pretendia escrever um livro de referências, com citações extraídas de reportagens, entrevistas, escritos e correspondências, com muitas ilustrações, que tornassem compreensível a todos os cinquenta anos de serviço público à frente da administração de Nova York. Porém, certamente, o alentado livro é muito mais do que isto. Moses não hesita em expor suas opiniões e as disputas em que se envolveu na longa carreira pública. Quatro anos mais tarde, o jornalista Robert Caro expõe estas questões sob um novo ângulo no livro *The power broker: Robert Moses and the Fall of New York*, biografia que lhe valeu o prêmio Pulitzer. Era uma crítica demolidora que desfez a aura de respeito e credibilidade que durante tantos anos cercou Moses. Conforme o título do livro indica, a identidade entre a imagem de Moses e de Nova York tornava impossível tanto uma leitura crítica imparcial como separar as duas biografias, a do urbanista e da cidade a que dedicou sua vida profissional. Foram necessários trinta anos para que uma nova opinião se manifestasse. Em 2007, a historiadora Hillary Ballow propôs uma nova leitura sobre o papel de Robert Moses, atribuindo-lhe a formulação de políticas púbicas que deram as condições para Nova York enfrentar a crise e emergir como centro financeiro e cultural de âmbito internacional no século XXI.

2. Bourdieu (1986) observa que o processo de incorporação de fontes biográficas, tal como a história de vida, entrou de contrabando no universo científico, primeiro de forma silenciosa na etnologia, e depois, com maior estrondo, na sociologia.

Ainda que a ideia de uma sequência cronológica e lógica dos acontecimentos e ocorrências da vida de uma pessoa seja extremamente atrativa e sedutora ao senso comum, é importante lembrar, adverte Bourdieu, que os eventos biográficos não seguem uma linearidade progressiva e de causalidade, que ligue e dê sentido a todos os acontecimentos narrados por uma pessoa. Eles não se concatenam em um todo coerente, coeso e atado por uma cadeia de inter-relações: esta construção é realizada *a posteriori* pelo indivíduo ou pelo pesquisador no momento em que produz um relato oral ou uma narrativa. Essa noção de biografia como sucessão coerente e linear de acontecimentos estaria relacionada a uma determinada compreensão de história como totalidade.

A noção de trajetória é diferente da de biografia. Não se trata apenas do estudo de um indivíduo, mas da posição relativa – pode ser o escritor ou o intelectual – que ocupa no campo literário ou no campo científico.

A historiografia se aproxima da literatura em estudos biográficos e muitas vezes explora outras técnicas, abrindo novas possibilidades, sem as amarras e constrangimentos da pesquisa documental. Quando os indícios são escassos, apenas a combinação engenhosa de fontes diversas permite esclarecer alguns traços e esboçar uma biografia. Ao inserir o personagem no contexto social, intelectual a que pertence, percebe-se os traços em comum, os comportamentos semelhantes que conferem significado a singularidades, ajudam a preencher lacunas, trazem à luz evidências que de outra forma tornariam aquele um caso isolado e único.

Trata-se, portanto, da passagem de estudos de casos para a busca do entendimento e compreensão do grupo do qual aquele indivíduo faz parte. A finalidade não é a justaposição de biografias, mas através da combinação de singularidades, das posições relativas, da contraposição com outros indivíduos conferir um determinado sentido, uma certa consistência que permita vislumbrar os contornos na definição de um campo.

Sergio Micelli utilizou este recurso no estudo articulado de biografias de intelectuais dentro do campo das letras. Algumas características seriam singulares quando estudadas em seu caráter individual, porém, ao serem identificadas de forma repetida e constante, conferem identidade ao grupo a que pertencem, descrevem dinâmicas internas e de inserção social.

3. No caso do urbanismo, campo de conhecimento recente e diverso, conforme as biografias apresentadas no Seminário procuraram construir, as fontes revelam a lenta e laboriosa delimitação, em aproximações com outros campos disciplinares, os embates e tensões na definição de uma identidade. Em cada país ele se estruturou junto a outros campos de conhecimento: emergiu na engenharia, na arquitetura e na sociologia; dependendo do contexto, o urbanismo se organiza como resposta a demandas econômicas, políticas e sociais.

Topalov (1992) relaciona a noção do processo de constituição autônoma da profissão ao reconhecimento social e ao necessário desenvolvimento de uma área de conhecimento: "A ciência urbana ao se constituir no inicio do século está desde logo ligada a uma prática, o planejamento urbano. Ela lhe fornece sua legitimidade, seus conceitos, sua metodologia, seus especialistas". Entretanto, segundo o autor, esta nova prática profissional, tanto nos países europeus como nos Estados Unidos, se formava no contexto da reforma social procurando definir uma nova ordem social mais produtiva e menos conflituosa.

Uma primeira questão que se coloca, portanto, refere-se ao meio em que se organiza o conhecimento e a prática profissional. Observa-se que em alguns países a prática precede a formação institucionalizada em cursos de urbanismo. Ela é acompanhada pela organização em associações profissionais. Poderíamos, portanto, formular a hipótese sobre a necessidade da organização de uma educação formal para legitimar uma prática que vinha se fazendo junto ou sob o contrato de instituições públicas.

No Brasil, o ensino do urbanismo não precede a prática urbanística, mas vem posteriormente com claro indício de a legitimar. Constitui-se a partir das experiências de intervenção na cidade que se fazem no terreno dos projetos de infraestrutura, abastecimento de água, saneamento, nos projetos de abertura e extensão viária, transporte urbano, projetos e abertura de loteamentos e ainda formulação de legislação urbanística. O ensino do urbanismo tem início dentro dos cursos de engenharia e o seu conteúdo reforça o trabalho profissional dos engenheiros civis e engenheiros arquitetos.

A palavra urbanismo é recente e as primeiras referências aparecem em textos elaborados por engenheiros nos primeiros anos do século XX. Antes de ser cunhada, a palavra que a precede é melhoramento urbano. O estudo dos significados da palavra urbanismo, das que a precedem e a substituem fornece pistas importantes sobre as questões que estavam em circulação. As biografias permitem identificar as questões que mobilizaram os urbanistas em cada período e possibilita entender os limites e alcances deste campo de atuação profissional.

Referências bibliográficas

BALLON, Hilary & JACKSON Kenneth (ed.). *Robert Moses and the modern city: the tranformation of New York*. Nova York: W.W. Norton & Company, 2007

BOURDIEU, Pierre. "L'Illusion biographique". *Actes de la recherche en sciences sociales*, vol. 62/63, jun. 1986.

CARO, Robert. *The Power Broker: Robert Moses and the fall of New York*. Nova York: Knopf, 1974.

MICELI, Sergio. *Intelectuais a brasileira*. São Paulo: Companhia das Letras, 2001.

MOSES, Robert. *Public works: a dangerous trade*. Nova York: Mc Graw Hill Book Company, 1970.

MONTAGNER, Miguel Angelo. "Trajetórias e biografias: notas para uma analise bourdesiana". *Sociologias*, Porto Alegre ano 9, nº 17, 2007, p. 240-264.

TOPALOV, Christian. "Os saberes sobre a cidade: tempos de crise?". *Revista Espaço e Debates*, nº 34, 1992.

APRESENTAÇÃO

JOSIANNE FRANCIA CERASOLI
RODRIGO SANTOS DE FARIA

Este livro é resultado do *I Seminário Trajetórias (Biografias?) Profissionais: Urbanistas e Urbanismo no Brasil – Documentação e Narrativas Histórias*, organizado conjuntamente entre o Grupo de Pesquisa em História do Urbanismo e da Cidade (GPHUC-UnB/CNPq), a Rede-Grupo de Urbanismo no Brasil (USP-CNPq) e o Centro Interdisciplinar de Estudos sobre a Cidade do Instituto de Filosofia e Ciências Humanas da Unicamp (CIEC-Unicamp), em abril de 2013, na Universidade de Brasília (UnB). Nele estão reunidos textos apresentados por pesquisadores especialmente convidados pelo Comitê Científico, ou envolvidos na organização do evento, para explorar diferentes aspectos das relações entre trajetórias profissionais e narrativas históricas relacionadas ao campo do urbanismo.

O *I Seminário* teve como objetivo central a construção de um fórum nacional e interinstitucional de discussões entre pesquisadores voltados a estudos sobre atividades profissionais de urbanistas que atuaram no Brasil entre os séculos XIX e o século XX, bem como estudos de caráter reflexivo e teórico acerca

16   RODRIGO DE FARIA • JOSIANNE CERASOLI • FLAVIANA LIRA [ORGS.]

dos procedimentos metodológicos, dos aportes conceituais e do trabalho com a documentação de pesquisa relativa a biografias profissionais. A interrogação explicitada logo no título escolhido para a discussão – *Trajetórias (biografias?) profissionais* – acompanhou todo o debate ao longo do encontro e, a partir disso, delineou também os aspectos centrais desta publicação.

Com base nas conferências e nas mesas redondas realizadas, o livro *Urbanistas e urbanismo no Brasil: entre trajetórias e biografias* percorre esse debate e se apresenta em três momentos. O primeiro, de caráter mais teórico e historiográfico – *Trajetórias, biografias e a pesquisa em história da cidade e do urbanismo –*, apresenta-se em dois artigos: o primeiro problematiza o sujeito e sua historicidade para pensar o urbanista como "herói civilizador", enquanto o segundo, discute argumentos sobre os usos e entendimentos em torno dos próprios termos propostos no seminário – *trajetória* e *biografia* – e analisa uma possível justificativa pela opção por uma *biografia profissional*. As possibilidades dessa opção para se estudar o urbanismo e mesmo a formação do campo conceitual sobre a cidade a partir de uma biografia profissional será retomada, sob a perspectiva da pesquisa histórica, no último artigo do livro, desdobrando essa discussão primeira.

As outras duas partes estão amalgamadas pelo eixo central – os urbanistas e o urbanismo – e priorizam a investigação relativa aos profissionais e, a partir deles, ao Urbanismo, entendido como campo disciplinar constituído ao longo do século XIX e início do XX, em meio a essa atuação profissional. Toda a especificidade de cada uma das partes está delineada na qualificação do conteúdo analítico: primeiro, a cidade como objeto de intervenção, segundo, a escrita da história como campo de investigação.

O conjunto dos três artigos da segunda parte – *Urbanistas e Urbanismo: a cidade como objeto de intervenção* – apresenta uma peculiaridade espacial que permite uma abrangência nacional sobre a atuação dos profissionais no Brasil: Porto Alegre, no contexto da institucionalização do urbanismo nas administrações municipais; Rio de Janeiro, como campo profissional autônomo e em colaboração com administração municipal; Recife, pela atuação em instituições de urbanismo e desenvolvimento externas aos governos municipais, ainda que, nesse caso, com uma abrangência internacional no campo das ideias urbanísticas. Por esse panorama, contempla-se a possibilidade de apreensão das particularidades que caracterizaram os debates em três importantes cidades brasileiras.

A terceira parte – *Urbanistas e Urbanismo: a escrita da história como campo de investigação* – está organizada em quatro artigos, cuja especificidade maior é aquela em que a narrativa histórica depura conceitualmente seus objetos de estudos, no caso, profissionais urbanistas, o campo disciplinar urbanístico e a própria intervenção na cidade. O interesse fundamental está em pensar as próprias fontes documentais, as linguagens e as diversas entradas analíticas possíveis sobre os urbanistas, inclusive como meio para se explorar a formação do campo conceitual sobre a cidade (e de intervenção no urbano), bem como a preocupação com o saber profissional em si, constituído por processos e regimes de historicidade particulares, mas em diálogo com outras transformações históricas e historiográficas.

A organização dos artigos em partes específicas, preservando certa afinidade temática interna, não significa, todavia, que o conjunto dos trabalhos não esteja aberto ao diálogo mais amplo em relação ao debate sobre os profissionais, à formação do campo disciplinar e às intervenções nas cidades. Essa abertura foi inclusive parte dos objetivos do Seminário, que mesmo delimitado pela entrada analítica da atuação dos profissionais, em seu conjunto, possibilitou o debate sobre os processos históricos no Brasil no campo urbanístico desde meados do século XIX.

Nesse sentido, os trabalhos aqui publicados também permitem essa apreensão de caráter histórico, a partir dos profissionais que atuaram nos processos de transformação dos espaços da cidade desde esse período, em ações voltadas à constituição da infraestrutura e modernização urbana.

São plurais as ações e os debates nos quais se pode acompanhar, em movimentos complementares, as trajetórias profissionais e a configuração do campo de atuação e reflexão do urbanismo no Brasil. Essa pluralidade, por si só, não permitiria estabelecer uma única linha de interpretação, ou pressupor uma suposta continuidade entre as diferentes ações, inscritas nas tensões historicamente percebidas, bem como nas distintas escolhas feitas ao longo desses percursos profissionais. Porém, entre as condições de possibilidade configuradas ao longo dessas trajetórias plurais, esta coletânea elege alguns aspectos – ligados a transformações históricas e a trajetórias profissionais – para nortearem a localização das diferentes leituras, como referenciais capazes de situar a amplitude do debate que se abre nesse entrecruzamento entre trajetórias profissionais e formação desse campo específico.

Em um primeiro momento, caracterizam essas ações, entre outras, as intervenções em canalização de rios, a implantação de sistemas ferroviários, o estabelecimento de sistemas de abastecimento de água, de canalização de esgoto e de iluminação pública, além de processos mais amplos de planejamento e expansão urbana, como foi o caso do *Plano do Novo Arrabalde em Vitória* (1896), do engenheiro Francisco Saturnino de Brito (1864-1929). Foi nesse meio de atuação dos profissionais no Brasil, no contexto da passagem do século XIX para XX, que o processo de construção-circulação das ideias urbanísticas sobre a intervenção nas cidades ganhou uma dimensão internacional cada vez mais expressiva, sobretudo nas décadas de 1910 e 1920. Nesse momento, se pensarmos a partir da atuação e trajetórias profissionais – mesmo sem considerarmos, diretamente, a composição constante de um campo comum de conceitos, pressupostos e repertórios partilhados e discutidos entre os profissionais como característica própria do campo do urbanismo, independente de nacionalidades ou posicionamentos particulares –, é possível notar a importância do diálogo aberto com profissionais de diferentes origens para o aprofundamento do campo conceitual e do vocabulário erudito de intervenção nas cidades brasileiras. É notável, por exemplo, a repercussão para o campo do urbanismo das discussões que ocorreram a partir da contratação de Alfred Agache (1875-1959) para a elaboração do *Plano de Remodelação, Embelezamento e Extensão do Rio de Janeiro* (1930), ao mesmo tempo em que Le Corbusier (1887-1965) apresenta croquis propondo uma grande estrutura urbana cortando e articulando a paisagem natural da então capital federal.

Essa articulação internacional direta ocorreu também em outro sentido, qual seja, a partir do próprio Brasil, pela interlocução profissional empreendida pelos profissionais brasileiros. Dois exemplos são esclarecedores dessa articulação: a formação como urbanista de Attílio Corrêa Lima (1901-1943) na França, que depois retorna ao Brasil para atuar profissionalmente tanto no ensino, convidado por Lucio Costa (1906-1998), como na atividade projetiva, com o *Plano Inicial de Goiânia* (1933), e o diálogo empreendido por Victor da Silva Freire (1869-1951) com estudos e profissionais europeus em dois importantes artigos, "Cidade salubre" (1914) e "Melhoramentos de São Paulo" (1911), ao discutir os problemas da capital paulista em diálogo, por exemplo, com os estudos realizados por Camillo Site (1843-1903) ainda no século XIX.

Ainda na abrangência da institucionalização e prática urbanística nas administrações municipais brasileiras, é necessário fazer referência aos Departamentos de Urbanismo já no âmbito da redemocratização legitimada pela chamada Constituição Municipalista, de 1946, especialmente – mas não unicamente –, o Departamento de Urbanismo da Prefeitura do Rio de Janeiro, organizado e dirigido no início pelo engenheiro José de Oliveira Reis (1903-1994), e o Departamento de Urbanismo de São Paulo, criado em 1947 no bojo dos debates profissionais entre os engenheiros Prestes Maia (1896-1965) e Luiz de Anhaia Mello (1891-1974).

Está nesse movimento pela criação contínua das instituições relacionadas diretamente ao urbanismo, pós-1940 e ao longo das décadas de 1950 e 1960, uma ampliação do debate sobre o planejamento municipal, não mais limitando a atuação profissional e a própria compreensão sobre urbanismo e o planejamento urbano às áreas urbanas dos municípios. Aos poucos, é acrescida à pauta do debate profissional e institucional a consideração da dimensão regional do desenvolvimento, com suas implicações para processos de cooperação intermunicipal na elaboração de planos regionais ou, ainda mais abrangente, a cooperação interestadual. Registra-se nesse ponto outro importante momento de interlocução profissional internacional com as visitas do economista e religioso francês ao Brasil, Padre Lebret (1897-1966), e a criação da Sociedade de Análises Gráficas e Mecanográficas Aplicadas aos Complexos Sociais (SAGMACS) (1947), no âmbito intelectual do *Mouvement Économie et Humanisme*, e suas vinculações com profissionais brasileiros, entre eles Antônio Bezerra Baltar (1915-2003), em Recife, e Antônio Delorenzo Neto (1918-), em São Paulo.

Já na década de 1960, especificamente na transição entre a redemocratização pós-1946 e o Golpe Militar de 1964, o processo de institucionalização do urbanismo na administração pública brasileira é incorporado no governo federal com a criação do Serviço Federal de Habitação e Urbanismo (Serfhau) (1964), juntamente com a criação da instituição financeira para gerir os recursos federais no âmbito das políticas urbanas, o Banco Nacional de Habitação (BNH); no caso do Serfhau, sobretudo a atuação de Harry James Cole (1930-1980) após processo de reformulação do órgão, em 1966, tendo desse processo participado e nesse contexto defendendo e divulgando a necessidade do planejamento urbano e dos planos locais integrados.

Desde a atuação nos municípios brasileiros até a atuação no governo federal, muitos foram os profissionais urbanistas

RODRIGO DE FARIA • JOSIANNE CERASOLI • FLAVIANA LIRA [ORGS.]

que, por meio da participação em congressos e encontros científicos e utilizando-se das revistas especializadas como meios de difusão e discussão de propostas, projetos e críticas, apontavam a necessidade de criação de um órgão federal de urbanismo, tal como consta em artigos apresentados no *I Congresso Brasileiro de Urbanismo*, em 1941, especialmente a proposta de criação do Departamento Nacional de Urbanismo, feita pelo engenheiro Mario de Souza Martins (19-) – inclusive incluída como recomendação nas conclusões da Seção presidida por Attilio Corrêa Lima, *História e Divulgação*.

Esse processo histórico passa ainda pela criação da Comissão Nacional de Políticas Urbanas e Regiões Metropolitanas, no âmbito do II Plano Nacional de Desenvolvimento, na década de 1970, com a presença de profissionais contemporâneos, como Jorge Francisconi (19-) e Maria Adélia de Souza (19-), em uma clara articulação multidisciplinar de atuação em temas urbanos e urbanísticos, ele formado arquiteto, ela geógrafa. Impossível também desconsiderar o debate em torno de questões urbanísticas ocorrido no Brasil em função do concurso para Brasília no final da década de 1950, com amplos desdobramentos que extrapolam a temporalidade do concurso, nesse caso, em um debate amplamente inserido na interlocução dos profissionais brasileiros com as discussões realizadas no âmbito dos Congressos Internacionais de Arquitetura Moderna, os CIAM (1928-1956).

São ações e debates plurais, pontuados neste momento em relações constantes entre trajetórias profissionais e composição desse campo de atuação e pensamento sobre o urbano, e que cumprem aqui a tarefa breve de abrir aos debates explorados contribuições aqui publicadas. Por fim, vale dizer que o livro pretende permitir aos leitores uma aproximação com trabalhos e debates direcionados à documentação pesquisada, com ênfase em abordagens teóricas e metodológicas, as particularidades das narrativas desenvolvidas, as categorias analíticas utilizadas nas pesquisas sobre a atuação dos profissionais urbanistas no Brasil. Da mesma forma, propõe-se a contribuir com o campo historiográfico do urbanismo no Brasil, mediante análise dos debates profissionais sobre a construção e institucionalização do urbanismo como campo disciplinar e prática profissional em suas várias possibilidades: na iniciativa privada, em empresas de consultoria, nos setores públicos de urbanismo, no ensino, na produção intelectual em revistas e congressos especializados.

PRIMEIRA PARTE

Trajetórias, biografias e a pesquisa
em história da cidade e do urbanismo

O herói da história. Algumas considerações em torno da escrita biográfica

DANIEL FARIA

Departamento de História/
Programa de Pós-Graduação em História — UnB

Pensando no motivo pelo qual fui gentilmente convidado a participar desse evento e na minha experiência de pesquisa em história, quase sempre lidando com personagens, trajetórias individuais em confronto com as experiências de seu tempo (aquilo que o poeta Nuno Rau chama de dor do século), decidi apresentar uma discussão sobre alguns elementos basilares da escrita biográfica. Mas não qualquer escrita biográfica, e sim aquela que lida com um tipo específico de "herói civilizador" situado na fronteira entre campos que desfrutaram, e talvez ainda desfrutem, de enorme prestígio: a arte, a técnica e a política. Digamos assim: personagens que fazem ou desejam fazer história. Ainda mais se pensarmos que a cidade é o lugar da história por excelência, ao menos no Ocidente.

Neste horizonte, algumas questões pertinentes a teoria e metodologia da biografia, em particular em sua relação com a história, tornam-se particularmente agudas, sensíveis. Optei por dividir tais questões em dois momentos. No primeiro, comentarei a questão do estatuto figurativo da personagem. Evidentemente baseando-se em dados produzidos por

28 RODRIGO DE FARIA • JOSIANNE CERASOLI • FLAVIANA LIRA [ORGS.]

pesquisas, mas os biógrafos e os estudiosos de trajetórias elaboram narrativas e estas, por sua vez, são feitas segundo estratégias, opções, repertórios mais ou menos estabelecidos. Nesse sentido, comentarei três mitos, três modalidades de figuração dos protagonistas da história (que me pareceram inspiradores para nossa discussão): o *homo faber* (o construtor de cidades), o gênio romântico e o engenheiro da Torre de Babel, num viés kafkiano. Num segundo momento, abordarei a temática da própria ideia de sujeito, indivíduo, *eu*, que está implícita na tradição biográfica e que vem sendo largamente criticada pela bibliografia mais recente – críticas que me parecem pertinentes. Por fim, ainda nesta segunda parte, tratarei da dimensão temporal da biografia, da historicidade, e me arriscarei a lançar uma questão mais evidentemente próxima ao campo do urbanismo: em que sentido se pode dizer que o tempo do urbanista antecede o tempo da cidade? Se é que isso pode ser dito.[1]

O herói biográfico e seus mitos

Não entrarei aqui numa discussão mais detalhada sobre um debate que ainda vem se desenrolando no meio historiográfico, mas não há como iniciar essa parte do texto sem que passemos, ainda que brevemente, por ele. Já há algum tempo Hayden White causou um certo furor ao dar proeminência aos

---

1 Uma das limitações da escrita acadêmica é o formalismo das citações. É como se conversas, encontros não fizessem parte da vida intelectual – ou não sejam dignas de registro. Mas o fato é que a maior fonte de inspiração para esse texto foram as conversas que tive com Carlos Henrique Siqueira sobre os paradoxos e a história de Brasília. Ele também me indicou o microconto do Kafka, com que eu encerro esse texto. No momento, em seu trabalho como fotógrafo, Carlos Henrique iniciou um trabalho de reflexão e imagens sobre Brasília.

elementos formais da narrativa histórica, em detrimento dos dados empíricos (WHITE, 1995). Em linhas gerais, este autor afirma que a história é definida antes pelas formas de suas narrativas do que pelos elementos derivados do trabalho de pesquisa (em síntese: os fatos e os documentos). White foi além e procurou fazer uma espécie de mapeamento das formas narrativas disponíveis, num trabalho de fôlego que visava a analisar a fundo o repertório de estratégias, figuras de linguagem e argumentos inscritos em tais formas. O trabalho de Hayden White já foi bastante criticado. Uma das críticas pertinentes se refere ao seu excessivo formalismo, ao desprezo do trabalho de pesquisa que antecede e acompanha a escrita historiográfica. Mas, para a discussão proposta aqui, há uma contribuição essencial: a percepção de que a escrita historiográfica em seu sentido mais amplo (e o mesmo vale para as biografias) é feita com base em estratégias narrativas e que estas, por sua vez, são baseadas em repertórios herdados e compartilhados. Uma sociedade produz estilos, estruturas e modos de contar suas histórias e um narrador específico, mesmo que de modo não intencional, tem isso como ponto de partida.

Entendamos, portanto, o termo *mito* (FARIA, 2006) nesse sentido, de estilo de narrar. No caso da biografia podemos pensar: modos de composição literária de heróis – no sentido de personagens, protagonistas de uma história. Um mito não é, portanto, necessariamente, o mesmo que mentira, invenção, fantasia. É o delineamento de uma trama que cria cenários, temporalidades e agentes, segundo modalidades de encadeamento de eventos, de uso de figuras de linguagem e *tropos* retóricos. Quando certos modos de narrar se repetem e se tornam corriqueiros, temos aí, além disso, algumas constantes culturais. Nesse sentido, um mito também pode ser entendido como uma história exemplar, como figuração imaginária de uma cultura ou sociedade.

Para este texto, escolhi três mitos exemplares, extraídos de fontes diferentes, entre textos filosóficos e literários. Considero-os exemplares para o campo sobre o qual nos debruçamos, porque todos eles envolvem uma relação (mesmo que figurada) com a cidade: com a criação de cidades, com o planejamento, com o controle, com as intervenções. Também são mitos que permitem que pensemos na relação entre técnica, arte e política. Claro que não há a pretensão de que esse repertório aqui discutido seja completo. Outras figuras poderiam ser desenhadas. Além disso, se fôssemos analisar algumas biografias recorrendo a esses três mitos, fatalmente encontraríamos ambivalências, misturas, incertezas. Portanto, essa discussão tem apenas a função de criar um horizonte para um debate. Está longe de ser uma proposta metodológica com o intuito de ser diretamente aplicada a casos específicos.

Dos três mitos escolhidos (o *homo faber*, o gênio romântico e o engenheiro da Torre de Babel) comecemos pelo primeiro e mais antigo. E, desconfio, o mais presente quando o assunto é figuração do urbanista como protagonista da história.

Segundo Hannah Arendt, o campo do *homo faber* é o da fabricação de coisas, o da durabilidade do mundo – cujo emblema máximo seria, na cultura clássica, a cidade (ARENDT, 2009). A autora incluiu a fabricação entre as três atividades mais marcantes da condição humana: o labor (a reprodução da vida), a ação (a capacidade de dar origem a eventos e discursos, esfera da liberdade) e a fabricação. Esse elemento fabril, ou artificial, seria importante porque garantiria imortalidade ao mundo humano – em contraste com a mortalidade das pessoas. Assim, sobretudo, a atividade da fabricação, em seu sentido mais amplo, visaria à transformação da natureza inóspita num território habitável pela condição humana. Teríamos então o próprio palco para o desenrolar da história: as edificações, as cidades.

Figura prometeica, não da criação a partir do nada, mas do confronto com a materialidade bruta, inumana, das coisas – trabalho formal da transformação das coisas em objetos. Porém, não se trata apenas do trabalho em seu sentido físico, porque um planejamento, uma elaboração mental antecederia a atividade do corpo do *homo faber*. Ainda seguindo Hannah Arendt, todo trabalho de fabricação é orientado por um modelo prévio, mental. Neste sentido, é como se a mente conduzisse o corpo na construção do mundo, ou que mundo existisse antes como ideia, e somente depois como realidade. Este aspecto teria, inclusive, sido absorvido pela filosofia, sobretudo a platônica, que criou a figura da verdade como elaboração de figuras mentais, prévias ao mundano – na tese tão repetida segundo a qual as cadeiras particulares são reconhecidas porque existe uma cadeira ideal, mental ou conceitual que as antecede.

Estaríamos, portanto, diante de um dos elementos básicos da chamada razão instrumental. Hannah Arendt observa, melancolicamente, que o mundo contemporâneo teria praticamente retirado a dimensão *homo faber* da condição humana. Viveríamos, atualmente, o império do labor, da reprodução vital e o próprio mundo teria perdido sua marca definidora, a durabilidade, ao ser transformado em objeto de consumo. Isso não significa, porém, que esse mito tenha deixado de funcionar em situações específicas, mesmo na modernidade, operando como modo de figuração heroica.

Penso, por exemplo, na trajetória dos discursos utópicos, sem dúvida tão presentes quando o assunto é urbanismo. A tradição utópica, sobretudo a partir da sua associação com a historicização da política no século XIX (KOSELLECK, 2002) e com os projetos de reforma da sociedade, deu-se, por um lado, como projeção do desejo político por uma outra modernidade, supostamente guiada pelos modelos da razão; por outro, afirmação do poder da escrita e do escritor-planejador, conhecedor da natureza da moral, da desordem do mundo e guia intelectual das multidões. Os cenários, quase sempre urbanos, criados pelas utopias seriam como que a concretização da razão, da ordem, da harmonia. O que pressupõe, por contraste, que o mundo histórico dado, existente, é marcado pela irracionalidade e pela desarmonia.

Emblemática é esta passagem do clássico de Campanella (1978: 263):

> As leis desse povo são poucas, breves, claras, escritas sobre uma tábua de bronze pendente dos intervalos das colunas do templo, nos quais também se vêem, escritas em estilo metafísico e brevíssimo, as definições da essência das coisas, que são Deus, os Anjos, o Mundo, as Estrelas, o Homem, o Destino, a Verdade, etc., na verdade com grande critério.

Assim, podemos dizer que as várias cidades utópicas produzidas na modernidade são tentativas de trazer as essências para o mundo visível das coisas, num desdobramento da atividade do *homo faber*. E não pensemos que isso se limitaria à racionalidade geométrica dos espaços, pois as utopias foram pensadas como lugares de realização da felicidade (MORE, 1980). Este que seria, de acordo com o livro de Thomas More, o tema mais discutido pelos *utopianos*, os quais defendiam a tese de que ser feliz seria conquistar racionalmente os prazeres oferecidos pela natureza, evitando os "prazeres idiotas". E que era, ainda, intensamente retomado no século XIX não somente pelos intelectuais *utopianos*, mas também por toda uma literatura folhetinesca que inseria a felicidade na temática do progresso, da ordem social, da vida plenamente realizada. Destaco isso apenas para lembrar que, entre as figurações do *homo faber*, está a do promotor da felicidade, do condutor das experiências sociais rumo à moralidade e à prosperidade.

Entre os séculos XVIII e XIX assistimos, porém, à cristalização de um novo mito – que não vai, necessariamente, aniquilar o potencial mítico da figura do *homo faber* como herói da razão, mas que vai se sobrepor e muitas vezes entrar em conflito com ela. M. H. Abrams sintetiza essa passagem entre as duas figuras na comparação entre as metáforas do espelho e da lâmpada (ABRAMS, 1971). Se o artista, o criador, no horizonte clássico era visto como alguém que se inspirava num modelo ideal para compor a sua obra, com o romantismo o artista vai ser tratado como aquele que trabalha com a imaginação e a vontade. O gênio romântico seria um plasmador de realidades, tanto quanto o *homo faber*, mas o seu modo de operação seria semelhante ao da lâmpada, que emite luz e calor a partir de sua própria interioridade.

Foram inúmeras as discussões em torno do tema da genialidade – inclusive não limitada à genialidade artística, uma vez que haveria uma genialidade política, uma genialidade científica etc. A título de exemplo, lembro que, segundo Schelling (1978), o artista seria capaz de tornar o absoluto concreto, mediante a criação de objetos estéticos. O gênio criador, neste caso, seria um semideus, pois sua atividade seria a mais próxima da criação *ex-nihilo*. O produto do trabalho artístico solucionaria todas as contradições do mundo, e o seu criador, o gênio, seria encarnação de uma potência obscura, sagrada, de origens miraculosas. O objeto artístico simbolizaria, no mundo concreto, a transcendência do absoluto – especialmente quando realizado pela "poesia pura". O gênio, contudo, não seria apenas o produto de uma individualidade excepcional. Os românticos iam além, e viam na genialidade algo como o próprio motor da história. O indivíduo excepcional seria então um produtor de povos, um criador de história – a história sendo, então, a marcha de efetivação da imaginação genial. Não havendo, portanto, um modelo ideal a ser reproduzido, e sim um universo a ser moldado.

Nem mesmo Nietzsche (2006: 97-96), tão singular em outros campos de reflexão, saiu desse horizonte ao comentar a genialidade. De acordo com o filósofo alemão, um gênio seria o resultado de um imenso acúmulo de forças, uma explosão criativa ocasionada por um trabalho lentamente realizado pela vontade, numa conjunção misteriosa entre história e fisiologia. Assim, para Nietzsche, em *O crepúsculo dos ídolos*, os gênios seriam eclosões da energia acumulada pela experiência histórica. A imaginação genial enlaçando, portanto, passado e futuro.

Uma figura particular que encarnou de modo exemplar a imagem do gênio foi o Fausto de Goethe. Não poucos autores afirmaram que o mundo contemporâneo seria demarcado pelo ímpeto fáustico. Segundo a leitura de Marshall Berman (1988), o Fausto de Goethe é um herói da modernidade exatamente porque parte de um desejo clássico (o desejo de tudo conhecer) para o desejo de desenvolvimento – não reconhecer um mundo dado, mesmo que idealmente, e sim construir realidades. Passando do domínio da razão para o da vontade. É conhecida a passagem de Goethe em que a ação eficaz é defendida como único caminho humano para o conhecimento. Ou seja: não a razão como fonte do domínio sobre a história, e sim a imaginação guiada pela vontade.

Interessa-nos aqui, mais de perto, a parte final do Fausto, tal como analisada por Berman. Isto porque nesta parte Fausto assume como vocação o destino de intervir na natureza e na sociedade, fazendo-se herói civilizador. Berman comenta como, após um momento de extrema melancolia diante do mar, Fausto tem como que uma revelação de que o mar pode ser transformado, de que canais podem ser abertos, portos construídos para a circulação de homens e mercadorias. Ou seja: que mesmo o oceano, uma das figuras mais tradicionais para o inumano, o absoluto, o indomável, poderia ser domesticado pela vontade. Fausto, portanto, teria feito a passagem do conhecimento e autoconhecimento para a imaginação criadora de história. E história entendida como progresso, como vitória humana sobre as forças da natureza. É nesse sentido que o gênio romântico é um gênio simultaneamente estético e político.

Geralmente, ignora-se o sentido trágico do Fausto de Goethe. O ímpeto fáustico como marca da modernidade é tratado num viés épico, de conquista do mundo. Evidentemente, essa não é a perspectiva de Berman – o autor observa que a própria insaciabilidade do progresso indica que o mito do herói fundador está, de fato, despertando forças que o protagonista não pode controlar. O mundo criado pela vontade fáustica segue sua própria marcha, e o que Fausto desencadeia não é tanto um mundo dado, ordenado, e sim um processo que tende ao infinito. E é isto que abre uma brecha para que passemos ao nosso terceiro mito, o do engenheiro da Torre de Babel.

Antes, porém, uma observação. O *homo faber* e o gênio romântico soam hoje mitos datados, anacrônicos. Em vários campos do pensamento, esses dois mitos foram intensamente criticados. Inclusive nas discussões teóricas e metodológicas sobre biografia e estudos de trajetórias AVELAR; SCHIMIDT, 2013 e BORGES, 2011). Afinal de contas, uma questão inicial que se põe para esse tipo de abordagem é exatamente esta: o que é um herói, um protagonista de uma história? Então, elementos como o potencial descontrole do progresso (ou seja, o descolamento entre progresso e forças da razão), a incomensurabilidade do consumo na sociedade do labor, a crítica da ideia de individualidade implícita no conceito de gênio emergem como fontes de estranhamento atual perante essas duas tradições de figuração do herói. Mesmo assim, fica uma pergunta: mesmo que criticado em âmbito acadêmico, será que o tratamento monumental do herói civilizador saiu mesmo de cena? Será que, mesmo que vetados em termos explícitos, o gênio romântico, o herói da imaginação e da vontade e o construtor de utopias não fazem mais parte de nosso repertório?

Para pensar sobre o engenheiro kafkiano da Torre de Babel, recorrerei ao conto "O Edifício", de Murilo Rubião (1998). Os contos de Rubião são excelentes exemplos de literatura fantástica. Gênero caracterizado pela desconfiança de que a razão e a realidade, o bom senso, enfim, são meras ilusões – partes bastante limitadas da história (TODOROV, 1983). Assim, não haveria transparência entre racionalidade e mundo (um dos sinais disso é a mistura entre religião e magia, muitas vezes demoníaca, na literatura fantástica). A imaginação, por sua vez, estaria longe de ser a criadora de realidades do romantismo – estaria mais próxima do delírio, da alucinação. Ou seja, não a potência que faria da humanidade a senhora de sua própria história, e sim a prisão mental reservada ao absurdo da condição humana.

No conto de Rubião, João Gaspar é contratado para concluir a construção do Edifício. Quem o contrata é um misterioso Conselho Superior da Fundação, que teria planejado a obra. O mistério que cerca o conselho deriva do fato de seu título indicar uma certa impessoalidade burocrática, mas somada à arbitrariedade do poder e a uma aura misteriosa que faz o conselho soar como um concílio de sacerdotes. Magia, técnica e política estão, portanto, misturadas. As poucas e enigmáticas ordens do Conselho reforçam essa impressão. Por exemplo, ao advertirem João Gaspar que não se iludisse, porque a obra jamais seria concluída por ele. Ou retomarem uma antiga lenda que dizia que ao chegar ao octingentésimo andar, a construção desandaria em caos.

João Gaspar consegue atingir o tal andar, e nada acontece. Resolve então dar uma festa. A obra continua, mas a sombra

RODRIGO DE FARIA • JOSIANNE CERASOLI • FLAVIANA LIRA [ORGS.]

de algo estranho começa a surgir. Murilo Rubião é um autor refinado e detalhista, e o mal-estar anunciado surge em pequenas expressões como "empolgado por um delirante contentamento, o engenheiro distribuía gratificações". O engenheiro resolve então procurar novamente o Conselho Superior para comentar o sucesso do empreendimento. Descobre, então, que os conselheiros morreram.

O problema é que só eles sabiam o sentido daquela edificação e conheciam a planta da obra. Por que, então, continuar? João Gaspar se decide então a convencer os operários a pararem de trabalhar. Porém, em vão. Os operários pensam que se trata de um teste, de uma estratégia para avaliar seu ânimo de trabalho. Mais ainda, a cada admoestação para que parassem, eles se tornam mais dedicados e envolvidos. Acabam optando por trabalhar de graça na construção interminável do Edifício. João Gaspar não deixa de ir à obra, talvez por reconhecer a insanidade de uma edificação ilimitada, talvez por não ter outro lugar aonde ir, talvez por se sentir culpado por ter desafiado os poderes superiores quando acreditou que tinha derrotado a profecia.

Biografia, trajetórias: o sujeito da história e seus tempos

O que uma biografia ou estudo de trajetória pressupõe? Basicamente, a relação de um personagem com seu tempo: nos mitos aqui citados, temos heróis que fazem a histórica acontecer, que a profetizam e um herói infeliz que padece a história. No sentido mais tradicional, a biografia tende a ser uma investigação sobre a formação de uma personalidade ou então uma seleção de seus grandes feitos exemplares. Então, temos dois caminhos complementares: o da formação do *eu* do biografado e a relação entre este *eu* e um contexto. Essa modalidade tradicional, como já apontamos, vem sendo criticada há bastante tempo. Sobretudo, devido àquilo que Bourdieu chamou de ilusão biográfica – a crença ou o pressuposto de que o sujeito se faz a si mesmo, de que o sujeito é um todo coerente e de que uma vida corresponde à integridade formadora de uma identidade pessoal (BOURDIEU, 1986: 69-72).

Exemplo bastante retomado: Mozart tocando piano quando criança como anúncio de sua genialidade musical posterior. Diante disso, poderíamos nos perguntar: mas não seria a obra de Mozart um resultado de tensões e forças sociais não limitadas ao seu *eu?* E a própria constatação da genialidade musical não dependeria de um aparelho institucional de canonização, criador de uma ilusão retrospectiva – no sentido de que o músico estava previsto na criança?

Enfim, questões desse tipo se tornaram, até certo ponto, bastante corriqueiras quando o assunto é escrita biográfica. Aqui pretendo retornar a elas, mas de um modo um pouco diferente. Pretendo, em primeiro lugar, pensar sobre a questão do *eu*, do sujeito, para discutir, sob um ponto de vista teórico, a questão da construção da personagem. Em segundo, a questão da historicidade – porque uma das bases da escrita biográfica repousa no pressuposto de que o sujeito biografado tem uma relação especial, destacada, com a história. Novamente, questões bastante sensíveis quando o assunto é trajetória de urbanistas, dada suas tradicionais figurações como gênio romântico, herói civilizador, técnico e político, reformador social (mais raramente, personagem kafkiano).

Refletindo sobre a questão formação do sujeito, a palavra *eu* é extremamente simples. E enganosa em sua simplicidade. Quando a usamos como um tipo de conceito, em diferentes situações, geralmente misturamos uma série de pressuposições, mesclando ecleticamente diversas tradições intelectuais e lugares-comuns. *Eu* pode se referir ao sujeito do romantismo: um tipo de depósito de experiências tidas como autênticas, primordiais, bem delimitadas na interioridade, na intimidade da pessoa, sendo mesmo avessas à vida social, por sua vez marcada pelo artificialismo, pelo uso de máscaras, fingimento e opacidade. *Eu* pode ser uma função da consciência que, pelo menos desde John Locke (MICHON, 1999), foi conceituada como a potencialidade de o sujeito conhecer-se a si mesmo, nomear-se no momento em que percebe o mundo, manter-se idêntico a si mesmo apesar da variedade e inconstância dos fluxos da percepção. Neste caso, perceber-se um *eu* seria o primeiro ato do proprietário, do sujeito que toma posse de seu corpo, de suas emoções e se torna apto a fazer parte dos contratos da vida dita civilizada. Posse de si mesmo que se desdobraria em posse do mundo, marca de *humanidade* frente à natureza. Animais, ao contrário, de acordo com essa lógica, não seriam capazes de apropriar-se de si mesmos por meio de um *eu*. *Eu* ainda pode ser designação para a solidão irremediável, a intimidade insondável pelos outros, insensíveis perante a *minha dor*. *Eu* comigo mesmo, meu único interlocutor, sob a tirania da intimidade (SENNETT, 1988).

Não há coerência entre estes usos (como não há na vida), mesmo que muitas vezes eles estejam misturados. Nesse aspecto, *eu* é uma palavra como outra qualquer, repleta de dissonâncias, em que pesem as expectativas exageradas que nela possamos depositar. Mas ainda há outro complicador. Do ponto de vista da enunciação, e não simplesmente do uso, *eu* é um termo sem significado propriamente dito (AGAMBEN, 2008). O que *ele* estabelece é um ponto a partir de onde se fala, uma assinatura. Lugar comum, e não *minha morada*, uma vez que todos e cada um, quando tomam a palavra, usam o mesmo pronome (mas, ao mesmo tempo, lugar necessário porque é nele, com toda sua fragilidade e invisibilidade, que nos inscrevemos na língua e a falamos). *Eu* não produz sentido do mesmo modo que substantivos comuns, dos quais podemos dizer que possuem atributos bem demarcados. Parafraseando Rimbaud, cuja frase de tão repetida já se tornou tão gasta quanto o mais repetido dos pronomes, *eu é qualquer um.*

Destacando que *qualquer* não é o indiferenciado, o homogêneo. Porque, ainda do ponto de vista da enunciação, *eu* faz parte de uma constelação de termos que indicam uma presença, um sujeito por trás dos jogos de linguagem (não no sentido do sujeito como portador de atributos determinados e sim no de potência que dá início a algo, que age). "Eu", "aqui", "agora": termos que podem indicar, como vestígios ou pegadas na areia, a passagem de *alguém*, uma singularidade. Este alguém que recorre à palavra *eu* não é ainda uma pessoa, não tem personalidade, é uma força, dinamismo criador desejante – poético, no sentido pleno do termo. Vista sob tal prisma, a palavra *eu* funciona como uma ponte entre o sujeito *indeterminado*, que todos somos, e um lugar social em que cada fala pode ser reconhecida. "Eu, Daniel Faria": e sobre minhas frases, os diferentes lugares sociais onde sou situado como isto ou aquilo.

Em que pese o fato de muitos poderem confundir este *Daniel Faria* com o poeta português que morreu em 1999. Poucas palavras nos fazem acreditar com mais força em nossa individualidade, mas também poucas palavras são mais vazias do que *eu* (AGAMBEN, 1990: 11).

Daí a fragilidade de todas as tentativas de se estabelecer limites precisos para o *eu*: um termo tão óbvio e esquivo. Porém, as apostas românticas, a filosofia de Locke e suas implicações liberais ou os discursos psicológicos, por vezes instrumentalizados como apelos ao consumismo ou presentes no vocabulário das disputas políticas em torno de questões como quem seria o sujeito mais sincero ou consciente e por isso apto à soberania, não devem ser descartados como meros equívocos. Tais discursos são desdobramentos da busca moderna pelas certezas, num mundo em constante estado de arruinamento e refundação. *Eu* pode, por isso, funcionar tanto como um refúgio quanto como um apelo ao estabelecimento da ordem, indicando que, apesar de tudo, *alguém* fala sob o pronome errante. É mesmo paradoxal se procurar construir a ordem ou alcançar a certeza com base naquilo que é mais frágil, mas é esse paradoxo que vivemos, a modernidade.

A escrita biográfica, como desenho de um *eu*, entra em crise lado a lado com a percepção da fragilidade desse vocabulário que podemos chamar de egoico. Evidentemente, *vida* ("bíos") não é o mesmo que *eu*. Mas ainda assim podemos nos perguntar que tipo de conceito de *vida* está implícito no termo biografia. Agamben mostrou como, desde a Antiguidade, vive-se, no Ocidente, sob um regime em que a palavra *vida* tem dois sentidos diversos, ainda que complementares. De um lado, *vida* no sentido de vida vegetativa, processo fisiológico, laboral, do corpo vivo. De outro, aquilo que foi tratado com *vida humana:* não o processo, mas o discurso, a racionalidade, a consciência que o acompanha. Escravos, animais, bárbaros, todos esses seriam seres sem discurso, sem vida humana em seu sentido pleno, mesmo que dotados de corpos vivos, naquela tradição. Implícito no termo biografia está este segundo conceito de *vida.* Ou seja: a vida que, ao se constituir como discurso, também se define como um *eu.*

Eu consciente de si mesmo e motor da história: matrizes do *homo faber* e do gênio romântico, comuns à escrita biográfica mais tradicional. Em sua própria eloquência, uma fragilidade implícita na fugacidade dos termos com que tentamos capturar um sujeito. Mas não é só isso. Ainda resta um outro universo de questões não bem resolvido pela imagem de sujeito implícita na biografia, o da alteridade. Afinal de contas, o que interessaria no biografado seria exatamente o seu encontro singular e definitivo com os outros. Mas de que tipo de encontro estamos falando? Um encontro entre um *eu* heroico dotado de integridade, imaginação e razão e os outros, habitantes do mundo que *ele* está criando, planejando? Ou seja: numa relação de exterioridade entre o *eu* biografado e os outros que o cercam, como espécies de personagens secundários?

Emmanuel Lévinas (2004) propôs uma revisão radical para o pressuposto ontológico que sustenta esse tipo de pensamento. O pressuposto seria, basicamente, o de que a relação primordial da condição humana é entre a consciência, o sujeito ou o indivíduo e o ser, o objeto, o mundo. Lévinas observa que o próprio sujeito já é constituído na e pela alteridade. E isto desde o simples fato de que o seu nome próprio e o seu lugar no mundo deriva da relação com o outro, que uma voz alheia define seu nome, seu destino. E mesmo o ato de pensar já divide o sujeito em dois, um interlocutor implícito participando de uma discussão interna. Ou ainda, a própria escrita é cisão na subjetividade, e o tempo, um gerador de diferenças. Não haveria, portanto, um sujeito íntegro se defrontando com uma dada realidade, porque o próprio *eu* é pluralidade de vozes. Disso, fica uma pergunta: como seria a biografia de um sujeito exterior a si mesmo, ao invés de íntegro ou coerente? Como fazer um relato de trajetória que dê conta dessa dimensão radical da alteridade?

O aspecto político implícito no tema do herói civilizador coloca obstáculos significativos contra essa abordagem. Isto porque ele pressupõe a imagem de um *eu* que se afirma no e contra o mundo, um soberano que governa e planeja, um técnico que vê o mundo como coisa a ser criada ou reformada. A figura exemplar do governante, especialmente o fundador, é exatamente a de um *eu* que molda o mundo. Dos três mitos comentados na primeira parte desse texto, tudo indica que só o mito kafkiano tem força suficiente para lidar com a questão colocada no nível mais radical da alteridade.

Mas ainda resta um último aspecto do problema a ser tratado. Quando o assunto é urbanismo, o *outro* é, para dizermos em termos mais diretos e pouco sutis, uma cidade. E a cidade, lembremos, seria o palco e a concretização da própria história. Portanto, há uma constelação temática muito interessante que nos lança diretamente na relação entre protagonista e temporalidade, entre biografado e historicidade, sobreposta ao tema do *eu* como outro.

O autor citado no início desse trabalho, Hayden White, também sugeriu que todo relato traz consigo uma imagem implícita de historicidade – presente no modo como a escrita encadeia os acontecimentos, expõe seus motivos ou causas, debruça-se sobre seus efeitos e significados. Só para darmos alguns exemplos, não tirados diretamente de White, mas inspirados em sua proposta, um relato trágico pressupõe uma determinada imagem do tempo. Nesta imagem, o tempo mais parece uma espécie de força cega, irreversível, contra a qual o herói tenta, em vão, resistir. O herói trágico é aquele que, ao tentar ser o senhor do seu destino, age a favor das forças que o destroem. Já um relato épico se dá a partir da imagem de que os feitos e ações do herói se desdobram no tempo, são continuações de sua ação originária. O próprio tempo, aliás, é fundado pela ação do herói. Ele cria a história ao fundar uma nação, uma cidade, um corpo político. Outro seria o tempo de um relato romanesco, em que, depois de peripécias, derrotas e vitórias, o herói e a história se reconciliam num final feliz.

Portanto, temos até aqui um repertório de questões sobre a escrita biográfica, passamos pelo tema do herói ao tema do sujeito, da alteridade e do tempo. Demos mais um passo nos aproximando de algo mais concreto e próximo a nós. Pensemos nas possibilidades de figuração de um herói civilizador brasileiro, seja um político, um escritor ou um urbanista. Ele poderia ser tratado, por um lado, como uma espécie de símbolo do destino nacional – provavelmente, o fracasso (BRESCIANI, 2005). Assim, a sua derrota poderia ser entendida como figuração da própria derrota do país em se constituir como civilização moderna. Esse tipo de abordagem é plausível de ser encontrada exatamente porque um dos lugares-comuns das interpretações sobre o Brasil é justamente o de que o país encarna um desvio, um atraso e mesmo uma paródia no processo civilizador ocidental. Por outro lado, essa própria síntese permite que se figure outro tipo de herói: o modernizador épico. É o caso, por exemplo, do modo como são comumente tratados os intelectuais ligados ao chamado modernismo. A geração de 1922 seria a responsável pela descoberta do Brasil autêntico, pela desalienação do país com relação a si mesmo. Neste sentido, fundadores épicos de uma modernidade brasileira.

Mais um passo e chegaremos a Brasília, palco desse colóquio e também, certamente, um lugar interessantíssimo para pensarmos sobre as questões lançadas pelos temas aqui comentados: figuração do herói, relação do herói com a alteridade e historicidade do herói. Porém, antes, uma breve pausa: o que venho tentando comentar é que toda escrita biográfica ou de trajetória se dá com base em pressupostos e modelos muito variados. Pressupostos sobre o que é um sujeito, quem é o sujeito da história, o que significa e como se dá a passagem do tempo. Mas, além disso, modalidades narrativas que expressam tais pressupostos. Assim, cada um dos mitos comentados na primeira parte deste texto tem sua historicidade implícita, sua concepção de sujeito etc. E, mesmo que um pesquisador não se preocupe com esse tipo de assunto, ele emerge em sua própria escrita, na trama arquitetada.

Quando o assunto é Brasília, os relatos mais banais e corriqueiros que se repetem têm as suas marcas, o seu horizonte comum. No sentido comemorativo, presente em monumentos, notícias de jornal e falas do cotidiano, tem-se a imagem do deserto, o vazio, o inóspito conquistado pela nação. Além disso, as falas sobre a genialidade e a sabedoria técnica daqueles que souberam concretizar, simultaneamente, o que haveria de mais autenticamente nacional e moderno na história brasileira. Neste sentido, e talvez somente neste, entende-se porque tanto se repete que Brasília é uma continuação da obra civilizadora da geração de 1922. No aspecto mais crítico, a ideia de que a monumentalidade da cidade não reflete a genialidade monumental de seus criadores, e sim o gigantismo do Estado, num viés autoritário. Ainda, são recorrentes as histórias assombrosas sobre a violência e o regime de estado de exceção em que a cidade foi construída.

Ao que tudo indica, a fala comemorativa é bastante presente nos discursos dos próprios heróis fundadores, em esforços dispersos de autobiografia. É conhecida, por exemplo, uma entrevista em que Lúcio Costa, ao ser perguntado sobre a possibilidade de um massacre de operários durante a construção de Brasília,[2] responde de três formas. Na primeira, diz que se trata de uma lenda, de um exagero criado pelo falatório popular. Na segunda, diz que não seria de se espantar que tal violência se desse, uma vez que Brasília teria sido construída num deserto, constituindo-se como um verdadeiro faroeste. Na terceira, diz que mesmo que na época ele soubesse de tal massacre, isso pouco importaria, diante da grandiosidade da obra.

---

2   No filme *Conterrâneos velhos de guerra*, dirigido por Waldimir Carvalho em 1991.

Seja como *homo faber*, seja como gênio romântico, o herói é aquele que se antecipa ao tempo. Ele é o criador, o fundador da história. No sentido monumental, por exemplo, Brasília seria a mais perfeita concretização do desejo utópico: construir, do nada, uma cidade transparente à razão – e talvez, até, com alguma dose de pieguice, uma cidade feliz. Seria então esta a forma mais interessante da escrita biográfica de seus heróis criadores, Niemeyer e Lúcio Costa?

Não se trata aqui de substituir a monumentalidade dos mitos do *homo faber* e do gênio romântico por uma espécie de lenda sombria sobre o terror. Mas um paradoxo precisa ser observado, implícito na fala de Lúcio Costa – paradoxo que tem alcance teórico mais amplo. Se Brasília existiu antes como plano mental e depois como cidade, para sua construção uma experiência social teve que ser realizada previamente. Ou seja, a Brasília mental do traçado urbanístico foi precedida por uma outra coisa, um lugar habitado por operários, construtores, aparelho policial etc. *Ainda não* Brasília, mas um lugar que a precedeu e sobre a qual ela foi construída. Espaço em que imperavam leis de exceção, uma espécie arcaica de não cidade, incivilidade, sobre a qual a cidade foi construída. Ou seja: de qualquer modo, o corpo e o tempo humano, também em Brasília, antecederam a biografia de seus protagonistas.

É bom lembrar que O Edifício de Murilo Rubião é misterioso não somente porque seu futuro se abre para o infinito em que a obra se perde na falta de sentido do ilimitado, para um processo interminável. Mas também porque suas origens se perdem num passado indevassável. Há um tempo obscuro do qual a história, como marcha da civilização, emerge. E neste caso pelo menos, novamente, o *homo faber* e o gênio romântico têm que ceder espaço ao construtor kafkiano da Torre de Babel e seu tempo enigmático, incontrolável.

Como na primeira parte esse texto foi encerrado com Murilo Rubião, a segunda parte será fechada com Kafka. Mas como a história contada por Kafka é curta, ela pode ser integralmente reproduzida. E como ela tem a força e a singularidade dos relatos kafkianos, depois dela não há mais nada a ser escrito.

Brasão da Cidade

No início tudo estava numa ordem razoável na construção da Torre de Babel; talvez a ordem fosse até excessiva, pensava-se demais em sinalizações, intérpretes, alojamentos de trabalhadores e vias de comunicação, como se à frente houvesse séculos de livres possibilidades de trabalho. A opinião reinante na época chegava ao ponto de que não se podia trabalhar com lentidão suficiente, ela não precisava ser muito enfatizada para que se recusasse assustado ante o pensamento de assentar os alicerces. Argumentava-se da seguinte maneira: o essencial do empreendimento todo é a ideia de construir uma torre que alcance o céu. Ao lado dela tudo o mais é secundário. Uma vez apreendida na sua grandeza essa ideia não pode mais desaparecer; enquanto existirem homens, existirá também o forte desejo de construir a torre até o fim. Mas nesse sentido não é preciso se preocupar com o futuro; pelo contrário, o conhecimento da humanidade aumenta, a arquitetura fez e continuará fazendo mais progressos, um trabalho para o qual necessitamos de um ano será dentro de cem anos realizado, talvez em meio e além disso melhor, com mais consistência. Por que então esforçar-se ainda hoje até o limite das energias? Isso só teria sentido se fosse possível construir a torre no espaço de uma geração. Mas não se pode de modo algum esperar por isso. Era preferível pensar que a geração seguinte, com o seu saber aperfeiçoado, achará mau o trabalho da geração precedente e arrasará o que foi construído, para começar de novo. Esses pensamentos tolhiam as energias e, mais do que com a construção da torre, as pessoas se preocupavam com a construção da cidade dos trabalhadores. Cada nacionalidade queria ter o alojamento mais bonito, resultaram daí disputas que evoluíram até lutas sangrentas. Essas lutas não cessaram mais, para os líderes elas foram um novo argumento no sentido de que, por falta da concentração necessária, a torre deveria ser construída muito devagar ou de preferência só depois do armistício geral. As pessoas porém não ocupavam o tempo apenas com batalhas, nos intervalos embelezava-se a cidade, o que entretanto provocava nova inveja e novas lutas. Assim passou o tempo da primeira geração, mas nenhuma das seguintes foi diferente, sem interrupção só se intensificava a destreza e com ela a belicosidade. A isso se acrescentou que já a segunda ou terceira geração reconheceu o sem-sentido da construção da torre do céu, mas já estavam todos muito ligados entre si para abandonarem a cidade. Tudo o que nela surgiu de lendas e canções está repleto de nostalgia pelo dia profetizado em que a cidade será destroçada por um punho gigantesco com cinco golpes em rápida sucessão. Por isso a cidade também tem um punho no seu brasão (KAFKA, 2002).

Referências

ABRAMS, Meyer Howard. *The mirror and the lamp: romantic theory and the critical tradition.* Nova York: Oxford University Press, 1971.

AGAMBEN, Giorgio. *A comunidade que vem.* Lisboa: Editorial Presença, 1990.

_____. *Infância e história: destruição da experiência e origem da história.* Belo Horizonte: Editora UFMG, 2008

_____. *O que resta de Auschwitz.* São Paulo: Boitempo, 2008.

ARENDT, Hannah. *A condição humana.* Rio de Janeiro: Forense Universitária, 2009.

AVELAR, Alexandre; SCHMIDT, Benito (orgs.). *Grafia da vida: reflexões e experiências com a escrita biográfica.* São Paulo: Letra e Voz, 2013.

BERMAN, Marshall. *Tudo que é sólido desmancha no ar: a aventura da modernidade.* São Paulo: Companhia das Letras, 1988.

BORGES, Vavy Pacheco. "Grandezas e misérias da biografia". In: PINSKY, Jaime (org.). *Fontes históricas*. São Paulo: Contexto, 2011.

BOURDIEU, Pierre. "L'illusion biographique". *Actes de La recherche em sciences sociales*, vol. 62-63, 1986, p. 69-72.

BRESCIANI, Maria Stella. *O charme da ciência e a sedução da objetividade: Oliveira Vianna entre intérpretes do Brasil*. São Paulo: Editora Unesp, 2005.

CAMPANELLA, Tommaso. *A Cidade do Sol*. In: *Os Pensadores. Bruno/Galileu/Campanella*. São Paulo: Abril Cultura, 1978.

FARIA, Daniel. *O mito modernista*. Uberlândia: EdUFU, 2006.

KAFKA, Franz. *Narrativas do espólio*. Trad. de Modesto Carone. São Paulo: Companhia das Letras, 2002.

KOSELLECK, Reinhardt. "The temporalization of utopia". In: *The practice of conceptual history: timing history, spacing concepts*. Stanford: Stanford University Press, 2002, p. 84-99.

LÉVINAS, Emmanuel. *Entre nós: ensaios sobre a alteridade*. Petrópolis: Vozes, 2004.

MICHON, Pascal. *Éléments d'une histoire du sujet*. Paris: Kimé, 1999.

MORE, Thomas. *A utopia*. Brasília: Editora UnB, 1980.

NIETZSCHE, Friedrich. *Crepúsculo dos ídolos*. São Paulo: Companhia das Letras, 2006, p. 95-96.

RUBIÃO, Murilo. *Contos reunidos.* São Paulo: Ática, 1998, p. 159-167.

SCHELLING, Friedrich W. J. von. *Texts esthétiques.* Paris: Éditions Kellincksieck, 1978.

SENNETT, Richard. *O declínio do homem público: tiranias da intimidade.* São Paulo: Companhia das Letras, 1988.

TODOROV, Tzvetan. *Fantastic: structural aproach to a literary genre.* Ithaca: Cornell University Press, 1983.

WHITE, Hayden. *Meta-história: a imaginação histórica do século XIX.* São Paulo: Edusp, 1995.

Biografia, não mais trajetória: para (re)pensar argumentos de outrora na pesquisa sobre o engenheiro José de Oliveira Reis

RODRIGO SANTOS DE FARIA

Faculdade de Arquitetura e Urbanismo/
Programa de Pós-Graduação em Arquitetura e Urbanismo — UnB
Centro Interdisciplinar de Estudos sobre a Cidade — Unicamp

Sintoma de alguma contradição?

Este texto tem como objetivo abrir o debate com o leitor em relação à própria opção pela *biografia profissional* e não (mais) pela *trajetória profissional*, como está definido no título da tese de doutorado sobre o engenheiro José de Oliveira Reis. Essa mudança ocorreu na preparação do livro *O urbanista e o Rio de Janeiro: José de Oliveira Reis, uma biografia profissional* (publicado pela Alameda/Fapesp), cuja base é o texto da tese.

Durante a preparação do livro, o debate teórico sobre biografias delineado na tese voltou, provocando a reavaliação dos argumentos apresentados originalmente pelo uso de *trajetória profissional* e não *biografia profissional*. No entanto, a opção no livro por *biografia profissional* não poderia ocorrer sem a construção de um novo argumento para (re)pensar os argumentos originais. Nesse sentido, não deixa de ser uma discussão crítica em relação ao próprio argumento utilizado no texto da tese de doutorado, naquele momento pelo uso de *trajetória profissional*.

Sintoma de alguma contradição? A proposta não passa pelo reconhecimento de alguma contradição existente na tese (ainda que ela possa existir e o leitor faça sua crítica), mas pelo exercício contínuo de avaliação do que foi o trabalho de pesquisa desenvolvido em relação ao desenvolvimento posterior. Exercício que fica mais evidente no momento em que realizei o trabalho de preparação do livro, quase uma reescrita integral do texto originário, inclusive pela possibilidade de reorientação da estrutura do texto e dos argumentos desenvolvidos.

Esta opção tem (apenas) a pretensão de permitir ao autor, eu mesmo, tanto quanto ao leitor, refletirem sobre o que foi o trabalho de pesquisa e a escrita que neste livro será descortinada. Ao leitor a importante vantagem do deslocamento e afastamento em relação ao texto, o que geralmente não ocorre com o autor, muitas vezes comprometido e convencido das certezas absolutas de seus posicionamentos ao longo de toda a escrita.

Como informado nas "Considerações finais" da Tese, a pretensão era manter o "texto aberto" para as considerações críticas, retomadas no momento em que a construção do livro possibilitou aquele exercício de avaliação. Não deixa de ser um exercício de autocrítica que abre espaço para a reelaboração dos próprios pressupostos teóricos, desfazendo assim preceitos muitas vezes monolíticos e absolutos.

Nesse sentido, a proposta foi oferecer ao leitor um conjunto de argumentações estruturadas em duas perguntas: todo trabalho de pesquisa histórica sobre a vida de uma pessoa deve receber a denominação de biografia? Todo trabalho sobre a atuação profissional desta mesma pessoa, ou outra qualquer, só pode receber a denominação de trajetória profissional?

Se biografia, biografia intelectual, biografia histórica, trajetória profissional, trajetória de vida, ou ainda, como é a proposta, biografia profissional, cabe ao leitor enunciar suas considerações sobre esta deliberação. Neste momento, e apenas pela perspectiva do autor, que é a minha, é necessário assumir e tentar explicar a mudança. Opção que implica reavaliar minimamente os argumentos que justificaram o uso na tese de *trajetória profissional* e não de *biografia profissional*. E de saída outras duas perguntas sintéticas: trajetória ou biografia? E por que trajetória para o caso dos estudos sobre a atuação profissional, e não biografia profissional?

Para as perguntas já presentadas não serão delineadas respostas fechadas, mas argumentações que estavam na própria tese, e novamente recuperadas para qualificar a opção no livro pela biografia profissional e não pela trajetória profissional. Entre as argumentações, uma que foi elaborada por Vavy Pacheco Borges para analisar a escrita biográfica, ao apresentar duas referências sobre as significações do próprio termo "biografia": para o *Dicionário Houaiss da Língua Portuguesa*, uma "narração oral, escrita ou visual dos fatos particulares das várias fases da vida de uma pessoa ou personagem".

Outra pergunta: é necessário trabalhar com todas as fases? Complementando esta pergunta com outra: ou as fases (possíveis) estão informadas no que é a matéria de trabalho em história, a documentação? A outra elaboração apresentada por Vavy Pacheco é sobre a referência originária do termo, que é oriundo do mundo grego: "bios = vida e grapheim = escrever, inscrever, acrescida do ia, um formador de substantivo abstrato".[1]

---

1 In: *Grandezas e Mazelas da Biografia (ou de seu alcance e seus limites)*. Texto

58   RODRIGO DE FARIA • JOSIANNE CERASOLI • FLAVIANA LIRA [ORGS.]

Partindo da definição levantada por Vavy Pacheco no *Dicionário Houaiss* sobre as "várias fases da vida", é possível questionar sobre a viabilidade de uma pesquisa em história abordando "fases" da vida de uma pessoa. No caso de uma resposta positiva para este questionamento, o que poderia definir a dimensão analítica possível de "cada fase" desta vida, ou seja, como determinar a parte – a fase – possível ou interessada para a elaboração de um trabalho com esta particularidade? Ou ainda, esta viabilidade está associada à capacidade e autonomia do autor na elaboração da narrativa, ou passa pelas deliberações do personagem-objeto, sobretudo aqueles que ao longo de sua vida organizaram seus arquivos particulares?

Por fim, é necessário trabalhar com todas as fases, cumprindo na escrita histórica o ritual biológico entre o nascimento e a morte? Na aceitação da noção da história total, talvez sim. O livro (e seu texto originário, a tese) e os trabalhos posteriores em desenvolvimento não foram pautados por esta totalidade, mas no reconhecimento de uma ilusão, a ilusão do todo, que será ainda abordada.

Partindo do entendimento de que a história é uma escrita, as informações contidas nos livros, nas teses e dissertações devem ser elaboradas a partir da interpretação de vestígios existentes sobre o objeto de estudo em foco – no caso, um profissional formado em engenharia. Da mesma forma, ser possível selecionar e recortar entre os vestígios existentes e tornados acessíveis aqueles que nortearão uma leitura interessada sobre

---

mimeo gentilmente cedido pela própria autora. Sou ainda muito grato à Professora Vavy pelas referências bibliográficas, pelos e-mails prontamente respondidos esclarecendo dúvidas que surgiram sobre a biografia.

determinado *problema*, este sim de responsabilidade do autor. A pergunta é sempre responsabilidade do autor. Entretanto, anterior ao processo de seleção e interpretação dos documentos que serão analisados, é fundamental empreender um movimento introspectivo pela vida da pessoa, certamente pelo que desta vida é possível ainda conhecer e, neste movimento, delinear o *problema* do estudo.

Nesta possibilidade, porém, o seu oposto, qual seja, a impossibilidade de apreender a vida no seu ínterim, pois os documentos não são a vida em si, são apenas vestígios materiais de uma vida – muitas vezes vestígios que remetem a períodos extremante curtos desta vida, nem mesmo de uma "fase da vida". Uma condição importante e que de partida inviabiliza certa *ilusão do todo* – referência àquela "ilusão biográfica" apresentada por Pierre Bourdieu (2002) –, de compreensão da vida em seu absoluto.

Partindo do sentido desta *ilusão* proposta por Bourdieu, e ao mesmo tempo comparando-a com argumentos provenientes da antropologia apresentados por Suely Kofes, ao afirmar que não imprime

> [...] à etnografia o sentido de "totalidade" dado por Malinoswski: "Sem dúvida, para que um trabalho etnográfico seja válido é imprescindível que cubra a totalidade de todos os aspectos – social, cultural e psicológico – da comunidade; pois estes aspectos são de tal forma interdependentes que um não pode ser estudado e entendido a não ser levando-se em consideração todos os demais" (KOFES, 2001: 28),

60   RODRIGO DE FARIA • JOSIANNE CERASOLI • FLAVIANA LIRA [ORGS.]

estaria a autora concordando com a possibilidade de interpretar determinado aspecto particularmente, ou ainda, individualmente, e que, mesmo diante dessa possibilidade, isso não inviabilizaria a própria ideia da escrita biográfica – ou o que a própria Kofes denominará como *intensão biográfica*?

Sendo afirmativa a resposta para esta indagação, seria correta a consideração de que a possibilidade passaria pela definição e delimitação pelo próprio pesquisador, no caso uma antropóloga, do foco do estudo interessado, para realizar o que a própria Suely Kofes apresentou como "descrição de uma particularidade" – associando, nesse caso, as fases da vida com determinados e não contínuos aspectos sociais, culturais e psicológicos. Uma "descrição", segundo a autora, de uma "etnografia inspirada em Lévi-Strauss quando ele distingue Etnografia de Etnologia".

Sobre as particularidades dos procedimentos antropológicos ou históricos, é ainda a própria Suely Kofes quem apresenta Marc Augé coma referência para lembrar, segundo este autor, "a relação sedimentada, e simplificada, que afirmaria o presente para os antropólogos, o passado e o estudo dos documentos para os historiadores" (KOFES, 2001: 28).

Uma relação sedimentada que Suely Kofes pretendeu não observar em seu estudo sobre Consuelo Caiado, pois, na pesquisa sobre esta mulher esquecida e reclusa, a autora fala de "interconexão de temporalidades em um 'agora' e, também, com a interconexão de lugares em um 'aqui'": para a autora, uma "pesquisa antropológica, com observação direta do campo e com documentos escritos".

Em sua reação à sedimentação, trabalhou, respectivamente, com procedimentos analíticos do campo disciplinar da antropologia e do campo disciplinar da história, para, nessa reciprocidade, "fazer da intenção biográfica um exercício etnográfico [...] de tornar a intenção 'biográfica', o foco na trajetória de Consuelo Caiado, uma etnografia de uma experiência" (KOFES, 2001: 28).

Convém aqui elaborar uma pergunta: no caso do trabalho de Suely Kofes, o que foi apresentado como "intenção biográfica" surge como recurso opositivo e também reação àquela *ilusão do todo*, de compreensão da vida em seu absoluto, para poder trabalhar com a "descrição de uma particularidade"? Qualquer consideração para essa pergunta que tenha na antropologia o eixo de observação não será neste texto desenvolvida. Cabe ao leitor com formação (ou interesse profundo) na interpretação antropológica fazer suas próprias considerações.

Aqui a argumentação dialogará com o campo disciplinar da história, muito mais próximo no diálogo interdisciplinar com a arquitetura e o urbanismo. Nesse sentido, primeiramente reforçar o que foi denominado de *ilusão do todo,* associando-o necessariamente à questão das partes, aquelas denominadas de "fases da vida", etapas que não são únicas e não são contínuas na trajetória de uma pessoa. Associação que também não passa pela "descrição", como apresentada por Suely Kofes em seu procedimento antropológico-etnográfico, pois o entendimento adotado aqui é aquele em que na história não se opera simplesmente uma descrição, a história é fundamentalmente interpretação.

É inclusive esta condição interpretativa dos eventos, mediante estudos dos documentos, a que estabelecerá a íntima relação entre o necessário reconhecimento da *ilusão do todo* e a opção pela denominação biografia profissional, pautada

na construção das possíveis etapas da vida ou "fases da vida".
Portanto, o aspecto que neste momento ajuda a explicar a opção por biografia profissional é aquele que reconhece a trajetória profissional como inerente à própria vida, inerência repleta de fragmentações que não permitem ilusões.

A vida contém a trajetória profissional, que está contida na biografia, mesmo não sendo a vida em si, mas parte dela. Até porque ninguém nasce atuando profissionalmente, mas são percursos da vida pessoal que geralmente informam sobre a contínua construção profissional desde a formação acadêmica. E mesmo essa construção profissional (do objeto) não pode mais que informar sobre as possibilidades e alternativas a quem empreenderá (o biógrafo) o ofício da escrita biográfica. Tanto é assim que as possibilidades e alternativas estão *no* documento, e *pelo* documento o autor-biógrafo delineia na sua trajetória interpretativa.

A própria trajetória profissional de José de Oliveira Reis em sua "completude" (documental) não foi considerada integralmente na tese, tal qual no livro. Uma vida profissional repleta de especificidades e indeterminações, que também reforça a necessidade de reconhecimento da ilusão proposta por Bourdieu. José de Oliveira Reis, engenheiro-urbanista, contém suas próprias conjunturas, o mesmo ocorrendo com ele ao abrir "outra" porta de atuação profissional a partir de 1965, denominada na tese de doutorado de "Historiógrafo da Administração Municipal do Rio de Janeiro", e não porque são pessoas diferentes, mas justamente porque a pessoa em si é uma contínua construção indeterminada.

A categoria profissional surge, portanto, como adjetivação qualificadora, orientando o debate para o campo do saber e de

URBANISTAS E URBANISMO NO BRASIL **63**

atuação profissional do investigado conforme o interesse do processo interpretativo. Não é possível exigir do biógrafo a realização do estudo integral da vida, justamente porque é uma grande ilusão. Da mesma forma, não é possível dizer que o caminho centrado na atuação profissional não seja um trabalho biográfico, principalmente quando existe o reconhecimento e a prevenção contra a ilusão do todo.

Ainda em relação à problemática da sedimentação do presente ao campo da antropologia, Suely Kofes não pretendeu negá-lo, mas incorporar ao seu processo de pesquisa antropológico os procedimentos historiográficos. Não existiu recusa do presente na antropologia, e sim, reconhecimento da importância do passado, demonstrando a necessidade do diálogo com a historiografia, reconhecendo as particularidades deste campo disciplinar.

Este reconhecimento responde a uma indagação geral sobre as possíveis etapas da vida, afinal, a existência do objeto histórico não se conforma no presente, não é um dado, sua materialidade está contida naquilo que ainda é possível ter acesso sobre sua vida: os documentos – e, sobretudo, por terem sido preservados em arquivos públicos ou particulares, bibliotecas, órgãos públicos do poder executivo, legislativo ou judiciário, entre tantas outras instâncias possíveis desta preservação.

Por estes documentos não se interpreta a vida de uma pessoa naquele sentido originário do mundo grego, "bios = vida e grapheim = escrever", por não terem os documentos preservado a própria vida em si. Como são documentos, vestígios de uma existência, sua construção ocorre pela interpretação das informações neles contidas, associadas aos contextos em que essa existência ocorreu e interessa interpretá-la. Justamente

64 RODRIGO DE FARIA • JOSIANNE CERASOLI • FLAVIANA LIRA [ORGS.]

por isso, a significação do termo "biográfico" não contém qualquer dimensão de totalidade do conhecimento da vida. Não reconhecer isso é o mesmo que aceitar e assumir alguma crença na ilusão do todo.

A biografia na historiografia

> [...] eu podia ser acusado de trair o "espírito dos Annales". Eu era, com efeito, o primeiro dos epígonos de Marc Bloch e Lucian Febvre a aceitar escrever a biografia de um "grande homem". Mas na realidade não me desviava nem um milímetro de meu percurso. A única modificação – das mais importantes, reconheço – dizia respeito à forma. Eu estava voltando sem rodeios à narrativa. Contava um história, seguindo o fio de um destino pessoal. Mas continuava atendo-me à história-problema, à história questão. Minha pergunta continuava sendo a mesma: que é a sociedade feudal? (DUBY, 1993: 137-138).

Das justificativas e explicações apresentadas por George Duby para desenvolver a biografia *Guilherme Marechal ou o melhor cavaleiro do mundo,* a que mais interessa recai na determinação da pergunta, talvez, e mais objetivamente, na importância da elaboração de uma pergunta, no seu caso a principal pergunta: *que é a sociedade feudal?* Em *Guilherme Marechal ou o melhor cavaleiro do mundo,* possíveis respostas sobre tal problema histórico foram densamente construídas pelo biógrafo.

Oportuno considerar que sua empreitada pela narrativa ocorreu em momento crucial e conflituoso do intenso debate (re)iniciado em 1979 pelo historiador Lawrence Stone, ao publicar "O ressurgimento da narrativa – reflexões sobre uma nova velha história".[2] Porém, não impossibilitou George Duby de realizar a (aqui considerada) mais aguda, desconcertante e poética narrativa histórica do século XX. George Duby não foi, contudo, o único a realizar movimento indicador do interesse na narrativa, assim como não foi dos que mais empreendeu esforço conceitual sobre a escrita biográfica. Neste trabalho, os historiadores italianos talvez tenham papel importante, entre eles, Sabina Loriga.

Segundo ela, na história da Biografia, desde a Grécia de Tucídides, autor que "não escondia seu desprezo aristocrático pelo que considerava ser um gênero demasiado popular" (LORIGA, 1998), entre outros cujas reflexões também se pautavam por alguma forma de crítica da biografia,[3] passando

---

2   Artigo publicado originalmente em *Past and Present*, n° 85, nov. 1979: 3-24. Foi traduzido por Denise Bottmann e publicado na *Revista de História* – RH, em 1991.

3   Em "A biografia como problema" é fundamental ressaltar o percurso pela história da prática biográfica que Sabina Loriga desenvolve. Entre as referências que Loriga apresenta, algumas são decisivas para o entendimento da "transformação-consolidação" da biografia, como o caso de Políbio, sobre a necessidade de distinção entre biografia e história, esta última como uma síntese geral; ainda no século XVI, as premissas de John Hayward apontando para as diferenças entre governos das principais potências e a vida de homens ilustres; da mesma forma as reflexões no século XIX, que para a autora representaram o aprofundamento do fosso entre a biografia e a história, como o caso de Immanuel Kant, numa "certa redução do lugar do indivíduo" já presente em texto de 1784 sobre a finalidade da história, ou as discussões, já no século XX, de Leopold von Ranke, e a "importância específica e dos feitos dos homens célebres".

por aqueles que saíram em defesa da biografia, como Thomas Stanley no século XVII, ao definir a "biografia dos legisladores, das grandes figuras militares e dos sábios como expressão mais completa da história" (LORIGA, 1998: 229),[4] é central o debate sobre o personagem, ou melhor, para quem uma biografia é digna de realização por um biógrafo.

Porém, mais importante que saber quem é digno desta realização é compreender quais aspectos de uma vida podem ser trabalhados pelo historiador, quais aspectos interessam em determinado projeto, principalmente nas possibilidades que essa vida oferece ao entendimento de um contexto social, cultural, intelectual em sua trajetória espaço-temporal.

Como tão bem afirmou Jacques Revel no prefácio da edição brasileira de *Herança imaterial,* escrita pelo historiador italiano Giovanni Levi:

> Trata-se mesmo, a propósito, de uma biografia? Não, no sentido clássico do termo, com todas as limitações que este implica: um começo,

---

4 A autora aponta também a figura de Plutarco nos debates, afirmando que a "distinção entre história e biografia era, aliás, confirmada por vezes do outro lado da barreira, no campo biográfico. Plutarco demonstrava pouco interesse pelos determinantes estruturais e sempre reivindicava com energia a superioridade dos sinais da alma sobre a etiologia política" (LORIGA, 1998: 228). Em fundamental artigo, Peter Burke afirma que o "termo biographia foi cunhado na Grécia no fim do período antigo. Antes disso, falava-se em escrever 'vidas' (bioi). Em sua biografia de Alexandre o Grande, Plutarco faz uma distinção importante entre escrever história narrativa e escrever 'vidas', como ele mesmo estava fazendo" (BURKE, 1997: 91). Numa perspectiva mais focada, Peter Burke também contribui de forma contundente para a reflexão teórica sobre biografia, abordando vários autores, entre Giorgio Vasari e a escrita das *Vidas* de 1568.

um fim, uma continuidade da narrativa. Mas sim, sem dúvida, se aceitamos refletir sobre o que é importante e o que não o é quando se escreve uma biografia, ou seja, sobre as condições e os contextos nos quais tal história toma corpo e sentido (REVEL, 2000: 23).

Nesse sentido, no percurso pela (re)definição do objeto – incluído aí a compreensão contextual de sua inserção –, das grandes personalidades, do homem do poder, do homem da política, para os mais comuns a povoar os campos e as cidades – incursão realizada a partir da segunda metade do século XX pelos trabalhos de historiadores como Carlo Ginzburg, Giovanni Levi, Natalie Zemon Davis, entre outros autores –, é (ainda) fundamental o que Sabina Loriga chamou de "noção de experiência", colocando em erosão as dimensões exclusivamente estruturais da história.

Denominada aqui de experiência vivida, além de não ter o registro unilateral do objeto, passando também pela experiência de quem realizará a escrita, continua sendo ponto fundamental no trabalho de pesquisa sobre alguma pessoa. E é pela experiência vivida, aquela que em seu tempo só pertence ao personagem-objeto e a ela o pesquisador se aproxima por registros documentais – sua própria experiência é fundamental no processo de interpretação dos registros ainda existentes da vida de seu objeto –, que uma entre outras possíveis argumentações sobre a temporalidade do estudo pode ser traçada.

Ressalta-se, nesse caso, a importância dos registros documentais como eixo de conexão entre as experiências temporais diversas que separam personagem-objeto e pesquisador. Pelos documentos, aí sim, a experiência é deslocada da temporalidade do vivido de cada um, e ambos, personagem-objeto e pesquisador, são arrastados para um espaço ficcional que permitirá um diálogo necessário sobre os problemas delineadores do estudo. Um deslocamento decisivo na construção de uma temporalidade outra, que é a da escrita, mas, ainda sim, constituída também pelas vicissitudes que caracterizaram (biografado) e caracterizam (biógrafo) suas trajetórias pessoais. Isso porque a temporalidade da escrita não é algo situado no campo do natural, mas no campo intelectual, do conhecimento histórico, aquela justamente responsável por desnaturalizar uma existência continuada, desencadeada por uma sequência evolutiva de fatos sucessivos. A vida não evolui, a vida é contida de historicidades.

A biografia na historiografia brasileira

Como já passamos brevemente por argumentações muito genéricas sobre as mudanças na escrita do objeto biografado, interessa, neste momento, empreender um diálogo entre perguntas já realizadas por pesquisadores acerca da biografia como prática histórigráfica: entre elas, perguntas sobre a narrativa e fundamentalmente a noção de indivíduo, individualidade, ambas atreladas à dimensão temporal (que é também social) da experiência de vida. Problemáticas que perpassam eixos de análises de três autores brasileiros interessadosn na escrita biográfica (ou melhor, que já realizaram escritas biográficas): Benito Bisso Schmidt, Vavy Pacheco Borges e Heliana Angotti Salgueiro.

Um eixo comum entre tais autores e seus estudos articula a análise sobre as alterações nas formas de escrita da história, consolidadas numa proclamada crise dos paradigmas como o marxismo e o estruturalismo, e as reações à história quantitativa e serial. Por exemplo, segundo Heliana Angotti Salgueiro, o que se dá é uma "mudança de enfoque que se volta para o ator social como uma 'categoria de prática' [...] alternativa contra as fraquezas das generalizações e das categorias predeterminadas" (SALGUEIRO, 1997: 15), entre elas a de revolução, assim como os conceitos totalizadores de classe e mentalidade (BORGES, 2004: 289). Ainda segundo Heliana Angotti Salgueiro, a

> pesquisa histórica associa hoje os textos aos autores, as normas coletivas às estratégias singulares e aos itinerários profissionais, os sistemas gerais às situações vividas no universo cultural de um tempo circunscrito [aqui uma referência da autora para Roger Chartier em *Les temps dês doutes*. Dossier: Pour comprendre l'histoire. Le Monde, 1983] (SALGUEIRO, 1997: 15).

No âmbito das transformações da escrita da história, e fundamentalmente no caso das biografias, a noção de temporalidade parece decisiva, ou melhor, como a temporalidade será trabalhada na narrativa é o que permite questionar estruturas retilíneas e contínuas de escrita. Uma condição que em si torna o debate sobre a própria narrativa algo central, já que segundo Vavy Pacheco, na escrita da vida de uma individualidade, fatores como fragmentação, temporalidades diversas, o próprio caráter contraditório e paradoxal dos pensamentos é fundamental na escrita do que ela define como uma boa biografia. Ainda segundo o autor,

> o mais sério desafio, o grande problema, parece-me ser trabalhar ao mesmo tempo, com a cronologia linear, que parece ser "unidirecional", e com o percurso de vida, que não é linear; como trabalhar com o contínuo e o descontínuo, como pensar as diferentes temporalidades? (BORGES, 2004: 305)

Nessa perspectiva, seria oportuno indagar sobre as convergências e divergências de temporalidades existentes entre biógrafo e biografado. Partilho da estreita relação necessariamente estabelecida entre ambos na forma de um *"encanto radical"*, como fala Vavy Pacheco. Assim, a escrita não deveria ser trabalhada exclusivamente sobre a temporalidade do objeto, já que "os problemas de interpretação de uma vida são riquíssimos, pois nos defrontam com tudo o que constitui nossa própria vida e dos que nos cercam" (BORGES, 2004: 288). Da mesma forma, impossível pensar numa temporalidade impermeável aos tempos das outras individualidades que viveram no tempo presente do objeto.

São ambas descontinuidades e explosões fragmentárias de cotidianos embebidos de conteúdos que possibilitam a construção/compreensão dos eventos que interessam e foram interpretados mediante análise dos documentos. Conforme Le Goff (1989), é fundamental entender que a biografia se articula no trânsito entre os acontecimentos dessa individualidade e, ao mesmo tempo, da coletividade. Impossível, ainda segundo Le Goff, pensar numa biografia não *événementielle*.

Por fim, quem oferece indícios mais latentes da aproximação entre e história e literatura, ou entre as escritas de cada uma, é Benito Bisso. Partindo da proclamada volta da narrativa realizada por Lawrence Stone em 1979, Benito Bisso articula outros dois autores que de alguma forma contribuíram para o debate: com Roger Chartier ele aponta para a negação da concepção de redescoberta ou retorno de algo que ainda nem abandono teve – como poderia ter retorno? Ou ainda, um privilégio a algumas formas narrativas em detrimento de outras narrações mais clássicas, principalmente narrativas biográficas centralizadas na figura do herói em sua linearidade vencedora. Também para Vavy Pacheco, não há retorno, "pois biografias – fatuais e lineares – sempre houve e sempre haverá; além do mais, falar em retorno é algo bastante francês, pois no mundo anglo-saxão a biografia sempre teve uma aceitação maior pela história", diferentemente, como ela apontou, para o caso da historiografia francesa, "cujo retorno deu-se a partir dos anos 1970, com as histórias de vida da sociologia e da antropologia" (BORGES, 2004: 288).

O segundo autor a quem Benito Bisso Schmidt atribui papel de relevância é Hayden White, pelo famoso e polêmico texto *Metahistory*, em sua definição do trabalho histórico como uma estrutura verbal na forma de um discurso narrativo em prosa. E não só em *Metahistory*, mas em "O texto histórico como artefato literário", Hayden White desenvolveu abordagem sobre a relação história-ficção-narrativa, apontando o que seria a mais antiga distinção entre ficção e história, ou seja, a ficção como representação do imaginável e a história como representação do verdadeiro, sendo necessário dar lugar "ao reconhecimento de que só podemos conhecer o real comparando-o ou equiparando-o ao imaginável" (WHITE, 1994: 115).

Retornando ao texto de Benito Bisso, é importante ressaltar que nele as supostas diferenças teórico-metodológicas entre autores como Roger Chartier e Hayden White, e o próprio Eric Hobsbawm, por ele também trabalhado, estão delineadas, mas todos, segundo Schmidt (2002),

> apontam para uma nova maneira de encarar o discurso histórico: este não pode mais ser visto como uma "forma" aleatória ao "conteúdo", mas como a própria condição de possibilidade deste conteúdo. Ou seja, o historiador não pode mais ser indiferente às figuras de linguagem que aciona, aos recursos estilísticos que utiliza, aos tempos verbais que entrecruza, pois são eles que dão sentido à narrativa, e não algo que é exterior a ela.

Sobre aquela segunda questão recorrente nas análises realizadas pelos pesquisadores brasileiros mencionados, que diz respeito ao indivíduo, deve ser tratada como outro tipo de eixo estruturador da escrita biográfica. Metaforicamente aqui apresentada como a luz que deve iluminar o corredor da biografia no palácio da história, não deveria reforçar a luminosidade de individualidades impermeáveis, abstratas e (supostamente) isentas de percalços, abstrata e isenta de percalços. Nesta luminosidade exacerbada do indivíduo existe o risco do biógrafo se perder em meio à luminescência de heróis incontestes, tornando-os pela própria escrita algo incontestado.

Para uma possível e coerente resposta a esta problemática do indivíduo, centrado nele mesmo como categoria independente, corroboro a observação de Vavy Pacheco, para quem parece "bastante claro que a oposição indivíduo/sociedade é falsa. O ser humano existe somente dentro de uma rede de relações"

(BORGES, 2004: 304), apontando para o que Giovanni Levi considerou o mais bem-sucedido dos quatro tipos de biografia que ele já apresentou, que é a biografia-contexto; certamente um recurso aos perigos da luminosidade extremada dos indivíduos.[5]

> Nesse segundo tipo de utilização, a biografia conserva sua especificidade. Todavia a época, o meio e a ambiência também são muito valorizados como fatores capazes de caracterizar uma atmosfera que explicaria a singularidade das trajetórias. Mas o contexto remete, na verdade, a duas perspectivas diferentes. Por um lado, a reconstituição do contexto histórico e social em que se desenrolam os acontecimentos permite compreender o que à primeira vista parece inexplicável e desconcertante [...] Por outro lado, o contexto serve para preencher as lacunas documentais por meio de comparações com outras pessoas cuja vida apresenta alguma analogia, por esse ou aquele motivo, com a do personagem estudado [...] Essa perspectiva deu ótimos resultados, tendo-se em geral conseguido manter o equilíbrio entre a especificidade da trajetória individual e o sistema social como um todo (LEVI, 2002: 176).

Nesta lógica, compreender a dimensão contextual significa problematizar o mesmo contexto na esfera das relações nas quais o biografado esteve inserido. E mesmo que as trajetórias

---

5   Levi desenvolveu algumas considerações sobre essa relação no artigo "Usos da biografia". Fala ainda sobre "Biografia e casos extremos" e "Biografia e hermenêutica".

estejam, na opinião de Giovanni Levi, arraigadas em um contexto, não agindo sobre ele, não o modificando, não é possível pensar que esse contexto seja entendido "como algo rígido, coerente, e que ele serve de pano de fundo imóvel para explicar a biografia" (LEVI, 2002: 176).

É fundamental pensar que os movimentos do biografado não estão restritos aos seus deslocamentos espaciais, mas, principalmente, no deslocamento das suas ideias, do seu pensamento sobre problemas que lhe foram colocados em vida. Condição que evidencia um duplo contexto: o seu e o de suas ideias, que a priori são um só, mas cuja absorção pelos seus interlocutores é necessariamente distinta, pois pressupõe, no caso das ideias, uma interpretação possivelmente não relacional imediata e física.

Também é de se considerar que os contextos são continuamente instituídos pelos suportes que produzem o movimento: uma revista e os outros artigos ali escritos, uma aula e a recepção--absorção pelos seus alunos, um projeto de cidade e as representações dali constituídas. No caso do suporte impresso, tem-se uma autonomia muito clara das ideias, mesmo existindo uma fonte produtora das ideias também muito clara (o indivíduo), mas que irão sofrer apropriações diversas, pois, aos seus possíveis interlocutores, outros contextos estão dados a existir. Por que então pensar, como propôs Giovanni Levi, que as trajetórias não agem sobre o contexto, não o modificam com suas interlocuções?

Não pretendo com isso afirmar o descolamento entre indivíduo e seu pensamento, mas pensar para além dessa relação, para o momento em que eles necessariamente se descolam, tornando--se autônomos – convém reafirmar que o descolamento será dado numa outra estrutura contextual, pois outros são os indivíduos, outras são as relações sociais, as relações profissionais. Parece então oportuno sempre perguntar ao indivíduo em qual contexto ele "permitirá" o estudo sobre sua vida, invertendo assim um movimento que parece mais atraente no seu oposto, ou seja, do contexto construir a escrita sobre esta vida. O contexto não é fundo imóvel explicativo sobre este ou aquele personagem.

A pergunta sobre o contexto é não somente oportuna, mas peremptoriamente prazerosa, pois fundamenta ainda mais aquele "encanto radical" entre o historiador e seu indivíduo-objeto, já que a resposta quem deve encontrar é o historiador. No entanto, existe o risco do descontentamento do seu indivíduo-objeto pela resposta apresentada, na medida em que ela pode estar já direcionada por determinismos invariáveis, como aquele que levaria Gabrielle Brune-Sieler, segundo sua biógrafa, "para os caminhos da loucura e ponto final".

No caso do engenheiro José de Oliveira Reis, a resposta sobre o contexto interessado a ele mesmo passou, necessariamente, pela conformação do arquivo ao longo da vida e pelo processo de doação às instituições públicas, tornando-o, portanto, objeto público. No entanto, um contexto que foi gerido por certa noção *restritiva* que o personagem-objeto impôs ao conhecimento de sua trajetória de vida, transformando-a numa vida exclusivamente profissional.

Até que algum novo documento ou série documental sobre sua vida (pessoal) externa aos circuitos profissionais seja encontrado e interpretado, sua biografia será fundamentalmente sobre sua atuação profissional. O próprio José de Oliveira Reis pretendeu essa caracterização, por ser ele próprio o responsável sobre a organização institucional do que seriam (e são) os vestígios de

76 RODRIGO DE FARIA • JOSIANNE CERASOLI • FLAVIANA LIRA [ORGS.]

sua vida. Essa peculiaridade pode (ou deve?) inviabilizar o uso do termo biografia profissional, sendo que no caso da sua vida, o que existe são justamente (exclusivamente?) registros profissionais?

Não existe no acervo doado pelo próprio engenheiro ao Arquivo Geral da Cidade, nenhum documento sobre as relações familiares. Nos depoimentos orais que realizou para o Museu da Imagem e do Som do Rio de Janeiro, ele inclusive relutou em apresentar maiores informações sobre sua infância, amigos, familiares. Também não existem descendentes diretos – ele não teve filhos – que pudessem preservar algum tipo de documento sobre sua vida pessoa e familiar.

Aquela noção restritiva não determina, contudo, a impossibilidade de estudo da sua vida, sendo muito mais uma particularidade que foi necessária compreender. Compreensível, portanto, após a imersão no conjunto dos vestígios que José de Oliveira Reis nos ofereceu conscientemente, uma imersão no que é possível estudar sobre sua vida. Impossível, nesse sentido, qualquer tentativa de interpretação do enorme acervo doado em vida com quaisquer chaves explicativas estabelecidas anteriormente ao próprio processo da pesquisa.

Entender esta clara intencionalidade por parte do personagem-objeto permitiu definir o âmbito da escrita biográfica no contexto profissional de José de Oliveira Reis – contexto em que ele se forma urbanista entremeado ao processo de legitimação e institucionalização do urbanismo nas administrações municipais brasileiras. Contexto que proporcionou o entendimento necessário de que se tratava sim da sua biografia, adjetivada pela categoria *profissional*, pois no seu caso, sua trajetória profissional é o que existe até este momento da sua vida como um todo, aqui sim naquela linearidade cronológica do nascimento até sua morte.

E já que neste ponto o evento derradeiro da existência biológica ganhou espaço, convém recuperar abordagens como as desenvolvidas em *Guilherme o marechal* e *Herança imaterial*, estudo biográfico que não se perdeu nos receios das duas rupturas da vida humana: nascimento e morte. No texto, George Duby não assumiu principalmente a morte como um fim em si, mas decisivamente como um processo que produz certa continuidade na vida daqueles que viveram com Guilherme.

A morte de *Guilherme o marechal* produziu a permanência da vida e das manifestações socioculturais daqueles que acompanharam o cortejo fúnebre, ou antes, desde o movimento delineado por Guilherme em direção ao seu evento derradeiro. Iniciar a biografia de Guilherme pelo longo processo da morte não foi apenas um recurso estrutural, ou retórica narrativa, mas, naquele contexto, a compreensão de que esse processo pode ser outro início.

Portanto, o que agora está efetivamente denominado como imprescindível é o movimento de imersão interpretativa nos documentos, sobretudo nos estudos delineados em "arquivos pessoais", arquivos construídos mediante um processo cognitivo e interessado de informações, de vestígios pelos quais o historiador terá a possibilidade de realizar perguntas.

Como então responder duas importantes perguntas elaboradas anteriormente: o que poderia definir a dimensão analítica possível de "cada fase" desta vida, ou seja, como determinar a parte – a fase – possível ou interessada para a elaboração de um trabalho de História? Por fim, o que determina tal "possibilidade" ou "interesse" em uma pesquisa histórica está sob a responsabilidade do autor, ou passa pelas deliberações do personagem-objeto, sobretudo aqueles que ao longo de sua vida organizaram seus arquivos particulares?

Não convém aqui responder sobre outros trabalhos. Sobre o estudo que desenvolvi é possível afirmar que os documentos determinaram "a fase" interessada, aquela que conforma o processo de formação do engenheiro José de Oliveira Reis como urbanista no âmbito da sua atuação profissional de funcionário público municipal. No seu caso, importante reafirmar, esta "fase profissional" é a única cujos vestígios estão disponíveis até o presente momento.

Ainda sobre o caminho de construção de uma resposta, a proposta aqui é de não poder se restringir ao momento em que o pesquisador adentra o acervo. O caminho passa por uma dimensão temporal ampliada, está vinculada ao próprio movimento de guarda dos documentos produzidos ao longo da vida. Tanto que é no entendimento desta lógica de preservação, pelo que foi preservado e interessadamente tornado público, que realizei a pergunta central da tese de doutorado, e do próprio livro: o que é o urbanismo na interlocução do engenheiro José de Oliveira Reis?

Até aqui apenas uma possível intepretação sobre a vida deste engenheiro de formação, que dedicou sua vida (profissional) ao urbanismo no Brasil, especialmente no Rio de Janeiro, cidade que ele adotou depois que deixou sua cidade natal, Ribeirão Preto, para estudar na Escola Politécnica da Capital Federal e nela iniciar uma longa atuação pelos corredores da administração municipal. Corredores por onde muitos dos vestígios documentais da vida de José de Oliveira Reis foram produzidos e que permitiram a escrita de uma biografia profissional desse engenheiro-urbanista.

Referências

BORGES, Vavy Pacheco. "Desafios da memória e da biografia: Gabrielle Brune-Siell, uma vida (1870-1940)". In: BRESCIANI, Maria Stella M.; NAXARA, Márcia (orgs.). *Memória e (res)sentimento: indagações sobre uma questão sensível*. Campinas: Editora da Unicamp, 2004.

_____. *Grandezas e mazelas da biografia (ou de seu alcance e seus limites)* [mimeo].

BOURDIEU, P. "A ilusão biográfica". In: AMADO, Janaina; FERREIRA, Marieta de M. (orgs.). *Usos & abusos da história oral*. Rio de Janeiro: Editora FGV, 2002, p. 167-182 [originalmente publicado em: *Actes de la recherche en sciences sociales*, vol. 62-63, jun. 1986, p. 69-72].

BURKE, Peter. "A invenção da biografia e o individualismo renascentista". *Estudos Históricos*, Rio de Janeiro, vol. 10, n° 19, 1997.

DUBY, Georges. *Guilherme Marechal ou o melhor cavaleiro do mundo*. Rio de Janeiro: Graal, 1988

KOFES, Suely. *Uma trajetória, em narrativas*. Campinas: Mercado de Letras, 2001.

LE GOFF. Jacques. "Comment écrire une biographie historique au-jourd'hui?". *Le Debat*, n° 54, 1989.

LEVI, Giovani. "Usos da biografia". In: AMADO, Janaina; FERREIRA, Marieta de M. (orgs.). *Usos & abusos da história oral*. Rio de Janeiro: Editora FGV, 2002, p. 167-182 [originalmente publicado em: *Annales E.S.C.*, Paris, nº 6, nov-dez. 1989, p. 1333-1334].

LORIGA, Sabina. "A biografia como problema". In: REVEL, Jacques (org.). *Jogos de escala: a experiência da microanálise*. Rio de Janeiro: Editora FGV, 1998.

REVEL, Jacques. "A história ao rés-do-chão". In: LEVI, Giovanni. *A herança imaterial: trajetória de um exorcista no Piemonte do século XVII*. Rio de Janeiro: Civilização Brasileira, 2000.

SALGUEIRO, Heliana A. *Engenheiro Aarão Reis: o progresso como missão*. Belo Horizonte: Fundação João Pinheiro/ Centro de Estudos Históricos e Culturais, 1997.

SCHMIDT, O patriarca e o Tribuno: caminhos, encruzilhadas, viagens e pontes de dois líderes socialistas – Francisco Xavier da Costa (187?-1934) e Carlos Cavaco (1878-1961). Tese de Doutorado. IFCH/UNICAMP, 2002.

STONE, Lawrence. "O ressurgimento da narrativa – reflexões sobre uma nova velha história". *Revista de Historia – RH*, nº 2/3, primavera de 1991, p. 13-37 [artigo publicado originalmente em *Past and Present*, nº 85, nov. 1979: 3-24]

WHITE, Hayden. *Meta-História: a imaginação histórica do século XIX*. São Paulo: Edusp, 1995.

SEGUNDA PARTE

Urbanistas e urbanismo: a cidade
como objeto de intervenção

Engenheiro-arquiteto João Moreira Maciel e o Plano de Melhoramentos. Autor ou coautor?

CÉLIA FERRAZ DE SOUZA
Faculdade de Arquitetura/ Programa de Pós-Graduação
em Planejamento Urbano e Regional — UFRGS

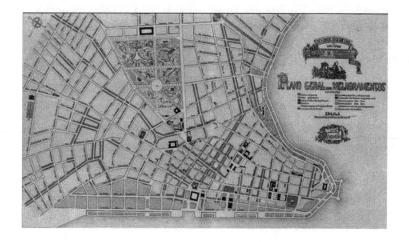

Introdução

Nos estudos das trajetórias de vida de pessoas que contribuíram para determinado conhecimento, é preciso levar em conta que a preocupação maior não é fazer uma biografia pessoal, nem buscar detalhes extravagantes ou extraordinários de seu passado, mas, procurar encontrar no contexto do ambiente vivido e do mundo, na época, as relações com sua produção. O que mais interessa é entender o que levou o autor a chegar ao conhecimento que se reputa importante, como produziu sua criação e qual foi seu envolvimento com outros personagens do seu tempo. Buscar compreender quais foram seus questionamentos ampliará de forma significativa o campo de pesquisa envolvida.

Ao se tratar de João Moreira Maciel, o que se quer é saber quem foi esse engenheiro-arquiteto, gaúcho de nascimento, depois muito jovem se mudou com a família para o Rio de Janeiro, que foi para São Paulo fazer seu curso superior na Escola Politécnica, mesmo sabendo que havia uma Politécnica onde morava. Depois de formado, com grande destaque, ganhou uma viagem de estudos, que por muito tempo não se sabia se ele havia realizado ou não. Ao se descobrir que sim, aparece uma carta do eminente professor francês A. Choisy, elogiando de forma expressiva um projeto seu de teatro. Ao voltar para o sul, marcou sua presença participando da elaboração do primeiro plano urbanístico de Porto Alegre, de 1914, o qual teve uma importância fundamental, por introduzir aquela cidade no caminho da modernização. As propostas desse plano foram absorvidas pelos planos posteriores e estão visíveis na cidade de hoje. Quem foram seus companheiros de trabalho, que ideias sobre urbanismo circulavam na época, como era seu meio e a Porto Alegre de então são questões que se quer responder. Por ser o plano um instrumento de política pública, além do discurso técnico, um discurso político está por trás e informa o contexto político da época em que o engenheiro atuou.

O engenheiro-arquiteto

João Moreira Maciel nasceu em Santana do Livramento, no Rio Grande do Sul, em 16 de maio de 1877, filho de José Nunes

Maciel de Oliveira e Anacleta Moreira de Oliveira, e faleceu, no Rio de Janeiro, no dia 8 de dezembro de 1944, aos 67 anos. Não se tem muito claro sua trajetória inicial, quando saiu de Livramento, por que razão a família foi morar no Rio, se passou por Porto Alegre ou outra cidade antes de chegar ao destino. Sabe-se, porém, que aos 17 anos de idade, em janeiro de 1894, ele entrou com uma solicitação para prestar o exame de Matemática Elementar (crédito que lhe faltava), para ingressar na Escola Politécnica de São Paulo. Nessa ocasião, Maciel ainda morava no Rio de Janeiro. Uma declaração do professor Faustino Xavier de Lisboa dizendo que o requerente estaria habilitado a prestar tal exame, por ter sido um aluno "distinto e estudioso", dá mostra que se referia ao desempenho de Maciel no curso preparatório que havia realizado para ingressar na Escola.[1]

Uma questão que se impõe é: por que ir para a Politécnica de São Paulo, que estava abrindo sua primeira turma naquele ano, se havia uma Escola Politécnica no Rio de Janeiro desde 1870, proveniente da Escola de Engenharia Militar, portanto, mais tradicional, e na cidade onde ele morava?

As respostas a essas questões não são tão simples. Através dos documentos pesquisados, muitos indícios davam a entender que Maciel teria escolhido a Politécnica de São Paulo em razão da existência do curso de engenheiro-arquiteto, já que esse não havia na Politécnica do Rio. A arquitetura parece ter sido seu principal interesse, haja vista que até o final da vida ainda se dedicava a ela. Mas a arquitetura da cidade e a cidade como estrutura, como equipamentos, como vias de circulação

---

1 Os dados biográficos e básicos de Moreira Maciel foram extraídos da tese de doutorado e do livro sobre o plano, da mesma autora (SOUZA, 2010).

também despertavam seu interesse. Melhor dizendo, ele via a arquitetura como um todo, da edificação isolada ao conjunto organizado entre ruas e praças.

As atividades da Escola se iniciaram em 1894, com os cursos de engenheiro civil, engenheiro industrial e engenheiro agrônomo e o anexo de Artes Mecânicas. Somente em 1897 entrou em funcionamento o curso de engenheiro-arquiteto. A orientação da instituição foi dividir o currículo em duas partes: o curso geral, que correspondia aos dois primeiros anos e que todos os alunos freqüentariam, e o curso direcionado para as especializações, nos três últimos anos. Em 1896, ao completar com as melhores notas a primeira etapa, Maciel recebeu o título de engenheiro-geógrafo, e a partir do terceiro ano se direcionou para o curso de engenheiro-arquiteto. Dos vinte profissionais formados engenheiros-arquitetos entre 1899 e 1917, doze fizeram dois cursos simultaneamente na fase das especializações e receberam dois títulos, engenheiro-arquiteto e engenheiro civil.[2] Maciel optou por ficar só com o título de engenheiro-arquiteto. No seu curso, teve como professores Francisco de Paula Ramos de Azevedo, Victor Dubugras, Maximiliano Emílio Hehl e Domiziano Rossi. Na biblioteca da Escola predominavam títulos franceses, onde algumas das leituras obrigatórias indicadas no curso merecem destaque pela sua pertinência à área do urbanismo e arquitetura. Dentre eles estavam *La Ville Moderne*, de Bourgeois; *Histoire d'Architecture*, de Auguste Choisy, e o *Traité d'Architecture*, de L. Cloquet, este da Universidade de

---

2 Edição Comemorativa dos 100 anos da Escola Politécnica de São Paulo.

Gand (Bélgica). Além do clássico *L'Art de Battir les Villes*, tradução para o francês do livro de Camillo Sitte.[3]

Maciel formou-se com distinção em 1899, obtendo a maior média geral entre todos os alunos de engenharia, tendo sido o único engenheiro-arquiteto a se formar nessa primeira turma. O fato de ter se destacado lhe valeu um prêmio dado pelo governo do estado de São Paulo. Tratava-se de uma viagem à Europa, de acordo com o artigo 200 do Regulamento da Escola, cujo programa era determinado pelos professores, e a contrapartida viria na forma de relatórios detalhados elaborados pelos ganhadores. O "Programa de Excursão à Europa para o eng. arq. João Moreira Maciel, em viagem de instrução, por prêmio que lhe foi conferido ao terminar o curso em 1899", discriminava a excursão em três etapas: um trimestre na França, outro na Itália e mais um na Alemanha e Áustria. O documento informava, ainda, que nesses nove meses o ganhador do prêmio, deveria enviar relatórios onde informaria suas "impressões gerais, considerações críticas, observações colhidas em exames mais atentos e as monografias e desenhos dos edifícios especialmente assinalados". Esse programa foi organizado e assinado pelos professores Ramos de Azevedo, Attaliba Valle e Maximiliano Emílio Hehl e aprovado pela Congregação da Escola Politécnica. Um recibo, escrito de próprio punho, em 15 de julho de 1901, prestava conta de que já havia recebido, no ano anterior, a quantia de 8 500$000 réis, referente ao valor total dado pelo governo do estado para uma viagem "d'instrução à Europa".[4]

---

3   Os livros de Sitte e Choisy ainda podem ser encontrados na biblioteca da FAU-USP.

4   Informações retiradas da pasta do aluno na Escola Politécnica.

Todos esses documentos estavam na pasta do aluno na Escola. Como não foram encontrados os relatórios, se colocava em dúvida a sua realização ou não dessa viagem.

Por algum tempo, ele ainda foi professor de Arquitetura do Liceu de Artes e Ofícios de São Paulo (ORLANDI, 1934), no qual o diretor, o engenheiro Ramos de Azevedo, tinha sido seu professor na Politécnica. Lecionou também a disciplina de Geometria Descritiva na Escola Técnica Álvares Penteado,[5] em São Paulo, o que aumentava a dúvida sobre sua viagem.

As dificuldades de se encontrar fontes claras, atinge a todos os pesquisadores. Sylvia Fischer observou em sua tese sobre os engenheiros politécnicos de São Paulo que não foi possível confirmar a realização de tal viagem, uma vez que não foram encontrados os relatórios de Maciel no exterior, e que "em circunstâncias semelhantes, em anos posteriores, houve casos de engenheirandos que apenas receberam o dinheiro, sem viajar" (FISCHER, 1989). Entretanto, novas pesquisas trouxeram novas informações, entre elas a comprovação da realização desta viagem, que ocorreu em 1900.

Quando Maciel veio trabalhar em Porto Alegre apresentou seu curriculum ao Intendente Montaury. Este, ao contratá-lo, justificou seu ato (PORTO ALEGRE-RS, 1911) citando as qualidades do mesmo e novas fontes referentes à sua vida, que acabaram por abrir novas investigações e ajudaram esclarecer um pouco mais a trajetória desse engenheiro-arquiteto. Relatava que o engenheiro fora contratado para organizar os projetos arquitetônicos e respectivos orçamentos de um teatro-circo, de uma vila

---

5   Informação dada pelo *Who's Who in Latin America*, Part IV, Brazil. Ed. Ronald Hilton, Oxford University Press, s/d (estima-se 1946).

operária e de um quiosque-bar, já que não havia corpo técnico suficiente na Intendência. O intendente inicia seu relatório com informações sobre a indicação:

> Prevalecendo-me das autorizações que me foram dadas, confiei ao ilustre engenheiro-arquiteto rio-grandense João Moreira Maciel a organização dos projetos e respectivos orçamentos dos edifícios destinados ao teatro, vila operária e um quiosque-bar visto o resumido pessoal da Diretoria de Obras e os múltiplos serviços a ele afetos não me permitir aproveitá-los em trabalhos como os referidos, que exigem, além de muito tempo, acurados estudos (PORTO ALEGRE-RS, 1911).

Na continuação, vinham as informações sobre as atividades profissionais realizadas anteriormente por Maciel,

> seu brilhante desempenho na Escola e seus projetos. Informa que o engenheiro, que confeccionou os projetos que submeto a vossa judiciosa apreciação, foi o autor de um projeto para um grande teatro na capital de São Paulo, trabalho elogiado em carta que lhe foi dirigida pelo professor Augusto Choisy, lente da Escola de Pontes e Calçadas de Paris, e autor de notáveis obras sobre a história da arquitetura. Não só o projeto, como a carta, foram publicados na revista médica de São Paulo (PORTO ALEGRE-RS, 1911).

Essa informação era intrigante e surpreendente. Que projeto de teatro era esse, que não se tinha referência alguma? Porque um trabalho tão especializado em arquitetura foi publicado por uma revista médica? E como Auguste Choisy, um professor tão renomado, lhe escreveu uma carta elogiando seu trabalho? A busca pela *Revista Médica de São Paulo*, na Faculdade de Medicina da USP, levou algum tempo, por não se saber a data da publicação, mas felizmente, no volume de 1902, estava lá, de fato, uma reportagem sobre o projeto do teatro, com o título: "Theatro de S. Paulo, projeto do dr. João Moreira Maciel, sua descrição e condições higiênicas" (*REVISTA MÉDICA DE SÃO PAULO*, 1902: 438-458).

Em outra coluna também a informação que acabou por confirmar definitivamente que Maciel viajou à Europa. Foi com um grupo de médicos, chegando a tempo de ver, inclusive, a Exposição de Paris, em 1900. Seu interesse pela arquitetura era tão grande que acabou despertando, também, nos demais companheiros de viagem. O texto começa enaltecendo o ilustre engenheiro por seu desempenho como estudante no curso da Escola Politécnica, e destaca que viajou à Europa, visitando não apenas teatros (parece que o autor do texto considerava essa sua especialidade), como diz a revista:

> Não foram só os teatros que mereceram a sua viva atenção: edifícios públicos de toda espécie, museus, hospitais, catedrais, casa de congresso, sanatórios, academias de belas-artes, liceus, a grande exposição de Paris, tudo, tudo ele examinou conscienciosamente registrando na memória o que mais belo lhe impressionava (*REVISTA MÉDICA DE SÃO PAULO*, 1902: 457).

Os relatórios não foram encontrados, mas uma boa informação sobre a viagem, pelo menos por Paris, foi revelada, com alguns desdobramentos, que serão expostos a seguir. Quanto à questão de que havia feito o projeto de um grande teatro para São Paulo pairavam algumas dúvidas. Antes da construção do Teatro Municipal (1907), conforme Lemos (1993), a ideia de um grande teatro de ópera para São Paulo estava latente há anos e muitos esforços e tentativas para tanto haviam sido feitos. Cita ainda o exemplo de Maria Cecília Homem Prado, que em entrevista com o arquiteto Sílvio Jaguaribe Ekmann ouviu que seu pai, Carlos Hekmann, havia projetado o teatro do município, sendo, à última hora, posto de lado pela enorme influência política de Ramos (LEMOS, 1993). Teria Maciel participado de algum concurso, e que, pela mesma razão que Heckmann, não foi aceito? Outra hipótese era que tivesse participado da equipe de Ramos de Azevedo (seu professor na Politécnica) no projeto do Teatro Municipal, no qual também participaram os arquitetos italianos Cláudio e Domiziano Rossi, autores do projeto, este último também seu professor. Mas aí o teatro não seria de sua autoria, como afirmava Montaury, que viu o projeto. De qualquer forma, o seu projeto saiu na revista, e foi mostrado com detalhes. Pode ter sido até um trabalho de final de curso. O fato é que o artigo "Theatro de S. Paulo, projeto do dr. João Moreira Maciel, sua descrição e condições higiênicas" ocupou mais de doze páginas, com fotografias das plantas, cortes e fachadas, cuja ênfase na higiene justificava a publicação do tema na revista.

No mesmo magazine, a Coluna de Notícias oferecia o seguinte comentário, destacando a matéria sobre o teatro de São Paulo: "Damos hoje aos nossos leitores a descrição do projeto do teatro segundo o plano e dados descritivos que nos forneceu seu autor, o distinto arquiteto dr. João Moreira Maciel, formado pela Escola Politécnica de S. Paulo". Informa também que Maciel havia levado esse projeto na sua viagem ao exterior e, ao visitar a École des Ponts et Chaussées, o deixou para a avaliação de Auguste Choisy, professor de grande detaque na época, já que ele não se encontrava em Paris na oportunidade. O mestre, autor de suas leituras sobre a história da arquitetura, pregava que a arquitetura é a construção, e todas as transformações estilísticas são simples consequências lógicas do desenvolvimento técnico. Ao retornar à École e tomar conhecimento do projeto de Maciel, Choisy se entusiasmou tanto com o mesmo que chegou a escrever que esse projeto respondia em tudo ao ideal que ele fazia de um teatro e lamentava que na Nova Ópera Cômica, em construção na época, ele não podia encontrar os mesmos méritos do projeto dele. Sua admiração foi expressa na carta que enviou ao autor, publicada na *Revista Médica* de 1903. A reprodução, dessa carta aqui, em uma tradução livre, se justifica pelas enfáticas palavras de entusiasmo ditas por tão alta autoridade internacional, dirigidas ao arquiteto brasileiro.

Paris, 20 de janeiro de 1903

Meu caro colega

Gostaria de me desculpar por ainda não ter respondido sua amável comunicação e seus gestos de simpatia, o que me faz lamentar vivamente não ter podido conhecê-lo pessoalmente, por ocasião de sua última viagem a Paris. A ausência é a causa, e será, eu o espero, a desculpa de meu atraso. Seu projeto, me permita que lhe diga com toda a sinceridade, responde em tudo ao ideal que eu faço de um teatro. Sempre fico chocado com os obstáculos que, sob o pretexto de uma arquitetura, se interpõem, seja à audição, seja, sobretudo, à visão. De maneira simples, você suprimiu esses obstáculos, e pelas convenções de onde vivemos há, neste avanço de partido, uma verdadeira coragem, que confere uma honra ainda maior àquele que ousou. Pontos de colunas encobertos, andares com balcões salientes, eis uma audácia, e eu a percebo pelas suas belas linhas, se desenvolvendo sem interrupções forçadas, cuja amplitude compensa largamente os pequenos elementos decorativos que você, tão justamente, suprimiu. Os desempenhos me parecem excelentes. Pontos de acobertamento possíveis, comunicações feitas por toda parte, disposições de vestiários reduzidas ao inevitável. Quanto à ventilação, você a garantiu pela insuflação, sem riscos de correntes ou entradas de ar frio. Em toda a sua obra, sente-se a expressão de um arquiteto que tudo viu, tudo comparou e que soube ir além das convenções ultrapassadas. Como eu gostaria de encontrar na Nova Ópera Cômica os méritos de seu projeto! E como resultado, eu não duvidaria que com seu espírito de lógica você teria chegado a tirar de tão belo plano uma obra que tivesse na sua fisionomia uma grandeza arquitetural em relação à nobre simplicidade da concepção. A vista fotográfica dá ideia da harmonia das massas.

> Eu não saberia como lhe felicitar o bastante por tão belo projeto, nem lhe agradecer o suficiente pelo pensamento afetuoso que me fez conhecê-lo e estabelecer relações com seu autor. Todos os meus agradecimentos, meu querido colega, e a mais cordial expressão de minhas vivas e afetuosas simpatias, A. Choisy (*REVISTA MÉDICA DE SÃO PAULO*, 1902).

Era sem dúvida uma honraria se ter uma carta como essa!. Era um reconhecimento especial! E por isso ele era tido como um especialista em teatros, tanto para o intendente como para os médicos. A revista mostrou que Maciel não só viajou como trouxe uma recomendação extraordinária de seu projeto.

Na sua apresentação o intendente comenta, também, sobre o projeto da Estação Balneária de Poços de Caldas:

> Foi também autor de projeto de melhoramentos da Estação Balneária de Poços de Caldas (Minas Gerais), o qual compreendia um grande hotel com estabelecimento hidrotérmico, cassino e teatro, cuja execução foi em parte por ele dirigida, trabalhos que se acham publicados na obra *Gli Italiani nel Brasile*, sob a direção do redator do jornal *Fanfulla*, sr. Rotellini. Foram esses os maiores projetos confeccionados por este arquiteto, existindo outros de vilas e casas de aluguel, em São Paulo (PORTO ALEGRE-RS, 1911).

Essa informação sobre o complexo do Balneário de Poços de Caldas é limitada. O volume citado pelo intendente, *gli*

Italiani dei Brasile, não foi encontrado, sendo, portanto, fonte ainda desconhecida. Entretanto, a descrição a seguir ajuda a perceber a qualidade do conjunto arquitetônico:

> o Grande Hotel possuía aparelhagens modernas e sofisticadas para a época, estudadas para oferecer maior conforto e diversão a seus frequentadores, com sua ampla e bem decorada sala de jogos, orquestras selecionadas e artistas de fama. No anexo do teatro Polyteama, formava-se um serviço impecável de espetáculos teatrais e sessões de cinema, apresentando filmes com atores mais famosos da época, acompanhados em seus movimentos pelo pianista, que executava o acompanhamento sonoro para provocar o clímax nos momentos mais importantes, visto que os filmes ainda eram mudos (SEGUSO, 1998).

Ainda no seu relatório, o intendente falava sobre o contato de Maciel com arquitetos franceses, dizendo que "em Montevidéu, desenvolveu alguns projetos, e entre eles o de uma vila particular dos notáveis arquitetos franceses Girault e Chifflant, do Instituto e autores do Petit-Palais, que foi julgado o melhor dos pavilhões da Exposição de Paris em 1900". Na sua justificativa final insistia: "Formado pela Escola Politécnica de São Paulo, obteve o grande prêmio de viagem à Europa e este fato aliado às informações que acima me referi me levaram a entregar-lhe a confecção dos projetos dos quais desempenhou-se em prazo de cinco meses". O intendente Montaury, que também era engenheiro, argumentava sobre os projetos encomendados a Moreira Maciel. A respeito do teatro em Porto Alegre, diz:

> Como tereis ocasião de verificar, o estilo deste edifício é o do Renascimento Francês, de ordem jônica – sendo de grande simplicidade, e a meu ver de agradável aspecto. Estabeleceu o arquiteto sete hipóteses para sua construção, cujos respectivos custos são variáveis mediante modificações quanto à natureza do material empregado, supressão de certas peças, reduções de dimensões da platéia e outras (PORTO ALEGRE-RS, 1911).

Esse teatro se localizaria na Praça XV, como se pode ver no plano da cidade que viria mais tarde. Mas sua execução acabou não acontecendo. Sobre o segundo projeto solicitado, uma vila operária, Montaury aponta:

> Com os respectivos orçamentos, à vossa apreciação submeto igualmente as plantas dos projetos da vila operária. [...] Um deles considera as casas de um só pavimento com quatro peças, com instalação de água e esgoto, tanque de lavagem e quintal amurado [...]. O segundo projeto – organizado para 46 casas de dois pavimentos [...] Parece-me ser o primeiro projeto preferível por dispor a Intendência de terreno suficiente para a respectiva execução, evitando-se assim os inconvenientes da casa em dois pavimentos e ocupados por famílias diferentes [...] Pode-se construir uma parte do

projeto para conhecer-se o custo exato de cada habitação, que servirá como tipo para a concessão de favores, que julgue o Conselho fazer à iniciativa particular para o desenvolvimento de casas idênticas e cujo aluguel esteja de acordo com a despesa da construção – para a qual dever-se-á fixar um juro módico (PORTO ALEGRE-RS, 1911).

Sobre esse projeto nada se sabe, se foi executado ou não, e nem onde seria sua localização. Ao projeto de um quiosque-bar, o intendente assim se referia:

> O terceiro projeto é um quiosque-bar para a praça 15 de Novembro, cuja concorrência se acha aberta; entretanto, caso não se apresente proposta conveniente – talvez fosse preferível a Intendência tomar a si a execução do projeto, chamando concorrência para o arrendamento em um determinado prazo de tempo, obtendo-se deste modo maiores vantagens (PORTO ALEGRE-RS, 1911).

Quiosque que ficou conhecido como o chalé da Praça XV e foi inaugurado em 1912. Entretanto, o nome de Maciel não está ligado a essa inauguração, embora o relatório de Montaury informe que ele acompanhou a obra até 1911. Não se tem informação sobre essa mudança de posição. O que aconteceu não se sabe.

As informações introdutórias de Montaury no relatório contradizem posições de alguns autores, que tomavam como verdadeira "a existência nas repartições de um corpo técnico de formação local com razoável competência – tanto em nível municipal como estadual", e acreditavam que Maciel teria sido contratado para executar o plano, desconhecendo suas atividades anteriores na Intendência: "traz alguma surpresa no que se refere à contratação de um profissional 'paulista' para executar o plano de 'melhoramentos'" (WEIMER, 1997: 18). O tom sarcástico referente a Maciel ser "paulista" está só pelo fato de ele ter cursado a Escola Politécnica de São Paulo. Como Montaury já havia referido no seu relatório, não havia dúvida sobre seu local de nascimento. Ele era rio-grandense, termo usual na época, já que o termo "gaúcho" não estava ainda tão generalizado. E foi contratado inicialmente para fazer projetos arquitetônicos, quatro anos antes do Plano.

A terceira informação mostrava e reforçava as relações de Maciel com arquitetos franceses, já demonstrada pela carta de Choisy, mas também pelas obras que realizou em Montevidéu, juntamente com os arquitetos franceses Charles Louis Girault e Jules Chifflot Leon, do Instituto de Belas Artes de Paris e autores do Petit-Palais, segundo o próprio intendente. A obra citada em Montevidéu é hoje sede da Secretaria de Cultura e de um Museu de Antropologia. Foi construída para ser residência de uma família abastada, requintada e certamente com hábitos franceses. Trata-se de um palacete realmente extraordinário e que, como museu, mantém seus espaços arranjados como na época, desde as salas de visita e jantar até o andar superior com os quartos. O quanto Maciel participou desse projeto e porventura de outros ainda se ignora. O que se supõe é que ele tenha acompanhado a obra. Talvez Maciel tivesse conhecido esses arquitetos durante sua visita a Paris e depois, sendo sua cidade natal fronteira com o Uruguai, fosse mais fácil para ele acompanhar a obra em Montevidéu.

O envolvimento de Maciel com o Plano e seus colegas viria dois anos depois de sua contratação. Em 1912, foi criada a Comissão de Melhoramentos e Embelezamento de Porto Alegre, sob a supervisão do engenheiro carioca Jorge Lossio, e nela Maciel entrou como um auxiliar técnico, juntamente com outro engenheiro, Bruno Escobar, recém-formado pela Escola de Engenharia do Rio Grande do Sul. Um de seus primeiros trabalhos foi assumir a responsabilidade técnica pelos estudos específicos para o projeto do parque da Redenção (futuro Parque Farroupilha), apresentados pelo intendente ao Conselho em 1913. Logo depois, ficou encarregado de organizar e realizar o Plano Geral dos Melhoramentos da Capital, levando em conta uma série de projetos. Certamente estavam sendo referidos os projetos urbanísticos novos e existentes que deveriam ser mapeados e reformulados. Maciel executou uma planta muito clara, com traços de diversas espessuras, usando cores para destacar as propostas e assinada por ele. Acompanhou essa planta um relatório e o orçamento detalhado das obras em geral, entregues ao intendente em 1914, para publicação nas Oficinas Gráficas da Intendência. É de se destacar a qualidade gráfica desse plano, tanto de ordem técnica quanto estética. Talvez esteja aí a razão pela qual a planta e o relatório fossem tratados como o plano geral e Maciel como autor isolado. Eles, por si só, eram claros o suficiente para mostrar as intenções de modernização da cidade. Os estudos realizados por outros técnicos da mesma comissão acabaram por ficar de fora e praticamente desconhecidos. Por ser um engenheiro-arquiteto, estava apto a realizar tal trabalho.

Em 1916, Maciel assinava a planta cadastral da área pertencente ao Primeiro Distrito de Porto Alegre, na qual vinha trabalhando desde sua entrada na Comissão. Em 1919, já tinha

100   RODRIGO DE FARIA • JOSIANNE CERASOLI • FLAVIANA LIRA [ORGS.]

assumido a Chefia da Comissão de Melhoramentos, quando assinou a planta do levantamento do município. A partir da década de 1920, ao que tudo indica, afastou-se do urbanismo. Em 1921, ingressou no Ministério da Agricultura, tendo se tornado chefe da Divisão de Arquitetura e Engenharia, em 1938, e diretor de Divisão, em 1941,[6] já no Rio de Janeiro. Entretanto, ainda em 1922, era arquiteto da Intendência de Porto Alegre. João Vicente Friederichs, responsável por um renomado ateliê de esculturas e encarregado da decoração e do acabamento da ala residencial do Palácio do Governo, nesse ano "contratou o engenheiro-arquiteto da Prefeitura Municipal", João Moreira Maciel, "de reconhecida competência", para desenvolver os temas arquitetônicos em estilo Luiz XVI, na finalização das obras. Sua mesa de trabalho foi instalada na própria obra, na sala-ateliê dos escultores, onde o "grande escultor Adolph Adloff" modelava os temas propostos nos detalhes do projeto, juntamente com seu antigo aprendiz, o arquiteto e artista plástico Fernando Corona, que assina esse relato (CORONA, 1973). Corona dizia: "Em arquitetura, já conhecia as formas clássicas, as cinco ordens e o traçado gótico, aprendido com meu pai; com Moreira Maciel aprendi a traçar o estilo Luiz XVI" (*apud* CANES, 1998). É de se conjecturar, pois, que a volta de Maciel para o Rio de Janeiro tenha ocorrido somente após essa obra. Segundo uma informação dada por Weimer, da qual se desconhece a fonte, "consta que, em 1925, foi jurado do concurso que selecionou o Pavilhão Brasileiro da exposição Internacional de Filadélfia, que mais tarde seria reconstruído – segundo a tradição, pelo governo dos Estados Unidos – no Rio de Janeiro e que

---

6   *Who's Who*, citado anteriormente.

serviu, até a transferência da capital para Brasília, para abrigar o Senado da República" (Palácio Monroe) (WEIMER, 1997: 18).

Segundo o *Who's Who in Latin America*, publicado por volta de 1946, Maciel realizou mais um trabalho de restauro arquitetônico, e desta vez foi a Sala do Trono e a Sala dos Embaixadores no Palácio Residencial de D. Pedro II, hoje Museu Nacional. Morava, nessa ocasião, no Rio de Janeiro, na rua Monte Alegre, número 6, e tinha seu escritório na avenida Presidente Wilson, 262. Não se casou. E como não foi informada a data do seu falecimento, pressupõe-se que ele ainda estivesse vivo. Entretanto, segundo últimos levantamentos, Maciel morreu em 1944, no exercício de suas funções no Ministério da Agricultura (ABREU, 2006). Fica no ar a questão: quem fez o restauro da sala do Trono?

Das investigações, o que mais surpreende é que Maciel tenha deixado tão poucos rastros de sua vida profissional e mesmo pessoal. Foi um arquiteto tão elogiado por sua capacidade e seus projetos, mesmo em Porto Alegre, são desconhecidos! Nem mesmos aqueles trabalhos para os quais foi contratado são identificados ou acabaram não sendo realizados. A única certeza é que ele fez a graficação do plano, assinada por ele, assim como o relatório, um memorial descritivo.

A cidade e as origens de sua modernização

Para avançar na trajetória de um homem que tratou do primeiro plano da cidade e provavelmente da primeira cidade brasileira a ter um plano abrangente–já que ele envolvia todo o primeiro distrito da cidade, a parte mais densa, onde hoje ficam os bairros Bom Fim, Cidade Baixa, Independência, Floresta e naturalmente o Centro Histórico–, convém, todavia, avaliar como se iniciou o processo de transformação urbanística em Porto Alegre, antes desse plano e antes desse homem.

Porto Alegre era um pequeno povoamento em 1772, quando se tornou freguesia e capital da província, no ano seguinte. Mesmo ao se transformar em vila, em 1810, tinha 12000 habitantes, aos 38 anos. Seu maior desenvolvimento vai se dar a partir de 1850, depois da Guerra dos Farrapos (1835-45), com a retomada da imigração alemã e mais tarde com a chegada dos italianos (1875) e o consequente desenvolvimento comercial e industrial. Porto Alegre entra na República, em plena fase de industrialização, com 52000 habitantes (SOUZA; MULLER, 2007).

Embora o desenvolvimento da cidade, a partir de então, tivesse sido, de certa forma, prejudicado por problemas de ordem política, administrativa e ideológica, inicia-se uma fase de progresso. A incerteza inicial do partido político que governaria a cidade, republicano ou federativo, bem como a guerra civil deflagrada na província, em razão da luta entre os dois partidos, conhecida como "revolta da degola", em 1892, uma das mais sangrentas do país, foram fatos políticos que dificultaram este processo. Porém, a partir da estabilização, Porto Alegre conseguiu superar muitos de seus problemas e implementar uma série de obras que levaram a mudanças bastante importantes.

A política do PRR, Partido Republicano Rio-grandense, então no poder, criado sob a égide do Positivismo, repercutiu no espaço urbano de Porto Alegre, seja pelo continuísmo administrativo, seja pelo cientificismo, no qual a ordem, entendida como disciplina, e o progresso eram as aspirações fundamentais do governo. Assim, a estrutura física passou a ser relacionada à reestruturação da sociedade. Através da reformulação da estrutura urbana, aparecia a tentativa de mostrar que a ordenação dos espaços físicos representava o progresso e a modernização de uma sociedade. Nesse sentido a modernização urbana, como a ordenação da própria sociedade, representava o sucesso do projeto republicano. A ordem no espaço público mostrava a força do poder por parte do governo. O desenvolvimento econômico dependia da ordem social. Sendo o partido resultado de uma aliança entre frações da sociedade, teve de assegurar a sua ordem e a solidariedade de interesses através do saneamento, da oferta de redes de infraestrutura básica, da criação de ambientes esteticamente modelados segundo os princípios urbanísticos da época para atingir o tão desejado progresso. O início desse processo se deu a partir dos primeiros projetos de modernização do porto, no princípio do século, e seguiu até 1911, quando efetivamente começou a construção do porto (SOUZA, 2010). Esse projeto acabou abarcando a implantação da infraestrutura no entorno e as propostas de reformulação do sistema viário do centro, além da construção de novos equipamentos, dando novos ares à cidade.

O municipalismo, uma das bases ideológicas do governo, trazia a convicção de que era dever do Estado, nesse caso a própria municipalidade, garantir todos os serviços básicos. A partir de 1907, a Intendência começou efetivamente a tratar a cidade de forma sistemática, contratando engenheiros com alta capacidade técnica, investindo em estudos e obras, fazendo empréstimos e criando comissões técnicas de higiene, saneamento, obras etc. Todavia, em 1912 institui a Comissão de Melhoramentos para organizar um plano geral de obras de embelezamento e saneamento, abarcando as comissões existentes, visando ampliar seu espectro de abordagem da cidade e também ter em mãos um orçamento para orientar as ações e os gastos municipais. Desde o final do século XIX, no Brasil, a expressão "melhoramentos urbanos" designava "a formação de comissões para uma ação planejada como toda e qualquer intervenção em obras de saneamento, abertura de praças, alargamento e extensão de vias", como afirma Leme (2001: 351). Essa expressão precede a palavra *urbanismo*, introduzida nas primeiras décadas do século XX. O Plano Geral de Melhoramentos passava a ser visto como um instrumento de ordenação para execução de obras e era importante para marcar as prioridades das ações e mostrar determinação política. Entretanto, as implantações transformadoras do plano, dentro das rendas e possibilidades governamentais, não puderam se viabilizar nesse momento. Elas viriam a acontecer somente dez anos mais tarde, na administração Otávio Rocha, em outro contexto político. Esse fato, que acontece em outras administrações e até os dias de hoje, mostra assim duas realidades de uma mesma orientação ideológica. Uma a da concepção do plano, que justifica e propõe mudanças de modernização e progresso na estrutura urbana, que é factível e, acima de tudo, destaca a vontade política do governo. A outra realidade é a fase da implantação do plano, que enfrenta, realmente, as mudanças físicas e sociais da cidade, tendo que contar com muito mais recursos, tanto de ordem econômico-financeira como técnica e de pessoal, que por todas essas dificuldades acaba transferindo para outro momento a sua execução.

Entretanto, Porto Alegre, embora não enfrentasse seu plano urbanístico, continuava levando a efeito seus trabalhos de infraestrutura, o outro lado do plano. Para Montaury, só o municipalismo garantiria o "caminho para a prosperidade" (1910: 8) e afastaria a sociedade dos malefícios dos monopólios. Citava o exemplo das cidades modernas, que comprovavam a eficiência do serviço municipal através desse sistema, que vinha "conquistando, na Europa e na América, a adesão de várias municipalidades", aumentando anualmente o número de encampações e instalações de serviços de produção de energia elétrica, bondes, gás, água, esgotos etc. (MONTAURY, 1912: 12). Já em 1897, o propósito municipalista do governo levava à encampação os serviços de coleta de lixo e asseio público, tornando ambos gratuitos para os pobres. No ano seguinte, esse processo continuou com as hidráulicas particulares Guahybense e Porto-Alegrense, cujas tratativas só terminaram em 1904, com a absorção apenas da primeira. Em 1906, a companhia que fornecia luz a gás foi municipalizada, muito embora a melhoria do sistema não ocorresse como era esperada. Datam dessa época os primeiros planos da Intendência de construir uma usina municipal para gerar iluminação elétrica, fora da zona onde a companhia Fiat Lux detinha o monopólio desse serviço público. Durante a administração do PRR em Porto Alegre, passaram para o município os serviços de água, esgoto, iluminação, tráfego, policiamento, instrução, higiene alimentar, limpeza pública, asseio público, assistência social, enquanto no resto do país a maior parte desses serviços cabia aos estados (SOUZA, 2010). A municipalização significava a eficiência dos serviços públicos. A encampação em muitos casos se fazia necessária. Os melhoramentos demandados a cada passo na cidade precisavam de uma implantação racional, de acordo com os recursos de que dispunha, e programada dentro da lógica positivista, de

Os trabalhos da Comissão de Melhoramentos

"melhorar conservando". Lema tão impregnado na administração, que está presente até nas justificativas do plano, no trabalho de João Moreira Maciel.

Os trabalhos da Comissão de Melhoramentos

A Comissão de Melhoramentos em Porto Alegre, responsável pela realização dos melhoramentos ligados à higiene e à modernização dos serviços públicos, pela adequação do sistema viário e também pelo embelezamento, foi criada em 20 de junho de 1912 pelo intendente José Montaury. Era formada por profissionais de "alta competência, sob a chefia" do engenheiro Jorge Lossio,[7] que já era o responsável pela Comissão de Saneamento, assessorado pelo diretor de Higiene do Estado. A nova comissão foi organizada em três setores: de Cadastro, a cargo do engenheiro Benito Elejalde; de Novo Abastecimento, a cargo do engenheiro Dario Pederneiras; e de Higiene, sob a condução do médico Bernardo Velho. Foram admitidos ainda dois auxiliares técnicos, o engenheiro-arquiteto João Moreira Maciel e o engenheiro Bruno Escobar (MONTAURY, 1913). Pela sua composição, pode-se depreender a amplitude de abordagem dessa comissão, preparada para pensar na modernização da cidade e fornecer as diretrizes do seu progresso por meio de um Plano Geral dos Melhoramentos. Assim, a comissão realizava uma série de estudos, enquanto tocava obras de infraestrutura. A ela foram atribuídas as tarefas específicas de ampliar as canalizações da nova rede de água e o prolongamento da rede de esgoto, assim como organizar a carta cadastral da cidade, projetar

---

7   Engenheiro Jorge Valdetaro de Lossio Seiblitz foi professor da Escola Politécnica do Rio de Janeiro. Em 1905 tornou-se sócio do Clube de Engenharia. Foi autor de projetos de engenharia sanitária, dentre os quais o projeto de esgoto de Niterói.

um parque e, evidentemente, criar um plano de melhoramentos, uma planta cadastral e projetos de embelezamento da cidade (MONTAURY, 1911). Denominada Comissão de Melhoramentos e Embelezamentos de Porto Alegre se dedicou inicialmente a três projetos principais. O primeiro era o de levantamento topográfico da cidade, a fim de obter dados para a elaboração de uma nova planta cadastral. Essa foi desenhada por Maciel, que a assina, e foi publicada em 1916. Esse trabalho estava vinculado à subcomissão de Cadastro, cujo responsável era o engenheiro Benito Elejalde, que vinha trabalhando, já havia mais tempo, no projeto de infra-estrutura do campo da Redenção. O segundo era o projeto de um novo abastecimento, organizado por Dario Pederneiras, diretor de abastecimento de água. Este deveria levantar uma série de novos pontos da orla do rio, realizando análises, para localizar um novo ponto de captação de água para Porto Alegre. Estava relacionado ao serviço de esgoto, que avançava sob a condução direta do co-ordenador geral, Jorge Lossio. O terceiro tratava do regulamento das construções que foi organizado em conjunto com a Diretoria de Obras e com a Diretoria de Higiene, da Intendência Municipal, resultando no ato n° 96, de 11 de junho de 1913, que continha o Regulamento Geral das Construções. Esse atendia uma ansieda-de do intendente, que desde o princípio da década enfatizava a importância de um Código de Construção, que se impunha junto ao saneamento da cidade. Dizia que mesmo que aproveitasse al-gumas das antigas posturas, teriam que adotar outras novas, de acordo com os preceitos da higiene estabelecidos para as cidades do porte de Porto Alegre. Afinal, a cidade já possuía uma popula-ção em torno de 123 mil habitantes, dos quais quase 104 mil vi-viam nas zonas urbana e suburbana, e apresentava um altíssimo coeficiente de crescimento de 5,8%, de acordo com o censo de 1910. O "ilustrado dr. diretor de Obras, engenheiro Bittencourt", que havia acompanhado a execução das obras da Intendência Municipal, foi convidado para elaborar esse código, o qual foi submetido ao exame dos "ilustres diretores do setor de higiene, Jorge Lossio, Bernardo Velho e Benito Elejalde, para estudarem e modificarem no que fosse necessário a bem da higiene". O que demonstra a interação entre os membros da Comissão e desta com os demais setores da administração. Após a realização dos trabalhos, Montaury se mostrava satisfeito: "A comissão [...] desempenhou-se com alta proficiência e critério, dotando a administração municipal de um repositório de regras úteis e exeqüíveis, que virão inevitavelmente concorrer para melhorar o estado sanitário e a edificação da cidade". O regulamento das construções estabelecia de princípio que nenhuma construção, reconstrução, acréscimo ou modificação de obras se faria na zona urbana ou suburbana de Porto Alegre sem prévia licença da Intendência. A documentação, imprescindível para tal, incluía a apresentação de plantas, cortes, elevações etc., com as devidas assinaturas do proprietário e do construtor. Além disso, o regulamento definia os alinhamentos das construções, os recuos laterais e de fundos, as alturas dos edifícios em relação à rua, a ocupação do terreno pela obra. Regulamentava as calhas, condutores para esgotamento das águas pluviais, além dos variados tipos de estabelecimento, das indústrias às cocheiras, assim como o detalhamento sobre os logradouros públicos, vinculando-os "ao futuro plano geral da regularização da cidade, que será oportunamente organizado" (MONTAURY, 1913). O controle dos alinhamentos dos prédios nas vias públicas está diretamente relacionado à morfologia da cidade. A definição da correção progressiva dos alinhamentos promove uma modificação também progressiva na configuração da rua. Assim, a nova rua passaria a se diferenciar da rua colonial, que tinha uma morfologia irregular, marcada pelo estreitamento e alargamento do leito viário. Corrigindo tais "desvios", as fachadas dos prédios ficavam alinhadas e passavam a ressaltar a simetria das bordas e a destacar o eixo da rua. Isto proporcionava certos efeitos de perspectiva, algumas vezes reforçados pela colocação de um monumento num de seus pontos extremos.

Paralelamente, foi solicitado à comissão o projeto de um parque para o Campo da Redenção, próximo ao centro, que ficou a cargo de João Moreira Maciel. O projeto correspondia ao aproveitamento de uma vasta área no campo da Várzea (ou da Redenção), que há muito inquietava a administração municipal. Era uma área de cerca de 60 hectares de várzea, e por esta razão o campo levava esse nome. Ficava na entrada da cidade antiga, entre o caminho do Meio e caminho do Mato Grosso, delimitada pela rua Venâncio Aires. Devido ao alto custo de adequação do terreno, a Intendência pediu licença ao estado para vender os lotes situados entre os alinhamentos da rua Venâncio Aires e o da frente da Escola Militar, aproveitando essa renda para o melhoramento do campo. "Com os recursos obtidos pela venda dos terrenos, iniciou a Intendência o serviço de drenagem do Campo da Redenção, de acordo com o projeto organizado pelo engenheiro chefe Dr. Benito Elejalde". O projeto de Maciel transformava essa área num parque cortado por quatro avenidas que se conectariam às vias da cidade e formariam um *rond-point* com arborização lateral e iluminação central, canteiros de relvas, bosques, alamedas, ajardinamentos, fontes, grutas, estátuas, coreto, estufas, caramanchões, lagos artificiais, dois restaurantes e sanitários públicos. Ao apresentá-lo ao conselho, Montaury dizia:

> O projeto que tenho a satisfação de submeter a vossa apreciação para a construção do parque e jardins nesse logradouro foi executado pelo distinto arquiteto, engenheiro João Moreira Maciel, empregado na Comissão de Saneamento da cidade. Como tereis ocasião de verificar, esta é uma obra de elevado custo, que não poderá ser atacada de uma só vez. Mas que deverá fazê-lo pouco a pouco pela terraplanagem, gramado nos canteiros, arborização e formação dos bosques e iluminação das avenidas conforme o projeto organizado. Embora um pouco extenso, peço permissão para reproduzir orçamento do autor do projeto computado no custo provável de 1.759:952$400 (MONTAURY, 1913).[8]

No relatório apareciam todas as especificações da obra e seus custos, por unidade e total. Após esse demonstrativo, Montaury desistiu de sua execução. Esclarecia que se adicionasse essa importância à das obras de drenagem que estavam sendo executadas, a construção do parque se elevaria a 2.000.000$000. Concluía que era uma importância avultada para ser gasta em um melhoramento improdutivo como um parque, e cuja conservação exigiria por si só uma forte despesa com pessoal e material. Uma vez atendida a área correspondente ao Primeiro Distrito,

---

8 Observe-se que queria dizer Comissão de Melhoramentos, em vez de Saneamento.

com serviços de água, esgotos, bondes elétricos, iluminação a gás, telefones e adequação da via pública em regulares condições de trânsito, era preciso expandir a rede de esgotos para os bairros da zona norte, de Navegantes e São João, por serem bairros industriais. E dar início à implementação dos melhoramentos da cidade de maneira global, dentro de um plano de organização e priorização das obras. Para isso, Montaury informava que mandara realizar o Plano de Melhoramentos e Embelezamento, sob a responsabilidade do engenheiro Jorge Lossio, chefe da comissão, cujas obras "deverão ser atacadas à medida que permitam as rendas municipais, sem prejuízo do custeio e desdobramento dos serviços que crescem pelo aumento da população".

A tarefa da comissão, setor de cadastro, seria a de integrar os projetos urbanísticos existentes com os novos com o objetivo de elaborar um plano geral, que resultaria numa programação técnica e financeira para a execução das obras, com uma visão de conjunto, para que a municipalidade fosse implementando na medida do possível. Foi com essa visão a curto, médio e longo prazos, levando em conta o novo Regulamento Geral das Construções, e partindo de um trabalho que se destacava pela integração do planejamento, que surgiu o Plano de Melhoramentos no seio da Comissão. A Comissão trabalhava para subsidiar a execução do plano.

Após a conclusão dele, a Comissão de Melhoramentos permaneceu atuando. No ano de 1918 para 1919, ela ressurgia nos relatórios da Intendência, indicando que seu coordenador agora era o próprio João Moreira Maciel. A comissão prestava contas da finalização da planta geral da cidade na escala 1:500 e do levantamento de todas as plantas de edifícios públicos, igrejas, hospitais, linhas de estradas de ferro e de todos os córregos existentes em sua superfície. Também havia sido organizada a planta geral do município na escala de 1:125.000, impressa em 14 cores. Para Maciel é "um repositório de informações úteis, pois nela se acham assinaladas todas as vias de comunicação férrea e de rodagem, linhas telegráficas e telefônicas, linhas de navegação, curvas de nível do Guaíba, divisas dos distritos, principais altitudes e outros detalhes que permitem ter uma idéia do município da capital do estado", como informava no seu relatório (*apud* SOUZA, 2010: 99).

A atividade da comissão continuava com a organização da planta cadastral, como expressou Montaury, que sempre se mostrou entusiasmado com a competência de seus técnicos, especialmente o próprio Maciel:

> O pessoal da comissão, sob a direção do engenheiro João Moreira Maciel, se compõe dos auxiliares técnicos, agrimensor Leovegrildo Velloso da Silveira, engenheiro Ludolfo Boehl, desenhista Francisco Seggiaro e de um escriturário, Gontran Costa. Apesar de reduzido esse pessoal, graças à competência de sua direção e dos esforços de seus membros, tem ele conseguido realizar uma grande quantidade de trabalhos para a organização da carta cadastral e outros menos importantes que nesse e passados relatórios deixei consignados. (*apud* SOUZA, 2010: 100).

Maciel, o Plano de Melhoramentos e a cidade

Maciel historiava na revista *Egatea*, que este núcleo urbano só atingira a posição de cidade em 14 de novembro de 1822, portanto "justamente há 92 anos", e sua estrutura urbana apresentava, "segundo o documento mais antigo que conhecemos, de 2 de dezembro de 1839, a mesma disposição daquela época, dentro das trincheiras e fortificações de então" (MACIEL, 1914a: 124). Enfatizando que em outros tempos algumas pequenas mudanças e projetos, como certos prolongamentos (de algumas ruas), não tiveram execução, julgava necessário restaurar agora essas propostas, com o alargamento conveniente, deixando clara a necessidade de aproveitar os planos existentes.

> Examinando os traçados daquele documento, notamos que se eles satisfaziam às necessidades do começo do século passado, e tem servido até hoje, contudo, as necessidades de uma população crescente, do comércio e da indústria e os modernos meios de transporte reclamam dia a dia novos traçados n'essa parte, a mais antiga da cidade, para melhor satisfazer as condições impostas pela civilização moderna (MACIEL, 1914a: 124-125).

Maciel dizia que havia ainda dois aspectos a vencer: a inadequação do sistema viário, que se encontrava, até então, dentro de uma estrutura colonial, e as más condições de higiene, em todos os níveis. A abertura de vias era uma grande possibilidade de criar espaços para dar vazão a todos os fluxos: água, ar, veículos e pessoas. Destacava também que já se via um projeto de canalização das águas do campo da várzea. Explicava que as águas que desciam as encostas vizinhas juntavam-se num grande lago retangular e eram conduzidas por um canal, "em linha

114 RODRIGO DE FARIA • JOSIANNE CERASOLI • FLAVIANA LIRA [ORGS.]

reta, até o Riacho". Entretanto, esclarecia que fora idealizado e executado um novo projeto de saneamento da Várzea, pelo dr. Benito Ilha Elejalde, seu colega na Comissão de Melhoramentos. E que, ao fazer o projeto do parque, dois anos antes, ele levara em conta os trabalhos já realizados no tratamento do terreno. Essas considerações confirmam uma integração entre os trabalhos da comissão, tanto no âmbito da viação como de hidráulica ou saneamento, pelo menos em termos de concepção.

O relatório do plano foi publicado pela imprensa oficial e pela revista *Egatea*, da Escola de Engenharia. A primeira publicação é um texto sem introduções e esclarecimentos, iniciando-o com as propostas de aberturas de ruas. Já na *Egatea*, houve o cuidado de fazer uma introdução historiando resumidamente a cidade e explicitando seu contexto. Para a revista, Maciel esclarece que esse plano não era um produto isolado, um projeto feito de uma cabeça, e sim o fruto de um trabalho contínuo e integrado, desenvolvido por uma comissão de técnicos capacitados. E explicava como ele se situava dentro do contexto municipal:

> Como membro da Comissão de Melhoramentos e Embelezamento da capital, dirigida pelo ilustre colega dr. Jorge Lossio, tivemos a honrosa incumbência de *organizar* o Plano Geral dos Melhoramentos da Cidade, missão que muito nos desvanece e que não teríamos levado a cabo, pois o problema é complexo na sua aparente simplicidade, se a benevolência de alguns colegas e amigos não nos tivesse encorajado (MACIEL, 1914a, página de rosto).

Maciel deixa à mostra sua função de articulador nesse processo e as dificuldades de retomar e readequar projetos já existentes e integrá-los aos novos projetos, numa visão coerente do todo, que não se limitava só ao centro histórico da cidade. Além disso, é importante destacar que o orçamento, na publicação oficial, envolvia não só as obras da estrutura urbana, visíveis no plano propriamente dito, mas todas aquelas envolvidas nos trabalhos da Comissão, como infraestrutura, desapropriação, policiamento, lixo, calçamento. Apesar disso, até hoje se dá autoria apenas a ele.

A planta, que acompanha o relatório do Plano de Melhoramentos de Porto Alegre, apresenta uma graficação primorosa e mostra as intenções de alterar a cidade através de prolongamentos e alargamentos de vias, de criação de novas avenidas, de canalização do riacho e de projetos de parques e jardins. O maior parque já apresentava um grau de detalhamento bem mais definido que as demais obras a serem realizadas, o que se explicaria pelo fato do próprio Maciel ter anteriormente realizado seu estudo e projeto. Um aprofundamento do estudo dessa planta não pode prescindir da análise dos seguintes aspectos relacionados ao plano: sua abrangência, o tratamento das novas áreas aterradas, as intervenções viárias, o saneamento e os novos equipamentos urbanos, sendo que a questão do embelezamento não pode ser tratada separadamente, tendo em vista que ela vem sempre relacionada aos demais aspectos.

A abrangência do plano, definida pelos limites do Primeiro Distrito, era questão colocada pelo intendente Montaury, que defendia a escolha dessa área porque tinha a maior densidade populacional e os custos das obras seriam mais baixos (SOUZA,

116 RODRIGO DE FARIA • JOSIANNE CERASOLI • FLAVIANA LIRA [ORGS.]

2012: 119). Além do Primeiro Distrito, a ocupação era rarefeita. Um indicador dessa afirmativa eram os impostos cobrados nessas áreas. Mesmo dez anos depois, ainda tinham um valor bem mais baixo do que a área referida, mostrando que esses distritos secundários, ainda, continuavam com baixas densidades (SOUZA, 2012: 119). Por outro lado, destaca-se que o Primeiro Distrito abrangia uma área muito mais ampla do que o centro comercial da época. Muitos autores criticaram o Plano, afirmando que ele era restrito ao centro, confundindo Primeiro Distrito com centro histórico.

O plano se iniciava pelas áreas novas de aterro, conquistadas ao rio (ou ao lago) pela construção do porto. Uma das maiores preocupações era adaptar as ruas neste novo território e adequar a zona portuária. Na medida do possível, a ideia era estender as vias existentes, dando continuidade e largura mais apropriadas a elas, além de criar novas avenidas, que configurariam o sistema viário principal. Foi o caso das avenidas do Porto (atual Mauá), Júlio de Castilhos e Marginal. Ao se lançar vias, avenidas e parques, havia sempre a consciência de que, ao mesmo tempo que se organizavam os espaços, se embelezavam com parques, jardins e canteiros, estavam, também, os higienizando. As vias mais amplas visavam abrir os espaços apertados da cidade antiga, para sanear, iluminar e ventilar, permitindo assim a circulação dos fluxos. Ao justificar as características da avenida Marginal, que contornaria as margens da cidade, junto ao Guaíba, até o bairro Tristeza, na zona sul, se revela que apesar das limitações, suas propostas não puderam se restringir ao Primeiro Distrito e, pelas dimensões empregadas, pretendiam mudar a imagem de Porto Alegre (*apud* SOUZA, 2012: 119). No relatório de projeto, Maciel informa que

> com este traçado praticamos uma avenida cuja largura é no mínimo de 60 metros, tendo o centro ajardinado e arborizado numa largura de 20 metros. Os espaços de 20 metros de cada lado são destinados ao trânsito, que se fará sempre no mesmo sentido em cada lado, assegurando assim uma grande velocidade aos veículos e, portanto, tornando o percurso mais rápido (MACIEL 1914b: 3).

E continuava, enfatizando que "entre a avenida em questão e a cidade atual estabelecemos jardins e parques ajardinados, sem impedir o prolongamento de todas as ruas atuais, que se comunicarão com a futura avenida [Marginal]". A preocupação com a topografia do sítio e sua integração com a nova área de aterro estavam presentes nos prolongamentos e alargamentos de vias:

> As ruas que comunicam a parte comercial da cidade, do lado do porto, isto é, à parte norte e à parte sul, são representadas pelas muitas transversais da rua dos Andradas, fortes ladeiras que no futuro se tornariam quase impraticáveis, dado o crescente trânsito da cidade. Julgamos por isso de conveniência alargar as ruas Vigário José Inácio e General Paranhos em toda sua extensão, prolongando a última até a praça 15 de Novembro; prolongar a rua do Comércio [hoje Uruguai, na parte baixa] até a

rua Duque de Caxias [o divisor de águas], alargar o beco Paissandu [Caldas Jr.] e a rua João Manoel. E desta forma [prolongando e alargando] julgamos facilitar o trânsito na parte mais densa da cidade (MACIEL, 1914b: 2).

Ao prolongar as vias, procurava comunicá-las criando ou reforçando radiais ou vias concêntricas. A articulação entre os segmentos de rua configurando polígonos que contornam o centro está na origem do que chamamos hoje de perimetrais. Cortar longos quarteirões por novas vias foi um método proposto por Maciel muito utilizado no urbanismo francês. Não ficou só no exemplo referido acima, mas também em outros, como o que efetivamente atingiu a rua General Paranhos, numa das maiores intervenções que a cidade sofreu, para transformá-la na avenida Borges de Medeiros, quando se iniciou a aplicação do Plano. A Borges de Medeiros se tornaria um espaço referencial da cidade e acabaria por exigir uma obra bem maior do que um simples alargamento. Tratava-se de abrir uma via por entre as quadras, atravessando aquelas de maior valor da cidade para fins de desapropriação (como no cruzamento com a rua dos Andradas). O detalhamento do projeto, quase dez anos mais tarde, conduziu a uma solução com profundo corte no terreno e implantação de um viaduto no sentido transversal, unindo os dois extremos seccionados da parte alta. O maior argumento para justificar as obras da avenida Borges (cortes e viaduto), no final da década de 1920, foi a possibilidade da implantação da linha de bonde que permitisse a comunicação entre as duas margens da "península". As linhas existentes tinham que fazer extensas voltas junto à margem do Guaíba, na ponta do Gasômetro, para chegar de um lado a outro. Maciel não explicitava se esta avenida deveria conter viaduto ou se seria subterrânea, embora no final de sua exposição fizesse a seguinte observação:

> Não nos escapou ao estudo, vias subterrâneas que poriam em comunicação as faces da colina sobre que assenta a parte mais importante da capital, mas, como se trata de vias extraordinárias de comunicação, que só serviriam em caso de um trânsito intensíssimo, e cuja execução poderá ser feita em qualquer tempo, sem prejuízo para os traçados de que já nos ocupamos, resolvemos abandonar esse estudo, que poderá ser feito em tempo oportuno, quando o grande trânsito se manifestar; além disso, essas vias de comunicação não viriam atualmente a servir à parte mais densa e comercial da cidade, que é exatamente a que se acha sobre a colina, e teriam por fim servir uma pequena parte do trânsito (MACIEL, 1914b: 16)

Justificava que em nenhuma das capitais e cidades mais importantes do Brasil, embora já pudessem ter projetos dessa natureza, essa ideia fora posta em prática, mesmo naquelas cujo trânsito era maior que o de Porto Alegre. Embora o plano de Maciel fosse avaliado com deferências altamente positivas por seus críticos, havia sempre uma observação de que era um plano viário, portanto, limitado e parcial. Em 1947, o urbanista Edvaldo Paiva afirmava que "esse trabalho (de tão alta visão que, praticamente, quase todas as soluções posteriormente e muitas delas ainda hoje se apresentam como necessárias), apesar de ser um plano tipicamente viário e não compreender todo espaço urbano, estava calcado em princípios orientadores bem definidos e realísticos" (PAIVA, 1947). Riopardense de Macedo, num dos mais clássicos estudos sobre o urbanismo de Porto Alegre, faz uma avaliação das abordagens do plano e revela grande visão ao mostrar a necessidade de reduzir quadras e abrir novas ruas e avenidas. "Além de propor a subdivisão de alguns quarteirões centrais, projeta a continuação da avenida Júlio de Castilhos – antiga rua das Flores – a Otávio Rocha – alargando o primitivo beco do Rosário – e a avenida Borges de Medeiros." Destaca o prolongamento da av. Borges e chama atenção para a criação de uma radial: "Ao colocar a necessidade desta última [avenida Borges], vai mais longe, a sua continuação através dos quarteirões situados entre as ruas João Alfredo e José do Patrocínio, até a ponte do Menino Deus. Deste modo seria estabelecida uma radial desde o centro até o bairro mais antigo e mais próximo, já densamente edificado". Valoriza a ideia de avenida Marginal tratada no envolvimento de um parque. Aqui o saneamento e embelezamento se mesclavam: "A beira da península seria tratada como uma grande avenida, verdadeiro parkway que, no lado norte, continuaria com o porto". E, por último, destaca a proposta da perimetral, através de união de segmentos de vias que contornariam o centro:

> A visão do projetista foi, no entanto, mais completa: entendeu logo a necessidade de esboçar uma perimetral e, aproveitando o traçado de ligação entre a rua 3 de Novembro e a Cel. Genuíno, feito pelo eng. Frederico Heydtmann no século passado, prolongou-a pela frente da

Escola de Engenharia, cortando o terreno da Santa Casa e defletindo a noroeste até encontrar a rua Cel. Vicente (MACEDO, 1999: 128).

Porém, ao enfatizar a atenção que o projeto dava sobre o viário, com lançamentos de radiais e perimetrais, Macedo, embora não explicitamente, mostrava que Maciel teve uma visão mais abrangente do que apenas viária.

No entanto, se a análise se restringir apenas à representação gráfica do plano e seu relatório, pode-se ter uma errônea ideia de que o viário era predominante. É preciso entender que ele estava vinculado a uma série de trabalhos da comissão, que nem sempre eram visíveis. Em relação ao saneamento urbano, por exemplo, apresentava uma preocupação evidente e aliada à questão de embelezamento e ajardinamento, como mostra a proposta de corrigir os rumos de arroios, adequar as condições de aterros e zonas de baixios, ornamentando a cidade com parques e jardins, ou criando avenidas em meio de jardins.

O prolongamento do cais contratado, e que chega até o alinhamento da rua General Bento Martins, se impõe, para desta forma contornar a cidade, praticando uma larga e nova avenida entre a limítrofe atual e o rio, o que representa facilidade para o trânsito, beleza para a cidade, higienizando ao mesmo tempo as margens atuais do Guaíba [...]. Para melhorar o estado higiênico das adjacências do atual leito do Riacho, julgamos conveniente canalizá-lo em linha reta. O leito atual abandonado pela nova canalização será aterrado e incorporado às quadras novas figuradas no projeto; parte da sua embocadura no Guaíba será aproveitada para ajardinamento (MACIEL, 1914: 9-10).

Embora viesse sendo discutido há mais tempo, inclusive com a existência de alguns estudos, a canalização do Riacho foi uma das grandes obras propostas pelo plano, mas que só seria realizada a partir das décadas de 1940-50. O projeto de canalizar o rio e mudar a direção de seu curso conduzia à necessidade de aterrar o antigo leito, ampliando áreas e abrindo espaços, cujo aproveitamento estava proposto no plano. Junto ao canal, duas pistas de avenida, uma de cada lado, atravessam a cidade de leste a oeste, que hoje constitui a atual avenida Ipiranga. Em relação aos parques e jardins, foram propostos o parque da Várzea ou Redenção (futuro parque Farroupilha), já anteriormente projetado por Maciel e aqui incorporado ao plano,[9] os jardins atrás do Mercado (que não foram realizados) e diante do Correio e da Alfândega e Mesa de Rendas, assim como os jardins da avenida Marginal e a ampliação da praça da Harmonia. A arborização de ruas, os canteiros centrais e os ajardinamentos de espaços, fossem pequenos ou grandes, estavam voltados não só ao embelezamento, mas, sobretudo, à higiene. O Plano de Melhoramentos mostrava ainda a preocupação com a implantação de novos equipamentos. Maciel fala na construção do Teatro Municipal, próximo ao mercado:

> Ao prolongar a rua Marechal Floriano até o cais, julgamos conveniente desviar o atual alinhamento da mesma entre as ruas

---

9 Mais tarde esse projeto do parque foi deixado de lado e substituído por outro mais moderno, de autoria do urbanista francês Alfred Agache.

Voluntários da Pátria e a margem atual do Guaíba, para deixar espaço suficiente para o projetado Teatro Municipal, que será localizado entre o Mercado e a rua indicada (MACIEL, 1914b: 4-5).

Propunha a construção dos armazéns do porto e da Alfândega, quando tratou da abertura da avenida do Porto, paralela ao cais, separada do Guaíba pelos armazéns da Alfândega: "Os armazéns com uma largura de 20 metros acham-se à distância de 20 metros tanto do cais como do gradil que o circunda. [...] Os armazéns da alfândega seguem os alinhamentos das últimas quadras projetadas" (MACIEL, 1914b: 3). Referia-se a monumentos para serem colocados nos espaços públicos: "Em frente da Intendência deixamos o espaço necessário para o monumento aos heróis de 35" (MACIEL, 1914b: 8), evocando a Revolução Farroupilha (1835-45). Para equipar o parque Farroupilha, deixou espaço para dois restaurantes, um coreto, estufas para viveiro, casa do jardineiro, caramanchões e pavilhão para os sanitários públicos. Num plano dessa natureza, sem que as tipologias sejam mostradas ou a morfologia das ruas apresentadas, nem sempre é possível perceber a concepção estética do projeto. Mas a referência às avenidas largas e arborizadas, no início do relatório, já era um indicativo dessas preocupações, que ficariam mais explícitas nas sugestões finais. Dois momentos servem para ilustrar o seu gosto pelo formalismo de eixos, simetrias e perspectivas: quando se referia ao parque Farroupilha, comentava que já existia um projeto anterior (de sua autoria) que seria adotado. Este apresentava um dos mais fortes elementos de composição do urbanismo francês, um grande *rond-point*, formado por avenidas arborizadas lateralmente, com iluminação central, que cortavam o parque.

Ao se referir às novas avenidas centrais, em especial a do Porto e a paralela Julio de Castilhos, esclarecia que eram propostas para o futuro desenvolvimento do comércio da cidade, além de reforçar que deviam ser eixos largos e retos. Ele achava que esse local se tornaria um ponto importante para as novas práticas sociais e, como tal, seria indispensável uma legislação por parte da Prefeitura:

> As duas avenidas em questão, além de constituírem o centro comercial do futuro, seriam o ponto chic do smartismo porto-alegrense, e, portanto, necessário se faz que a Intendência formule lei especial para só permitir que se levantem edifícios de certa natureza, certa altura e obedecendo certas linhas arquitetônicas, para desta forma constituírem desde logo uma norma para que outros edifícios congêneres modificassem a atual construção da capital, que muito deixa a desejar, sobretudo pelo estético (MACIEL, 1914b: 13).

Observe-se que nunca essas avenidas chegaram a ser pontos "chic do smartismo porto-alegrense", muito pelo contrário! E surpreende o uso dessa expressão, denotando o início de uma ressonância anglo-saxônica, talvez mais especificamente americana, junto do vocábulo francês. De qualquer forma, a ideia de criar um "ponto chic" remete, mais uma vez, à ideia da beleza, enquanto cartão postal da cidade. A arquitetura e o urbanismo serviriam a essa produção estética e a essa imagem, numa normatização

URBANISTAS E URBANISMO NO BRASIL **125**

arquitetural que imitava, salvando as devidas proporções, o estilo eclético, internacional, moderno, de influência parisiense, em oposição ao estilo colonial, ultrapassado, decadente, de um passado que se desejava apagar. Tratavam-se, pois, de avenidas retas e largas, devido à característica eminentemente comercial que se lhes queria aplicar. A valorização dessas vias previa uma conseqüente desvalorização da Voluntários da Pátria, até então detentora por excelência da condição comercial naquela região. Por sua condição viária de pouca largura, essa rua já estava saturada. A desvalorização econômica da referida rua facilitaria um futuro processo de desapropriação se fosse necessário um alargamento: "e com as novas avenidas a desvalorização dos prédios nesta rua teria que se dar, facilitando um provável melhoramento na mesma, agora quase impraticável pelo alto preço da propriedade nesse local" (MACIEL, 1914b: 12-13). O que acabou não ocorrendo. De qualquer modo, os projetos de intervenção urbana contavam com o instrumento da desapropriação que foi de larga utilização nas futuras administrações municipais.

Como conclusões

Ao descrever suas análises e propostas, Maciel não fez nenhuma referência teórica, não cita autores e nem diz quais eram os modelos empíricos que porventura seguia. O relatório é extremamente sumário e continha apenas as propostas e as intenções, ao lado de uma pequena justificativa de ordem prática. Maciel não esclarecia quais os critérios escolhidos para a abertura de novas vias ou de conexões através de determinados prolongamentos, ou mesmo do projeto do parque e do saneamento básico. Sem a menção de referências teóricas ou de testemunhos

126 RODRIGO DE FARIA • JOSIANNE CERASOLI • FLAVIANA LIRA [ORGS.]

contemporâneos sobre elas, é preciso se inferir as diretrizes desse plano, a partir dos princípios urbanísticos da época ou das ideias presentes. Não se pretende avançar nesse tema, mas é possível adiantar que suas justificativas estão calcadas no urbanismo francês do fim do século XIX, na leitura de Camillo Sitte e certamente nas ideias de Saturnino de Britto. Ficam visíveis essas presenças nos *rond-points*, bulevares e avenidas, assim como no tratamento do pitoresco e na avenida parque, sanitária. Essa menção é apenas para não ficar a lacuna dessa percepção teórico-prática, que exigiria um outro artigo para melhor esclarecimento. De qualquer forma, o que se quer destacar é que esse plano marcou e orientou a estrutura urbana de Porto Alegre, mais visivelmente em relação ao sistema viário, parque e jardins, mas também na questão do saneamento e embelezamento.

Pelo que se pode depreender das colocações feitas, a Comissão de Melhoramentos teve um papel fundamental no processo de planejamento. A ela cabia abordar e ponderar sobre todos os aspectos da cidade e dar subsídios ao plano. A atuação de seus componentes é ampla, mas articulada, de tal forma que se envolvem em projetos de saneamento, de construção, elaboram códigos de obras e posturas e até o plano geral para a cidade. Por esta razão, este plano deve ser visto de forma integrada à Comissão e não isoladamente. Lamentavelmente, os estudos completos realizados pela Comissão, que serviram de base ao plano, ainda não foram reunidos nem pesquisados. Existe aqui uma lacuna muito grande que não permite visualizar o de conjunto que a comissão conseguiu desenvolver.

O Plano Geral estava sob responsabilidade do engenheiro. Jorge Lossio, coordenador da Comissão de Melhoramentos e Embelezamento, e tinha um papel de organizar prioridades de ação, para todos os setores que tratava. Do ponto de vista da Intendência, vontade política havia, mas a execução dependia dos recursos. A discussão sobre a autoria de Maciel nesse plano também fica esclarecida; como ele próprio disse, seu papel era de organizador da planta do plano. Esse papel não reduz a sua importância. Pelo contrário, estar nessa comissão de alto nível que estudava a modernização da cidade já era um destaque. Para representar o plano, fazer sua interpretação e propor também novos projetos era preciso ter conhecimento das práticas urbanísticas. Como engenheiro-arquiteto ele se diferenciava, e era realmente um autor, mas havia uma equipe especializada por trás que precisa ser reconhecida por seu trabalho, por seu conhecimento e sua vivência na cidade, através de seus membros, como os engenheiros Jorge Lossio, Elejalde e outros, para se evitar uma injustiça histórica, como vem ocorrendo. Ficam aqui nomes que merecem ter suas trajetórias analisadas.

Referências

ABREU, S. *Porto Alegre como cidade ideal: planos e projetos urbanos para Porto Alegre*. Tese (doutorado) – PROPAR-UFRGS, Porto Alegre, 2006.

CANEZ, A. P. *Fernando Corona e os caminhos da arquitetura moderna em Porto Alegre*. Porto Alegre: Ed. Fac. Integradas Ritter dos Reis, 1998.

CORONA, F. *Palácios do Governo do Rio Grande do Sul*. Porto Alegre: Companhia Riograndense de Artes Gráficas, 1973.

128 RODRIGO DE FARIA • JOSIANNE CERASOLI • FLAVIANA LIRA [ORGS.]

FISCHER, Sylvia. *O curso de Engenheiro-Arquiteto na Escola Politécnica de São Paulo*. Tese (doutorado) – Depto. de História da USP, São Paulo, 1989.

HILTON, Ronald (ed.). *Who's Who in Latin American*. Part IV: Brazil. Oxford: Oxford University Press, s/d. (estima-se 1946).

LEME, M. C. S. "Urbanismo, a formação de um conhecimento e de uma atuação profissional". In: BRESCIANI, Maria Stella (org.). *As palavras da cidade*. Porto Alegre: Editora UFRGS, 2001.

LEMOS, Carlos. *Ramos de Azevedo e seu escritório*. São Paulo: Pini, 1993.

MACEDO, F. R. de. *Porto Alegre, origem e crescimento*. 2ª ed. Porto Alegre: Editora UFRGS, 1999.

MACIEL, J. M. "Melhoramentos de Porto Alegre". *Revista Egatea*, nº 1, 1914a.

_____. *Relatorio de Projeto de Melhoramentos e Orçamentos*. Porto Alegre: Grafica Oficial, 1914b.

MONTAURY, José. *Relatório e Projeto de Orçamentos para 1911, apresentado ao Conselho Municipal em 1910*.

_____. *Relatório e Projeto de Orçamentos para 1912, apresentado ao Conselho Municipal em 1911*.

_____. *Relatório e Projeto de Orçamentos para 1913, apresentado ao Conselho Municipal em 1912*.

_____. *Relatório e Projeto de Orçamentos para 1914, apresentado ao Conselho Municipal em 1913*.

ORLANDI, Savério. *O Liceu de Artes e Ofícios de São Paulo*. São Paulo: Liceu de Artes e Ofícios, 1934.

PAIVA, Edvaldo Pereira. "Algumas sugestões para o estudo do Plano Diretor de Porto Alegre". Separata do *Boletim Municipal*, nº 27, Imprensa Oficial, 1947.

PORTO ALEGRE-RS. Conselho Municipal. *Relatório do Orçamento*. Porto Alegre, 1911.

REVISTA MÉDICA DE SÃO PAULO, ano V, nº 22, 30 nov. 1902, p. 438-458.

SEGUSO, Mario. *Os admiráveis italianos de Poços de Caldas, 1884-1915*. Poços de Caldas: Editora M. Seguso, 1988.

SOUZA, Celia F. de & MULLER, D. M. *Porto Alegre e sua evolução urbana*. 2ª ed. Porto Alegre: Editora UFRGS, 2007.

SOUZA, Celia F. de. *Plano Geral de Melhoramentos de Porto Alegre: o plano que orientou a modernização da cidade*. 2ª ed. Porto Alegre: Armazém Digital, 2010.

WEIMER, G. "Moreira Maciel e seu Plano de Melhoramentos". In: WEIMER, G. Textos Escolhidos – Arquitetura Gaucha, *Estudos Tecnológicos*, vol. XX, São Leopoldo, Unisinos, 1997.

Adalberto Szilard e a contribuição para o urbanismo e a arquitetura no Distrito Federal nas décadas de 1930 a 1950

VERA F. REZENDE

FERNANDA DE AZEVEDO RIBEIRO

Programa de Pós-Graduação em Arquitetura e Urbanismo
da Universidade Federal Fluminense — PPGAU/UFF

Introdução

Este artigo[1] busca aprofundar o percurso profissional de Adalberto Szilard, destacando a sua contribuição para a teoria e prática do urbanismo e da arquitetura e para a modernização desses campos de saber, especialmente nas cidades do Rio de Janeiro e Distrito Federal, a partir de 1926, quando emigra da Europa para o Brasil.

Adalberto Szilard nasceu na cidade de Györ, na Hungria, em 23 de abril de 1899, com o nome de Bèla Szilard. Após três anos na Escola de Belas Artes de Budapeste, terminou o curso na Academia de Belas Artes de Viena,[2] onde se formou em Engenharia e em Arquitetura.[3] Após alguns anos, a situação de crise econômica na Europa e, consequentemente, a dificuldade

---

1 Trata-se de artigo resultado da pesquisa realizada no acervo da família Szilard e de entrevistas com seus familiares no período de novembro de 2009 a maio de 2012.

2 Neste período seu nome aparece mudado para Adalbert Szilard.

3 Após o término do curso de Engenharia, casou-se em 1923 com Karola Gábor, húngara e artista plástica.

em conseguir trabalho, o levaram a tomar a decisão de emigrar.[4] Em meados da década de 1920, a partir de informações de que no Brasil e no Canadá havia ampla oferta de trabalho, optou em seguir para o Brasil, mesmo sem contatos no país ou sem falar o português.[5]

Ao chegar em 1926, conheceu profissionais atuantes na área de arquitetura e, após seis semanas, empregou-se como engenheiro no escritório de Robert R. Prentice, no Rio de Janeiro, no qual permaneceu até 1939 ao abrir seu próprio escritório.

FIGURA 1. Adalberto e família no Rio de Janeiro, nos Jardins da Glória, 1926

Fonte: Acervo da família Szilard. Acesso em 26 nov. 2009

---

4   Informações sobre a vida de Szilard constam do livro escrito por sua esposa em 1974.

5   Desembarcou no Estado do Rio de Janeiro com Karola Gábor Szilard e seus dois filhos Agnes e João. No Brasil, nasceram Carolina e Pedro, (Entrevista realizada com João Szilard em 12 de agosto de 2010).

Szilard se naturalizou brasileiro algum tempo antes da Segunda Guerra Mundial. Fluente em húngaro, alemão e francês, continuava a manter contato com as ideias em circulação através de revistas estrangeiras de arquitetura e urbanismo. A sua carreira profissional[6] foi marcada por uma expressiva produção teórica e prática, registrada em artigos publicados especialmente nos periódicos *Revista Municipal de Engenharia*, *Revista Arquitetura e Urbanismo* e *Revista do Clube de Engenharia*, nas décadas de 1930, 1940 e 1950.

FIGURA 2. Adalberto Szilard, 1948

Fonte: Acervo da família Szilard. Acesso em 26 nov. 2009

A atuação profissional de Szilard como teórico ligado à engenharia remonta à fase anterior à emigração para o Brasil.

---

6   Szilard era também músico e havia trabalhado como violinista na Filarmônica de Viena. No Brasil, em sua casa, eram realizados concertos de câmara com a participação de amigos músicos profissionais.

134 RODRIGO DE FARIA • JOSIANNE CERASOLI • FLAVIANA LIRA [ORGS.]

Em pesquisa realizada sobre sua produção identificamos dois trabalhos publicados na Europa relacionados à tecnologia do concreto armado, em 1924 e 1925.[7]

Ainda dentro do campo da engenharia e arquitetura, já no Brasil, na revista *Arquitetura e Urbanismo*[8] publicou, entre 1936 e 1942, 27 estudos intitulados "Folhas de Informação"[9] sobre questões relacionadas à construção civil, com o objetivo de orientar os profissionais, que se constituíram em referência na área, com detalhes como dimensionamentos adequados para diversas construções, equipamentos esportivos e hotéis.

Szilard arquiteto e engenheiro

No decorrer das décadas de 1920 e 1930, o escritório de arquitetura do arquiteto inglês Robert R. Prentice era um dos maiores do país e a sua atuação se estendia para além do Rio de Janeiro, a cidades como Porto Alegre, Salvador e São Paulo. Szilard tornou-se o principal colaborador de Prentice e participou de projetos que marcaram a modernização de diferentes cidades, como o Cinema Metro Passeio e o Cinema Metro São Paulo; os edifícios Castelo, Nilomex e Raldia; os edifícios Sulacap do Rio de Janeiro e de São Paulo e a remodelação do Elevador Lacerda na Bahia. Na

---

7   "Ueber die technischen Probleme des Torkretverfahrens m. bes. Berücks. d. maschinellen Einrichtung" (1924) e "Das Torkretverfahren und seine technischen Probleme" (1925). As duas publicações tratam do processo de produção de concreto em máquinas fabricadas pela empresa alemã de construção Torkret.

8   A partir de 1938, exerceu nesta revista diversas funções: Suplente do Conselho Técnico, Conselheiro Técnico, Secretário e Diretor Secretário. Fonte: Sumários da revista *Arquitetura e Urbanismo* entre 1938 e 1940.

9   Constam 27 publicações na Revista *Arquitetura e Urbanismo*, Rio de Janeiro, entre 1936 e 1942.

maioria deles a autoria é atribuída a Prentice, mas é inegável a contribuição efetiva de Szilard.

Participou da remodelação do Elevador Lacerda, símbolo da cidade de Salvador. A construção do monumento foi realizada em 1873 pelo engenheiro Antonio Lacerda e, ao longo de sua história, passou por grandes reformas. Em 1930, Adalberto Szilard e o arquiteto Fleming Thiesen foram os responsáveis por conferir-lhe a atual feição Art Déco.

Outra participação importante se relaciona aos projetos dos cinemas Metro Passeio (1936) e Metro São Paulo (1938). No projeto do Metro Passeio, vigas de 30 metros suportavam os escritórios e os terraços dos demais pavimentos. O edifício apresentava ainda duas inovações: tratamento acústico e sistema de condicionamento de ar, adotadas posteriormente em outros cinemas de grande porte.

FIGURA 3. Perspectiva do Cinema Metro Passeio

Fonte: PRENTICE, 1936: 197

Os projetos dos edifícios Castelo, Nilomex e Raldia datam de 1937. Foram construídos na Esplanada do Castelo, obedecendo a algumas determinações do Plano Agache, como a concepção das edificações fechando a quadra, com um pátio interno. Atualmente, os três edifícios são tombados pelo Instituto Estadual do Patrimônio Cultural e considerados como exemplo de arquitetura Art Déco no Rio de Janeiro.

FIGURA 4. Edifício Castelo

Fonte: PRENTICE, 1937: 75

FIGURAS 5 e 6. Edifícios Nilomex e Raldia

Fonte: PRENTICE, 1937: 75-76

Ao se afastar do escritório de Prentice, abriu seu próprio escritório em 1939,[10] na Esplanada do Castelo, no Edifício Nilomex, sala 216.[11] A oportunidade apareceu quando o Estado lançou uma concorrência para a construção da nova Estação D. Pedro II, na qual Szilard foi o vencedor, assinando um contrato de seis anos (SZILARD, 1974: 69).

Entre as obras projetadas ou administradas por seu escritório do final dos anos de 1930 aos primeiros anos da década de 1950 destacaram-se, além do projeto de adaptação da Estação D. Pedro II, os cinemas Metro Tijuca, Metro Recife e Metro Santos, a Embaixada da Áustria e o Colégio Santo Amaro. Trabalhou, ainda, para a firma Graça Couto, na qual realizou a adaptação do projeto da Embaixada dos Estados Unidos no início da década de 1950, quando já havia se afastado da vertente Art Déco.

FIGURA 7. Cinema Metro-Tijuca

Fonte: *Arquitetura e Urbanismo*, 1942: 79

---

10   Em 1939, os desentendimentos com Prentice o levaram a sair do escritório, segundo Karola Szilard (1974: 68).

11   O endereço aparece pela primeira vez em um anúncio publicado na revista *Arquitetura e Urbanismo* de set./out. 1939.

No projeto para a Estação D. Pedro II, Szilard atuou como arquiteto consultor da Comissão que dirigiu a construção e forneceu a concepção final da estação. No último capítulo de seu livro *Urbanismo no Rio de Janeiro*, ele informa a história do projeto e da construção, esclarecendo que não é o autor do projeto original, e sim Roberto Magno de Carvalho.

Em algumas referências bibliográficas, a obra da Estação é atribuída ao escritório de Prentice e em outras ao escritório de Szilard. Porém, a partir do relato do próprio Szilard no livro *Urbanismo no Rio de Janeiro* (1950), verifica-se que ele iniciou o trabalho enquanto estava no escritório de Prentice em 1937, e a partir de 1939, quando já havia se desligado do escritório, a obra ficou a seu cargo, com a colaboração do arquiteto Géza Heller[12] (SZILARD e REIS, 1950: 150).

FIGURA 8. Estação D. Pedro II

Fonte: SZILARD e REIS, 1950: 155

---

12 Devido às colaborações de Szilard e Heller na forma final da Estação, em algumas referências bibliográficas eles são citados como coautores do projeto.

FIGURA 9. Embaixada dos Estados Unidos

Fonte: http://static.panoramio.com/photos/original/40682275.jpg. Acesso em: 19 jan. 2012

Na época da construção da sede da Embaixada dos Estados Unidos, por volta de 1951, Szilard visitou o país. Na volta ao Brasil constatou-se uma cardiopatia grave que mudaria a sua vida profissional e seria em parte responsável pela decisão por ingressar na carreira acadêmica.

Ainda durante o ano de 1951, Szilard acompanhou o arquiteto austríaco Clemens Holzmeister a Belo Horizonte em função das obras da construção da catedral da cidade, a Catedral de Cristo-Rei, um projeto monumental, de autoria de Holzmeister, com capacidade para de 12 mil fiéis. O projeto não foi executado. Apenas a cripta chegou a ser construída, sendo soterrada em meados da década de 1960, em razão da expansão da cidade e, diretamente, pelo alargamento da avenida Afonso Pena, dando lugar à praça Milton Campos.

FIGURA 10. Clemens Holzmeister (primeiro à esquerda) e Adalberto Szilard (primeiro à direita), em visita à cidade de Belo Horizonte

Fonte: *O Diário*, Belo Horizonte, 6 out. 1951, p. 3

O urbanista Szilard e adesões e reações ao modernismo

Szilard foi um dos primeiros a divulgar os princípios modernistas logo após a segunda visita de Le Corbusier ao Brasil em 1936,[13] quando este esteve no Rio de Janeiro, por quatro semanas. A viagem foi motivada por solicitação de arquitetos brasileiros, em especial Lúcio Costa, ao Ministro Capanema, e o objetivo era consultá-lo sobre o projeto do Ministério da Educação e Saúde e sobre a Cidade Universitária a serem construídos no Rio de Janeiro. Em sua visita, Le Corbusier fez cinco conferências, que se caracterizaram por suas ideias inovadoras e por sua capacidade de exposição.

Os princípios de Le Corbusier marcaram os assistentes das suas palestras e a partir dela os profissionais urbanistas se manifestaram apoiando os princípios dos Congressos Internacionais de Arquitetura Moderna (CIAM). Adalberto Szilard, dois meses mais tarde, já os utilizou no artigo "À margem das conferências de Le Corbusier" (1936) e propôs soluções que parecem constituir a

---

13 A primeira visita ao Rio de Janeiro se deu em 1929, quando Le Corbusier estava a caminho de São Paulo, Montevidéu e Buenos Aires.

primeira expressão da adesão às novas ideias. Seu *croquis* tratou da futura avenida Presidente Vargas, para a qual projetou, sem compromisso com dimensões, a separação de pedestres e veículos com vias no nível térreo das edificações, pedestres e lojas no primeiro nível, conforme os ideais do urbanismo moderno.

FIGURA 11. Proposta para a avenida Presidente Vargas

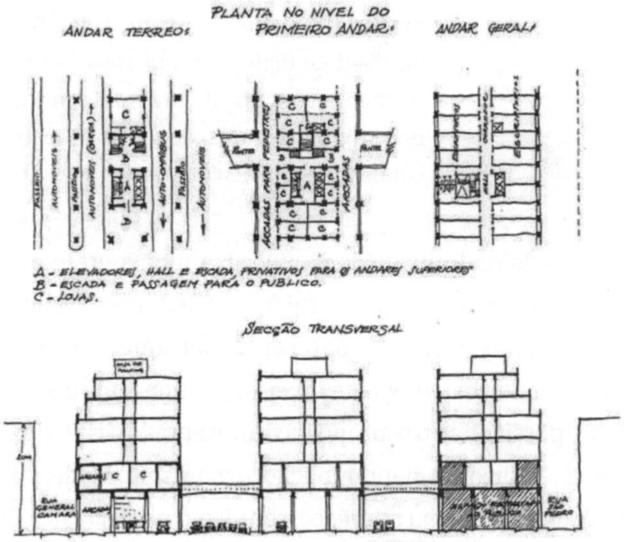

Fonte: SZILARD, 1936: 165

Anos mais tarde, Szilard divulgou, ainda, os ideais de Le Corbusier[14] em artigo denominado "Cidades do Amanhã" (1943), em que reafirmou os princípios do Plano Voisin (1925) para Paris, defendendo-o de críticas feitas por Thomaz Sharp. Propôs uma cidade para um milhão de habitantes com vias exclusivas para veículos, a urbanização do subsolo para transporte ferroviário,

---

14 O urbanista inglês Thomaz Sharp, em seu livro *Town Planning*, qualificara de impraticável o Plano Voisin para Paris.

edificações sobre pilotis para aproveitamento do nível térreo e a verticalização com criação simultânea de áreas livres. Nesse momento, estava clara a sua adesão ao urbanismo modernista. Mas Roxo, ao tratar da biografia profissional de Szilard alertou para a incapacidade da euforia modernista:

> quando era possível criar tudo e parecia ainda mais fácil tudo destruir – de afetar um europeu de mais de trinta anos, já profissionalmente cristalizado dentro de um sistema que alguns séculos de civilização haviam condicionado (ROXO, 1956: 6).

Dentro dessa linha, Szilard buscaria uma síntese entre as diferentes concepções do urbanismo, rejeitando grande parte do ideal modernista que parecia apoiar anteriormente. Em seu livro *Urbanismo no Rio de Janeiro*, o autor tentou achar um caminho possível entre propostas diferentes para as cidades existentes. Utilizou a denominação urbanismo moderno para designar de uma forma ampla o urbanismo modernista com raízes nos modelos recomendados pelos CIAM e outras propostas contemporâneas, porém mais orgânicas, como aquelas desenvolvidas por Saarinen.[15]

Segundo ele:

> Planos urbanísticos devem basear-se em amplas investigações das condições locais. O

---

15 Saarinen, em seu livro *A cidade, seu desenvolvimento, sua decadência e futuro*, de 1943, compara as suas propostas com as cidades medievais, mostrando que essas se desenvolvem organicamente.

conhecimento da topografia, hidrografia e geologia da cidade, dos meios de vida e tendência de sua população são elementos indispensáveis, que influem no plano do urbanista (SZILARD e REIS, 1950: 20).

As descobertas mais interessantes de Gaston Bardet, segundo Szilard, eram os métodos empregados em topografia social, que contemplavam uma coleção de informações sobre a cidade, região e sobre a vida de seus habitantes.[16] Sua visão do urbanismo, portanto, dava atenção aos levantamentos que abrangem diversos campos, afastando-se dos esquemas propostos pelo modernismo.

No livro, ao mesmo tempo em que tentava mais uma vez aplicar os conceitos de Le Corbusier expressos no Plano Voisin para Paris, de 1925, na área central do Rio de Janeiro, reproduziu as ideias contrárias à centralização proposta por Le Corbusier. Comparou as propostas deste último, concentração e alta densidade, com as de Frank Lloyd Wright, dispersão e baixa densidade, para concluir – o que entendemos como uma tomada definitiva de posição – que ambas constituíam propostas radicais, tornando-se necessário voltar a atenção para os demais urbanistas que propuseram melhoramentos nas cidades existentes. Sua atenção, com este fim, centrou-se em Patrick Geddes, Lewis

---

16 Bardet advogou a urbanização das cidades para uma vida cristã e desde a década de 1930 escreve livros e artigos sobre urbanismo. A influência de Bardet em nosso país se deu mais intensamente em São Paulo e Belo Horizonte. Em São Paulo, esse movimento se manifestou pelas mãos do padre dominicano Louis Joseph Lebret.

Munford, seu discípulo, e Werner Hegemann,[17] distanciando-se em termos programáticos do urbanismo modernista.

Voltando à preocupação com o urbanismo e a forma de fazer a cidade, verificamos que Szilard acompanhavam a produção arquitetônica e em 1943, em plena atividade como arquiteto, já havia redigido um memorial sobre o aproveitamento dos terrenos localizados junto à Estação Pedro II, em cujo projeto trabalhava, ciente de sua iminente valorização em face da construção da avenida Presidente Vargas (1944), a se tornar a principal artéria da cidade.

Szilard criticou pontos do projeto de urbanização realizado pela Prefeitura para as imediações com edificações de 22 pavimentos ao longo da avenida e propôs a limitação da altura das edificações em 10 pavimentos, em respeito às proporções da nova estação e do vizinho Palácio da Guerra. Recomendava que as linhas férreas ficassem subterrâneas, mas diante da impossibilidade de alteração nas linhas recém-construídas, apresentava como possível solução a construção elevada em parte da cidade a seis metros acima delas, tomando como referência a Park Avenue em Nova York. Expressou ainda a preocupação com a preservação das edificações de valor histórico e de elementos da paisagem local.

---

17 Patrick Geddes (1865-1935) dedicou-se à biologia e ao estudo das atividades humanas. Lewis Munford, crítico das ideias de Le Corbusier e das grandes metrópoles, era defensor da descentralização. Werner Hegemann (1882-1936) tornou-se famoso por sua campanha pela descentralização de Berlim em 1912.

FIGURAS 12 E 13. Proposta para a urbanização da área próxima à Estação e vista axonométrica de parte do projeto

Fonte: SZILARD e REIS, 1950: 152-153

O ambiente urbanístico e outros profissionais

A chegada de Szilard ao Brasil em 1926 coincidiu com o período de construção de uma agenda urbanística no Distrito Federal, tendo em vista que a década de 1920 marcou o início da luta por iniciativas que integrassem projetos isolados, através de planos ou normas gerais. Além disso, após 1930, na era Vargas, cresceu no Brasil a importância das cidades, em grande parte resultante do processo de industrialização, impulsionado por condições políticas e institucionais com mudanças significativas nos campos político, jurídico, econômico e social, que se rebatiam nas cidades e nas suas formas de gestão.

O ambiente profissional da engenharia e da arquitetura no Rio de Janeiro, especialmente durante as décadas de 1930 e 1940, era intenso e integrado por profissionais como Washington Azevedo, Armando de Godoy, Lúcio Costa, José Octacílio Saboya Ribeiro,[18] Carmem Portinho, José de Oliveira

---

18 Saboya Ribeiro foi redator-chefe de Urbanismo na revista *Arquitetura e Ur-*

Reis e Affonso Eduardo Reidy, além do próprio Szilard. Esses profissionais, com atuações diferentes, colaboraram através de artigos ou projetos para o campo da engenharia e arquitetura e para dar uma feição mais clara ao campo do urbanismo.

Desde a década de 1920, como mencionamos, estava presente a demanda por um processo de planejamento na cidade e pela preparação de um plano diretor.[19] O debate incluía profissionais, com alguma ou nenhuma vinculação com os círculos oficiais e com diferentes compreensões do significado da atuação urbanística, e defensores de propostas oriundas de diferentes correntes, como é o caso das ideias do urbanismo moderno.

Queremos dizer com isso que, a par da inegável contribuição de Szilard, esse ambiente urbanístico existia com a formulação de propostas e questões, utilizando-se para a sua divulgação de periódicos, em especial a *Revista da Diretoria de Engenharia*, a *Revista do Clube de Engenharia* e a revista *Arquitetura e Urbanismo*.

Neste contexto, encontramos Armando de Godoy, engenheiro da Prefeitura do Distrito Federal, atuando na defesa do planejamento e do estabelecimento de normas de uso e construção. Em 1924, é o relator da Comissão para elaborar o Regulamento

---

banismo no período de novembro de 1938 a dezembro de 1939 e, a partir de janeiro de 1940, atuou como suplente do conselho técnico da revista, coincidindo com o período em que Szilard também desempenhou diversas funções, conforme já citado no texto.

19 Destacamos neste contexto a força das ideias e propostas divulgadas pelo engenheiro paulista Luiz Ignácio de Anhaia Mello. O engenheiro faz circular as ideias do "city planning", relatando experiências de outros países, em especial nos EUA, com foco nos planos de cidades e nas Comissões de Planejamento.

de Construções (Decr. n° 2021/1924, Decr. n° 2087/1925), encomendado pelo Prefeito Alaor Prata (1922-1926).

Desde 1923, em trabalho apresentado ao Congresso de Higiene na Cidade do Rio de Janeiro, afirmava a necessidade inadiável de um plano para a cidade. Durante anos, com intervalos curtos, fez por vários periódicos, como *O Jornal, Jornal do Comércio, Jornal do Brasil, O Globo* e *A Noite*, uma propaganda contínua, focalizando e salientando a necessidade de um plano de expansão e de remodelação para o Rio, sem o qual os problemas não seriam bem resolvidos (GODOY, 1943: 322).

José Marianno Filho, médico, crítico e historiador da arte brasileira, destacou-se também neste debate,[20] que recebeu o apoio do Rotary Club quanto à necessidade de um plano. A campanha obteve resultados com a vinda de D. Alfred Agache em 1927, na administração do Prefeito Prado Júnior, e na contratação do Plano de Embelezamento e Melhoramentos para a cidade do Rio de Janeiro de 1927 a 1930 (GODOY, 1943: 78). Godoy se tornou o elemento de ligação entre o escritório de Agache e a Prefeitura do Distrito Federal, da qual era engenheiro, mas a falta de unanimidade na aceitação das propostas em preparação acabou resultando em sua transferência para outro setor da administração.

José de Oliveira Reis, engenheiro da Prefeitura do Distrito Federal, coautor de Szilard no livro *Urbanismo no Rio de Janeiro*, iniciou sua atuação ligado especialmente às questões da infraestrutura de abastecimento de águas e viária, mas aproximou-se do urbanismo ao ser convidado a ocupar a chefia da Comissão

---

20 Participaram, ainda, da propaganda na imprensa outros profissionais, como Gelabert de Simas, Joaquim Sousa Leão, Marcelo Taylor e Matos Pimenta (GODOY, 1943: 78).

148 RODRIGO DE FARIA • JOSIANNE CERASOLI • FLAVIANA LIRA [ORGS.]

do Plano da Cidade em 1937, como veremos mais adiante. Não se encontrava, entretanto, identificado com o debate que desde a década de 1920 levantava a defesa do plano diretor.[21]

No início da década de 1930, a luta pelo planejamento no Distrito Federal utilizou-se do caso concreto do Plano Agache que, após a Revolução de 30 e com as mudanças políticas e institucionais, mesmo aprovado,[22] não foi implantado. Criou-se, na administração do Prefeito Adolpho Bergamini (1930-1931), uma Comissão do Plano da Cidade,[23] que o avaliou e recomendou a sua aprovação com "as modificações de detalhes ou correções que a economia e as condições ulteriores do desenvolvimento da cidade imporão" (REIS, 1977: 101).

O não reconhecimento do plano como diretriz para o desenvolvimento da cidade reacendeu a questão da ausência de um instrumento que integrasse as ações de governo. Os questionamentos foram levantados por Armando de Godoy (1935, 1936), que discordou do abandono do documento, Carmen Portinho (1934) e, ainda, J. O. Saboya Ribeiro (1936) e Mário de

---

21 Na etapa de sua vida profissional como historiógrafo, conforme observou Faria (2007), após a sua aposentadoria como engenheiro do Estado da Guanabara em 1966, é que o veremos se manifestar a respeito do Plano Agache.

22 A oficialização do plano na administração Pedro Ernesto foi registrada por Godoy em artigo de 1936, republicado em 1943: "Apesar de se tratar de um ato de grande alcance para a nossa Capital, apenas três pessoas assistiram S. Ex. assinar no momento a lei referente ao Plano Agache. Essas três pessoas fomos o Dr. Amaral Peixoto, o Capitão Delso da Fonseca e eu" (GODOY, 1943: 329).

23 O Plano é examinado por uma comissão da qual fazem parte Armando de Godoy (pres.), Henrique de Novaes, Lúcio Costa, Arquimedes Memória, Ângelo Bruhns, Raul Pederneiras e José Mariano Filho. A comissão, após trabalhar por vários meses sem prestígio junto ao Prefeito Pedro Ernesto (1931-1936), e com o plano diretor ignorado pela nova administração, acabou por se demitir.

Souza Martins (1937), que alertavam para a necessidade de um plano para a cidade.

Contudo, se foi negado pela Prefeitura do Distrito Federal um plano ordenador, uma parte da demanda dos profissionais urbanistas foi atendida. A recriação da Comissão do Plano da Cidade (CPC) em 1937[24] foi a resposta do prefeito H. Dodsworth. Sua função, entre outras, era preparar o Plano Diretor da cidade, zelar por sua execução e organizar os regulamentos necessários. Em sua formação inicial foi, presidida pelo engenheiro José de Oliveira Reis, e sua principal interlocução com a administração do Distrito Federal, alvo de suas críticas.

Como resposta à ausência de um instrumento regulador para o Rio de Janeiro, a comissão definiu um conjunto de obras, o que apresenta coerência com a experiência anterior de Reis, através da reunião de projetos, viários e de urbanização, resultantes do desmonte de morros e do aterro de áreas, privilegiando o urbanismo de projetos fracionados e não aquele constante da agenda urbanística em discussão.

Com essa comissão, entretanto, foram construídas as bases para a institucionalização do urbanismo como atividade no âmbito da Prefeitura da Cidade do Rio de Janeiro e, em 1945, ela se transformou em Departamento de Urbanismo (DUR),[25] parte da estrutura oficial da administração local. O engenheiro José de Oliveira Reis foi seu diretor nos anos de 1937 a 1945 e, após a criação do DUR, de 1945 a 1948. Posteriormente à transformação

---

24 Decreto-lei nº 6092 de 8 de novembro de 1937, aprovado pelo Presidente da República.

25 Decreto-lei n° 8305 de 6 de dezembro de 1945, aprovado pelo Presidente da República.

150   RODRIGO DE FARIA · JOSIANNE CERASOLI · FLAVIANA LIRA [ORGS.]

da CPC em DUR, em 1948, Affonso Eduardo Reidy alterna duas vezes a sua direção com Oliveira Reis. É neste contexto profissional que se encontra a atuação de Szilard e a publicação do livro *Urbanismo no Rio de Janeiro*.

O urbanismo no Rio de Janeiro

Em 1950 foi publicado no Brasil o livro *Urbanismo no Rio de Janeiro*, com a participação do engenheiro José de Oliveira Reis[26] em um dos capítulos. O livro teve origem em artigos escritos por Adalberto Szilard na década de 1940 e focalizou os problemas da cidade do Rio de Janeiro, sintetizando as regras e leis gerais do urbanismo contemporâneo, consideradas essenciais para o planejamento das cidades.

Szilard se mostrou no seu livro um autor independente, sem vinculações com a política urbana municipal. Demonstrou seu desagrado com os rumos do urbanismo praticado na cidade e, em especial, com as modificações efetuadas nas propostas do Plano Agache em relação à altura das edificações na Esplanada do Castelo e com outras normas editadas por parte da Prefeitura do Distrito Federal, como o Código de Obras, que a partir do estabelecimento de índices construtivos serviam para inflar os preços dos terrenos.

Em seu "author's foreword" datado de 1949, definiu os seus objetivos com a publicação e os seus limites, destacando que o livro não constituía um plano compreensivo com dados estatísticos:

---

26   O livro conta com ilustrações de seu filho, também engenheiro e colaborador em seu escritório, João Szilard.

o primeiro autor [Szilard] considera necessário explicar ao leitor em inglês, que espera encontrar nele um estudo cuidadoso de todos os aspectos do planejamento das cidades, que ele poderá ficar desapontado... O autor meramente intenciona alertar as pessoas e as autoridades do Rio com o objetivo de pararem de estragar a magnífica paisagem da cidade, escondendo e interrompendo muitas das mais belas vistas da cidade com feias construções[27] (SZILARD e REIS, 1950: 8).

Justificou, ainda as razões do livro:

Embora tudo o que os outros urbanistas previdentes e eu mesmo temos escrito até agora pareça ter sido trabalho perdido, falando a surdos e pintando quadros para cegos, resolvi fazer uma nova tentativa no sentido de explicar com palavras simples e claras os princípios do urbanismo contemporâneo (SZILARD e REIS, 1950: 19).

---

27 Tradução livre das autoras. No original: "the first author finds it necessary to explain to the English reader, who expects to find in it a careful study of all aspects of town planning problems concerning the city of Rio, that he may be disappointed... The author merely intends to urge the people and the authorities of Rio to stop spoiling the magnificent landscape of the town by screening and cutting off many of the most beautiful views with ugly buildings" (SZILARD e REIS, 1950: 8).

FIGURA 14. *Urbanismo no Rio de Janeiro*

Fonte: SZILARD e REIS, 1950, capa do livro

Nele, o autor apresentou as principais ideias e autores em que se apoiou em seus estudos. Entre eles: Camillo Sitte; Arturo Soria, criador da cidade linear; Ebenezer Howard e as cidades jardins; seus sucessores, Raymond Unwin e Eliel Saarinem e suas propostas de descentralização orgânica; Toni Garnier e a cidade industrial; Eric Gloeden com as cidades rádio – concêntricas. Discorreu, ainda, sobre as propostas de Agache, Le Corbusier, Louis Justement, Hans Bernouilli,[28] Patrick Guedes, Gaston Bardet, Lewis Munford e Werner Hegeman.

O livro teve origem em uma série de quatro artigos publicados na *Revista de Arquitetura* no ano de 1947 e foi dividido em doze capítulos, em que somente um deles é de autoria de José

---

28 Os arquitetos Louis Justement (Washington) e Hans Bernouilli (Brasília, Suíça) concentram sua atenção em problemas econômicos relacionados à reconstituição das cidades. As propostas de Justement, contudo, quando desenhadas têm clara influência modernista.

de Oliveira Reis. O prefácio de Leopoldo Sondy encaminhou a publicação como de autoria de Szilard, mencionando Reis como autor de um capítulo a mais, o que parece indicar a inclusão do engenheiro num livro já em preparação.[29]

No primeiro capítulo, Szilard apresentou os grandes pensadores do urbanismo contemporâneo, sintetizando suas principais ideias. No segundo, discutiu os princípios do Plano Agache para o Rio de Janeiro e detalhou as estratégias empregadas por Patrick Abercrombie e Forshaw no Plano de Londres de 1943. No capítulo três, alertou para a necessidade do urbanismo efetuado de forma democrática e criticou o procedimento adotado pela prefeitura na abertura da avenida Presidente Vargas.

No quarto capítulo reproduziu um artigo seu apresentado no Segundo Congresso de Engenharia e Indústria, em 1946, em que criticou o Decreto de 30 de setembro de 1942, sobre a extensão da zona industrial. O quinto capítulo, "Cidades do amanhã", é o artigo publicado na *Revista Municipal de Engenharia* em 1943, em que o autor, como já mencionamos, propôs uma cidade ideal, baseada nos princípios do Plano Voisin para Paris (1925), de Le Corbusier.

O capítulo sexto, sobre o sistema de vias arteriais do Plano Diretor do Rio de Janeiro, era de autoria de José de Oliveira Reis, e apresenta os estudos realizados pela Comissão do Plano da Cidade, detalhando as principais linhas mestras do plano segundo o princípios de respeito à topografia da cidade.

---

29 "É o que vem nos mostrar este livro do arquiteto Adalberto Szilard com relação à Cidade Maravilhosa. À obra de grande valor em si foi emprestado mérito adicional com a inclusão do extenso trabalho escrito pelo engenheiro José de Oliveira Reis sobre as grandes vias arteriais do Distrito Federal" (SZILARD e REIS, 1950: 7).

Os capítulos 7 a 10 constituíam a série "Morros cariocas", publicada em 1947 na revista *Arquitetura e Urbanismo*. O primeiro artigo, que deu origem à série, baseou-se no trabalho apresentado por José de Oliveira Reis no Congresso de Urbanismo em Santiago do Chile, em 1942. Neste capítulo, Szilard enfocou a questão viária e a sua função estruturadora no plano de uma cidade e apontou o problema da invasão das edificações na raiz dos morros do Rio de Janeiro, que, segundo Szilard, seria a localização ideal para as vias arteriais. O arquiteto utilizou Copacabana como exemplo de como tais problemas poderiam ser resolvidos.

Szilard, assim como Reis, considerava essencial a conservação dos aspectos paisagísticos da cidade, incentivando os urbanistas a tirar partido da sua topografia. Contudo, no livro, curiosamente ficaram claras as divergências entre as propostas de Oliveira Reis e Szilard, especificamente em relação ao plano urbanístico do bairro Peixoto em Copacabana. A crítica ao projeto desenvolvido pela Prefeitura e por Reis é feita de forma explícita por Szilard no livro.

FIGURAS 15 E 16. Szilard e a preocupação com a preservação da topografia original do Rio de Janeiro

Fonte: SZILARD e REIS, 1950: 117

Para Copacabana, o autor elaborou uma proposta, prevendo edifícios de apartamentos de 10 pavimentos e escolas em que a travessia até elas poderia ser realizada a pé, sem atravessar as vias de tráfego. e densidade calculada de 352 por hectare. O estudo mostrou, ainda, soluções adotadas por urbanistas americanos em Nova York, os sistemas de vias arteriais e os desenvolvimento do tráfego em vários níveis e, em Detroit, o sistemas de trens e vias arteriais em valas abertas.

Os últimos capítulos complementam a temática dos morros, com o morro de Santo Antônio e de São Bento, a Estação D. Pedro II e sua vizinhança, o morro da Providência e o Outeiro da Glória. Para Szilard, a presença dos morros, em lugar de bloqueios à expansão dos loteamentos, seria importante elemento para as definições urbanísticas e para o funcionamento da cidade. Além disso, o respeito às elevações e colinas nos planos e projetos dos urbanistas traria para a cidade benefício estético[30] e, consequentemente, econômico, pois a beleza da topografia acidentada e original seria preservada, incentivando o turismo.

Em relação ao Morro de Santo Antônio, além de prever problemas de tráfego na avenida Rio Branco, criticou a criação de mais lotes para edifícios comerciais e defendeu a derrubada apenas parcial do morro. A repercussão das suas ideias levou a Prefeitura do Distrito Federal a modificar o projeto de Affonso Eduardo Reidy para a área resultante do desmonte daquele morro.

---

30 O autor utiliza o Morro da Viúva como exemplo dos danos às belezas naturais do Rio pela falta de planejamento da administração municipal.

FIGURAS 17 E 18. Projeto da Prefeitura para o Morro de Santo Antônio e a proposta de Szilard

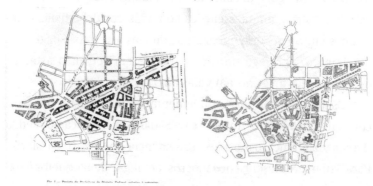

Fonte: SZILARD e REIS, 1950: 122-123

FIGURA 19. Projeto de urbanização modificado para a área resultante do Morro de Santo Antônio, de Affonso E. Reidy

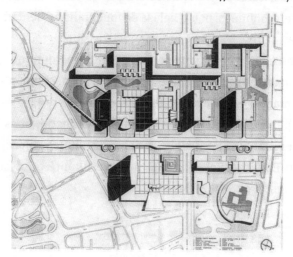

Fonte: REIDY, 1948

URBANISTAS E URBANISMO NO BRASIL **157**

Finalmente, em relação ao Outeiro da Glória e ao Morro de São Bento,[31] em capítulos separados apresentou estudos urbanísticos, visando a preservação e a valorização dos aspectos paisagísticos e arquitetônicos.

A contribuição como educador

A partir do início da década de 1950, as atividades acadêmicas tornaram-se a sua principal ocupação. Em 1951, obteve por concurso a livre-docência da cadeira de Urbanismo na Faculdade Nacional de Arquitetura. Lutou juntamente com colegas pela fundação do Curso de Urbanismo da Faculdade de Arquitetura e, quando foi inaugurado, ficou responsável pela cadeira de Evolução Urbana (ROXO, 1956: 7).

Em 1953, conquistou, também por concurso, a cadeira de Geometria Descritiva da Escola Nacional de Belas Artes, e dois anos mais tarde a de Arquitetura e Construção Civil da Escola de Engenharia. Recebeu, ainda, o título de doutor em Ciências Físicas e Matemáticas, na Universidade do Brasil. Neste período seu estado de saúde se agravou e, mesmo bastante debilitado, não parou de lecionar, dedicando-se à preparação de suas aulas.

Durante os anos em que se dedicou à carreira acadêmica, redigiu uma coleção de cadernos com anotações das aulas que ministrava na disciplina de Evolução Urbana,[32] colecionados por seus alunos em face da erudição e detalhamento dos assuntos.

Segundo Stélio Roxo, Szilard

---

31 Para o Morro de São Bento, apresentou propostas pautadas nas ideias de Clemens Holzmeister, arquiteto austríaco, que em 1940 foi contratado para contribuir com sugestões para a sua urbanização.

32 Alguns deles fazem parte do acervo da família consultado pelas autoras do artigo.

encarava a reforma e a planificação das cidades como uma técnica de ocupação do solo que visasse ao bem estar das populações, mas sem esquecer a necessidade de preservação de elementos que, pelo seu valor histórico, compõem o caráter permanente, a fisionomia peculiar de uma comunidade – seu decor inalterável. Era de ouvi-lo nesse particular, ensinando as regras estéticas de composição urbana, que presidiram à criação de ruas e praças da Europa e Renascença (ROXO, 1956: 8).

A partir de 1953 passou a realizar seus estudos em sua casa em Teresópolis, onde passava alguns dias da semana. Já havia abandonado a maior parte de suas atividades particulares como arquiteto e construtor, mas mantinha as suas atividades como professor. Em 5 de dezembro de 1955 foi vítima de um infarto e faleceu aos 56 anos de idade.

FIGURA 20. Szilard em sua mesa de trabalho

Fonte: ROXO, 1956: 3

Durante o desenvolvimento profissional de Szilard, cabe ressaltar a contribuição de sua esposa, Karola Szilard, nesse processo. De acordo com seu livro,[33] Karola e Adalberto, desde que se conheceram, além de terem o desenho como habilidade comum, tinham também o costume, tanto na Europa quanto no Brasil, de caminharem juntos pelas cidades onde viveram ou por onde passaram, como observadores atentos. Ela como pintora e ele como arquiteto e urbanista trocavam experiências e formas de ver e compreender a cidade.

Considerações finais

O contato com a história e a produção de Adalberto Szilard nos mostrou um profissional talentoso e idealista. Seu conhecimento técnico lhe permitiu atuar em várias atividades, usando seu senso crítico para alertar as autoridades municipais, segundo ele, responsáveis por procedimentos não planejados corretamente, que trariam problemas futuros para a cidade.

A atuação de Szilard se deu, ainda, em círculos profissionais que promoviam discussões sobre as questões relativas à cidade, especialmente através do Instituto de Arquitetos do Brasil. No ano de 1936, por exemplo, participou das discussões para a elaboração do novo Código de Obras para a Prefeitura, aprovado como o Decreto nº 6000/1937, criticando vários

---

33 Em relação à cidade do Rio de Janeiro, as memórias de Karola Szilard, a partir do olhar estrangeiro, constituem um interessante registro da vida, dos costumes e do próprio desenvolvimento da cidade desde a época em que aqui chegou. Ela tratou do aparecimento de novos bairros, como Copacabana, descreveu os lugares por onde viveu ou passou, considerando a arquitetura em conjunto com a dinâmica da cidade. Em relação à sua pintura, retratou paisagens do Rio de Janeiro não mais existentes.

160 RODRIGO DE FARIA • JOSIANNE CERASOLI • FLAVIANA LIRA [ORGS.]

artigos e apresentando sugestões que poderiam trazer benefícios à cidade.[34] No Instituto de Arquitetos do Brasil, atuou como conselheiro para o ano social de 1937-1938.[35]

A par disso, seu constante movimento entre a arquitetura e o urbanismo, nos permite verificar os limites indefinidos entre esses dois campos, a partir da perspectiva do profissional que estuda, projeta e propõe soluções, nas quais o objeto final será a cidade. Sua contribuição para o ensino, por outro lado, foi essencial, especialmente por ter sido um dos responsáveis pela fundação do Curso de Urbanismo na Faculdade de Arquitetura, além de ter ministrado outros cursos, sua principal ocupação nos últimos anos de sua vida.

A partir de seus textos, principalmente de seu livro *Urbanismo no Rio de Janeiro*, constatamos que acreditava ser possível uma harmonia entre a modernidade e a tradição. Possuía uma visão de vanguarda, precursora, antecipando problemas que a cidade do Rio de Janeiro enfrenta atualmente, especialmente em relação ao tráfego de veículos. Refletiu sobre questões pouco discutidas à sua época relativas ao uso racional e utilização de novas formas de energia, propondo, por exemplo, o uso de placas solares na cobertura dos prédios para alimentar os sistemas de ar condicionado da cidade.

---

34 Em 1936, Szilard participou de uma comissão do Instituto Central de Arquitetos (uma das entidades de origem do IAB), que deveria apresentar sugestões à Prefeitura para o novo código de obras em preparação (SZILARD e REIS, 1950: 19).

35 *Arquitetura e Urbanismo*, jan./fev. 1938, p. 2. De acordo com registros de anúncios do IAB na revista, esse período compreendeu aproximadamente julho de 1937 a junho de 1938.

Com efeito, a atualidade das questões colocadas por Szilard em seu livro, sobretudo no que diz respeito à conservação dos elementos paisagísticos da cidade e seus benefícios sob diversos aspectos, sobretudo o econômico, ganham ainda maior significado após a recente elevação da cidade do Rio de Janeiro a Patrimônio Cultural da Humanidade pela Unesco, em 1º de julho de 2012.

Szilard foi, enfim, um grande estudioso da arquitetura e do urbanismo, contribuindo para a modernização desses campos de saber na cidade do Rio de Janeiro, modificando-os com a sua reflexão e a sua prática, através de textos críticos e projetos. Roxo relaciona a sua atuação à sua geração e à sua formação, afirmando:

> ele nos trouxera, como alguns outros arquitetos europeus que para cá vieram, tudo o de que então mais precisávamos: o apuro técnico e o apego a uma tradição. A sua geração – a geração do concreto armado – fora a seu modo revolucionária (ROXO, 1956: 6).

Familiarizado com as ideias dos importantes teóricos de seu tempo e com os problemas da cidade do Rio de Janeiro, tornou-se um dos profissionais respeitados que aqui atuaram e inspirou outros profissionais através de suas aulas e de sua crença na arquitetura e no urbanismo como instrumentos capazes de contribuir para a transformação da sociedade.

Referências

AGACHE, D. Alfred H. *Cidade do Rio de Janeiro: remodelação, extensão e embelezamento*. Rio de Janeiro: Foyer Brésilien, 1930.

ANHAIA MELLO, L. I. *Problemas de urbanismo: bases para a resolução de problemas technicos*. São Paulo: Boletim do Instituto de Engenharia, 1929.

AZEVEDO, W. *Urbanismo no Brasil*. Rio de Janeiro: Casa Editora Enrico Velho, 1934.

_____. *A organização técnica dos municípios*. Rio de Janeiro: Irmãos Pongetti, 1935.

"DENTRO de quatro anos estará concluído o arcabouço da Catedral de Cristo-Rei". *O Diário*, Belo Horizonte, 6 out. 1951, p. 3.

DODSWORTH, Henrique. "Problemas da Cidade". *Revista Municipal de Engenharia*, Rio de Janeiro, n° 1, 1943, p. 3-5.

"EM Belo Horizonte uma das mais belas catedrais do mundo". *Tribuna de Minas*, Belo Horizonte, 6 out. 1951, p. 1-2.

FARIA, Rodrigo Santos de. *José de Oliveira Reis, urbanista em construção: uma trajetória profissional no processo de institucionalização do urbanismo no Brasil (1926-1965/1966)*. Tese (doutorado) – Unicamp, Campinas, 2007.

GODOY, A. "As conseqüências sociais e econômicas dos princípios do urbanismo". *Revista do Clube de Engenharia*, Rio de Janeiro, nov. 1935, p. 711-717.

_____. "Algumas transformações e conquistas urbanas do Rio de Janeiro através de diferentes governos". revista *Arquitetura e Urbanismo*, Rio de Janeiro, jul./ago. 1936, p. 45-48.

_____. "O urbanismo nos Estados Unidos". *Revista da Diretoria de Engenharia*, Rio de Janeiro, ano 3, nº 14, jan. 1935, p. 202-213.

_____. *A urbe e seus problemas*. Rio de Janeiro: Jornal do Comercio, 1943.

MARTINS, M. de Souza. "Os problemas das cidades e a organização do plano diretor". *Revista da Diretoria de Engenharia*, Rio de Janeiro, nov. 1937, p. 128-131.

"METRO Tijuca: anúncio". *Arquitetura e Urbanismo*, Rio de Janeiro, ano 6, jan./dez. 1941, p. 79.

PORTINHO, C. "O critério científico do urbanismo". *Revista da Diretoria de Engenharia*, Rio de Janeiro, ano 2, nº 8, jan. 1934, p. 15 -16.

PRENTICE, Robert R. "O cinema Metro do Rio". *Arquitetura e Urbanismo*, Rio de Janeiro, ano 1, nov./dez. 1936, p. 196-203.

_____. "Edifícios Castelo, Nilomex e Raldia". *Arquitetura e Urbanismo*, mar./abr. 1937, p. 75-80.

"PRIMEIRO Congresso Brasileiro de Higiene". *Annaes*, Rio de Janeiro, Oficinas Gráficas de Inspetoria Demográfica Sanitária, 1926.

REIDY, Affonso Eduardo. "Urbanização da Esplanada do Castelo". *Revista Municipal de Engenharia*, Rio de Janeiro, set. 1938, p. 604-607.

_____. "Estudo de urbanização da área resultante do desmonte do Morro de Santo Antônio". *Revista Municipal de Engenharia*, Rio de Janeiro, vol. 15, n° 3, jul./set. 1948, p. 86-90.

REIS, José de Oliveira. *O Rio de Janeiro e seus prefeitos*. Rio de Janeiro: Prefeitura da Cidade do Rio de Janeiro, 1977.

REZENDE, Vera F. "Da sedução à oficialização: o urbanismo modernista na cidade do Rio de Janeiro". *Cadernos PPG-AU/UFBA*, Salvador, ano 3, vol. 4, 2005. Edição especial: Urbanismo Moderno Brasil, 1930-1960.

_____. "Wagner versus 'La Donna è Mobile': o planejamento de cidades e o debate no Distrito Federal nos anos de 1920 a 1950". In: *Anais do XIV Encontro Nacional da Anpur* (Associação Nacional de Pós-graduação e Pesquisa em Planejamento Urbano e Regional) – "Quem planeja o território? Atores, arenas e estratégias". Rio de Janeiro, 2011.

ROXO, Stélio. "Adalberto Szilard, arquiteto e humanista". Separata da *Revista do Clube de Engenharia*, Rio de Janeiro, n° 235, mar. 1956.

SABOYA RIBEIRO, J. O. *A cidade e o Estado, urbanismo, problema político, evolução urbana do Brasil*. Rio de Janeiro, 1936 (mimeo).

_____. "Os núcleos residenciais do futuro". *Revista Municipal de Engenharia*, Rio de Janeiro, n° 4, out. 1943, p. 225-229.

_____. "Urbanização do Rio de Janeiro e o problema do tráfego. Conferência no Clube de Engenharia". *Revista de Engenharia*, Rio de Janeiro, nov. 1948, p. 327-333.

SZILARD, Adalberto. "À margem das conferências de Le Corbusier". *Revista de Arquitetura e Urbanismo*, Rio de Janeiro, ano I, set./out. 1936, p. 165-179.

_____. "Cidades de Amanhã". *Revista Municipal de Engenharia*, Rio de Janeiro, n° 3, jul. 1943, p. 161-166.

SZILARD, Adalberto; REIS, José de Oliveira. *Urbanismo no Rio de Janeiro*. Rio de Janeiro: O Construtor, 1950.

SZILARD, Karola Gábor. [*Memórias*]. Rio de Janeiro: [s.n], 1974. 100 f. (mimeo).

Práticas urbanísticas, deslocamentos e cruzamentos:
Louis-Joseph Lebret e Antônio Bezerra Baltar no Brasil

VIRGÍNIA PONTUAL

Departamento de Arquitetura — Programa de Pós-Graduação em
Desenvolvimento Urbano da Universidade Federal de Pernambuco — UFPE

O deslocamento de Lebret para o Brasil

O pensamento e a ação de Louis-Joseph Lebret foram pontuados de inflexões. Ele formou-se oficial de marinha francesa, tendo-se desligado para entrar na ordem dominicana, em 1923. Como dominicano, foi um dos fundadores da Juventude Marítima Cristã, engajando-se em um trabalho de apostolado e de combate ao movimento sindical junto aos pescadores de Saint-Malo, na Bretanha francesa, nos anos de 1930. Colaborou com o regime de Vichy na normatização da profissão de pescador, segundo afirma Chomel (1981: 4):

> É sob o governo de Vicky que a lei de 13 de maio de 1941, escrita pelo padre Lebret, completará o edifício corporativo, integrando sindicatos mistos, comitês inter-profissionais por tipo de pesca, tudo sob comando de um Comitê Central Corporativo de Pesca.[1]

---

1   No original: "Ce n'est que sous Vichy qu'une loi du 13 mai 1941, préparée par le P. Lebret lui-même, complètera l'edifice corporatif, intégrant des syn-

168   RODRIGO DE FARIA • JOSIANNE CERASOLI • FLAVIANA LIRA [ORGS.]

Neste mesmo ano de 1941, junto com outros religiosos e intelectuais laicos, ele fundou Economia e Humanismo e participou das *Nouvelles equipes internacionales,* cuja pauta de ação estava orientada para a construção de uma Europa democrática cristã.

Economia e Humanismo foi fundada como uma associação, sediada no convento dominicano de Marseille,[2] tendo sido seu estatuto depositado na Préfecture des Bouches-du-Rhone em setembro desse mesmo ano. Em 1942 é criada a *Revue Economie et Humanisme,* para tornar possível a efetivação do projeto pedagógico e científico dos integrantes dessa associação. Dentre os signatários do *"Le Manifeste d'Economie et Humanisme"*[3] constam os nomes de cinco religiosos – Lebret, Marie-Reginald Loew, Serrand, Abbé Bouche e Moos – e de cinco leigos – René Moreux, Jean-Marie Gatheron, Alexandre Dubois, François Perroux e Gustave Thibon. (Houée, 1997: 51) Embora inicialmente Lebret tenha tomado como referência as ideias do catolicismo conservador de Jacques Maritain, com os anos da Ocupação na França acomodações ocorreram, passando essa associação a estar referendada na vertente do catolicismo francês ligado à doutrina social da Igreja, que então perseguia a renovação dos movimentos de ação católica e social. Desse modo, uma das posições-chaves dessa associação e de Lebret foi

---

dicats mixtes, des comités inter-professionelles par type de pêche, le tout coiffé par un Comité Central Corporatif des Pêches". As traduções das citações ao longo do artigo são da autora.

2   Depois de Marseille, em 1943, Economia e Humanismo e Lebret se instalaram em Ecully (Rhône) e, em 1945, em La Tourette (Eveux).

3   Esse manisfesto foi publicado no primeiro número especial da *Revue Economie et Humanisme,* de fev. mar. de 1942.

o princípio do bem comum,[4] fundamentado no ideal cristão do engajamento e no primado dos valores espirituais sobre os da vida material, segundo São Tomás de Aquino.

Essa doutrina estava associada a um método de análise da economia e da sociedade inspirado em Le Play, em Chombart de Lauwe e em Karl Marx, principais referências da matriz sociológica do pensamento de Lebret. Valladares (2006) destaca, ainda, a contribuição da Escola de Chicago. Entretanto, considerando-se os intelectuais que participaram da direção de Economia e Humanismo, das sessões de estudo, das jornadas de trabalho, dos estudos realizados, dos trabalhos publicados dos contatos pessoais e de trabalhos presentes em sua correspondência, pode-se dizer que, para além dessas referências citadas, muitos outros intelectuais contribuíram para a formação do pensamento sociológico e religioso de Lebret.

Os primeiros tempos de Economia e Humanismo estão sintetizados por Pelletier (1996) como o de "utopia comunitária", que é referendado pela maioria de seus intérpretes. Chomel (1981), Celestin (1981), Pelletier (1996), Garreau (1997) e Houée (1997), dentre outros, ao narrarem a trajetória de Lebret estabeleceram periodizações correlacionadas às leituras que objetivaram iluminar. Não é objeto de discussão o confronto dessas datações, mas cabe destacar os anos de 1945 e 1947, relativos à Liberação da França, com os desafios de reconstrução então colocados, e à primeira viagem de Lebret à América Latina, por terem possibilitado inflexões de seu pensamento religioso e sociológico.

---

4   A noção de bem comum está apresentada nas obras de Lebret *Guide del Militante I* (1946) e *Découverte du bien commun* (1947), como uma noção espiritual que subordina a ação e os interesses do homem à solidariedade e à justiça social.

O deslocamento de Lebret para o terceiro mundo, e especialmente para a América Latina, bem como as experiências levadas a cabo por ele são consideradas por Pelletier (1996: 10) como um "laboratoire d'enquêtes d'aménagement du territoire qui devinrent des enquêtes em vue du développement économique".[5] No contato com o subdesenvolvimento do terceiro mundo, ele transforma a teoria de economia humana em uma "dinâmica do desenvolvimento harmonioso", tendo-se constituído essa concepção como uma das vertentes do pensamento social latino-americano dos anos 1950. O contato e o choque com o subdesenvolvimento latino-americano está sintetizado na sua obra *Letre aux américains*,[6] que consiste numa expressão contundente de seus sentimentos, uma catarse filosófica e religiosa, marcada por uma ordem dual na organização do argumento: comunismo *versus* humanismo maritaniano, ordem social descendente *versus* ordem social ascendente, ordem social estática *versus* ordem social dinâmica.

À medida que efetiva experiências e elabora concepções, Lebret passa a buscar o reconhecimento científico das mesmas. Para tanto, ele empreende articulações com o Centre National de la Recherche Scientifique (CNRS), voltadas para o financiamento de estudos e a validação do método de pesquisa empírica. Entretanto, apenas nos anos de 1950, mediante inclusive a efetivação dos estudos levados pela Sociedade de Análises Gráficas e Mecanográficas Aplicadas aos Complexos Sociais

---

5 Laboratório de pesquisa de planejamento urbano que se tornaram pesquisas voltadas para o desenvolvimento econômico.

6 Essa obra de Lebret foi publicada na *Revue Economie et Humanisme*, n° 34, de 1947.

(sagmacs) no Brasil, Lebret é reconhecido pelo CNRS como especialista em pesquisa e, em 1961, é admitido como diretor científico (BREUIL, 2006: 122).

Na França, dos intelectuais que propiciaram a Lebret refletir sobre a cidade e entender sobre urbanismo, merece destaque o urbanista Gaston Bardet, que participou de jornadas de estudo, publicou textos na *Revue Economie et Humanisme* e foi referenciado em cursos e textos escritos por esse dominicano. No deslocamento de Lebret para o Brasil, outros intelectuais vieram a estabelecer com ele laços profissionais e de estima, a exemplo do engenheiro Antônio Bezerra Baltar,[7] tendo esse encontro propiciado adequações no modo de atuação de ambos.

A prática profissional de Baltar foi polivalente: estudante de engenharia e de belas artes,[8] engenheiro, urbanista, economista, professor, militante do partido socialista, vereador e suplente de senador.

Durante o curso de engenharia, Baltar ingressou como auxiliar técnico na Diretoria de Arquitetura e Urbanismo (DAU), órgão da Secretaria de Viação e Obras do Estado de Pernambuco,

---

7   O engenheiro Antônio Bezerra Baltar nasceu na cidade do Recife no ano de 1915, integrante de família de classe média católica. Os seus primeiros estudos foram realizados em colégios católicos de prestígio local, como o Instituto Nossa Senhora do Carmo e o Colégio Nóbrega (pertencente à ordem dos jesuítas) (MONTENEGRO; SIQUEIRA; AGUIAR, 1995: 29 e 30).

8   Em 1932, aos 17 anos de idade, ingressa na Escola de Engenharia da Universidade do Recife, concluindo o curso em 1938. Porém, não só engenheiro Baltar aspirava ser; assim, no ano de 1934, foi admitido no curso de Arquitetura da Escola de Belas Artes de Pernambuco. A pretensão de se formar em arquitetura não teve continuidade, dado que não era permitido por legislação do governo federal um aluno fazer dois cursos superiores na mesma universidade simultaneamente.

então sob a coordenação do arquiteto Luís Nunes.[9] O ambiente de aprendizado sobre arquitetura e urbanismo, mediante contato com revistas técnicas e trocas de opiniões com os que faziam a DAU, marcou os primeiros anos de sua formação. Como engenheiro em organismos técnicos, integrou os quadros de diversas instituições.[10] Na qualidade de urbanista, fez parte da Comissão do Plano da Cidade, como representante do Clube de Engenharia, desde 1941 até o início dos anos de 1950, em que teve grande atuação e foi responsável por várias proposições e deliberações acerca de problemas da cidade. Também em 1941 passou a ministrar disciplinas na Escola de Belas Artes. Baltar foi membro da Esquerda Democrática[11] e do Partido Socialista

---

9   Luiz Nunes (1934-1937) foi contratado pelo governo de Carlos de Lima Cavalcanti para trabalhar na criação de espaços arquitetônicos destinados às instituições governamentais. Nunes realizou dezenas de projetos de arquitetura moderna em Pernambuco. Desde os primeiros projetos, contou ele com a colaboração do engenheiro calculista e poeta Joaquim Cardozo, um dos principais protagonistas do movimento de renovação cultural então em curso no Recife. Mais tarde, Nunes trouxe para a Diretoria de Arquitetura e Urbanismo (DAU) outros arquitetos adeptos do movimento moderno, como Fernando Saturnino de Brito e João Correia Lima; e, em fins de 1936, passou a contar com Ayrton Carvalho e Antônio Bezerra Baltar como estagiários de engenharia.

10 Instituições e cargos ocupados por Baltar: chefe do Departamento de Engenharia do Instituto da Previdência do Estado (Ipsep); engenheiro da Associação Brasileira de Cimento Portland; chefe de distrito do Departamento Nacional de Estradas e Rodagens; diretor superintendente da Companhia de Borracha Sintética (Coperbo, nomeado pelo então governador Miguel Arraes,1962-1964).

11 Segundo Luiz Dário da Silva (1986: 129), a Esquerda Democrática em Pernambuco (ED/PE) foi formada, em junho de 1945, como ala esquerda da União Democrática Nacional (UDN). Em abril de 1946, transforma-se em partido político, defendendo o socialismo democrático. Em 1947, passa a denominar-se Partido Socialista Brasileiro e mantém-se no lema "Socialismo e Liberdade". No dia 14 de novembro de 1946, a Esquerda Democrática de Pernambuco,

URBANISTAS E URBANISMO NO BRASIL **173**

Brasileiro, no qual integrou a direção municipal, estadual e nacional. Foi eleito vereador duas vezes para a Câmara Municipal do Recife, em 1955 e 1958, assim como foi eleito suplente de senador na eleição de 1958. Esse percurso não foi uma sequência linear de experiências. Muitas foram vivenciadas simultaneamente, outras representaram inflexões de percurso, a exemplo da sua inserção na Sociedade de Análises Gráficas e Mecanográficas Aplicadas aos Complexos Sociais (Sagmacs), por significar a passagem de atuação em âmbito regional para âmbito nacional.

A Sagmacs foi criada na primeira estada de Lebret no Brasil. Outros deslocamentos de Lebret a este país ocorreram entre 1952 e 1965, os quais possibilitaram o estabelecimento de práticas de planejamento urbano e regional que vieram a se constituir numa das principais vertentes então presentes, marcada pela dimensão social. Essas práticas estão consubstanciadas nas dezenas de estudos realizados pela Sagmacs; entretanto, serão tratados aqueles que contaram com a participação de Lebret e de Baltar.

Os anos dourados da relação entre Lebret e Baltar

No dia 5 de abril de 1947, Lebret chegou ao Rio de Janeiro, tendo sido recebido pelos padres Dupuy e Jophly. Dois dias

---

já como partido autônomo, lançou seu Manifesto ao povo pernambucano. Assinaram-no, dentre outros: Aloísio Bezerra Coutinho, professor da Faculdade de Medicina; Amaro Quintas, professor do Colégio Osvaldo Cruz; *Antônio Bezerra Baltar, professor das Escolas de Engenharia e Belas Artes* (grifo meu); Cristiano Cordeiro, professor da Faculdade de Direito de Goiana; Newton Maia, professor das Escolas de Engenharia e de Agronomia; e Sócrates Times de Carvalho, jornalista.

depois, efetivou-se um encontro com Alceu Amoroso Lima, personagem central para introduzir e assegurar a circulação de Lebret na América Latina. Amoroso Lima apresentou Lebret às elites políticas católicas, entre as quais cabe destacar os dirigentes da democracia cristã. Ainda no Rio de Janeiro, Lebret proferiu algumas palestras na Ação Social da Arquidiocese do Rio de Janeiro e estabeleceu contatos com sindicalistas, sociólogos, geógrafos e clérigos, entre os quais José Arthur Rios, Josué de Castro e Dom Helder Câmara,[12] que foram personagens importantes para a sua trajetória no Brasil.

Mas qual era o contexto econômico e político quando da chegada de Lebret ao Brasil? Nos anos 1930, começo da era Vargas (1930-1945), iniciou-se um ciclo modernizador que modificou estruturas econômicas e arranjos geopolíticos, caracterizando-se pela passagem do modelo agroexportador para o urbano-industrial. Após a queda do Estado Novo e a elaboração da Constituinte, sob um contexto democrático, esse ciclo não mudou radicalmente: permaneceu perseguindo os mesmos objetivos econômicos, alicerçado na industrialização, com o apoio de empréstimos norte-americanos.

Modernização, urbanização, industrialização e crescimento econômico não tinham minimizado a pobreza, o desemprego, o subemprego e as disparidades regionais. Apesar do efusivo ambiente cultural, com a reanimação dos partidos políticos, a ampliação dos cursos universitários e o surgimento de movimentos artísticos, os debates em torno desses temas ainda eram

---

12 Nesse momento Dom Hélder Câmara era bispo auxiliar do Rio de Janeiro, tendo-se tornado posteriormente bispo. Em 1954, ele é designado para ser arcebispo de Recife e Olinda. Hélder Câmara foi integrante da Ação Católica, tendo organizado a primeira Semana Nacional de Ação Católica Brasileira.

diminutos e muitas vezes impulsionados por intelectuais simpatizantes ou ligados ao Partido Comunista. A Igreja Católica, forte aliada do governo no Estado Novo, marcadamente conservadora e anticomunista, no pós-guerra passou a instituir universidades e a conter vozes que aderiram ao pensamento de católicos humanistas, como Emmanuel Mounier e Jacques Maritain, inclusive por meio da Ação Católica, porém, sem descuidar do combate à disseminação do pensamento marxista. Era, portanto, um contexto de fragilidades, tensões e divisões políticas, no qual se debatiam aqueles que buscavam outras saídas para os modelos presentes no cenário internacional e aqueles que se apegavam às velhas fórmulas de manuteção do poder. Lebret vem ao encontro daqueles que buscavam um outro modelo, daí suas ideias terem tido significativa receptividade.

No dia 9 de abril, Lebret deslocou-se para São Paulo, onde foi recebido pelo padre Romeu Dale. O contato entre ambos remonta ao ano de 1941, momento em que Dale realizava estudos no Convento de Saint Maximin, na França, e em que foi gestada a ideia de uma viagem de Lebret à América Latina. Dias após, realizou-se o encontro com o então diretor da Escola Livre de Sociologia e Política (ELSP), Cyro Berlinck, responsável pelo convite feito a Lebret para conferir um curso nesse estabelecimento de ensino superior.

A partir de então se efetivam as primeiras ações de Lebret que marcaram a sua atuação no Brasil: o curso Introdução à Economia Humana, a fundação da Sagmacs e os estudos voltados para a habitação e o planejamento urbano e regional realizados em diversos estados brasileiros. Ao lado dessas ações, foram feitas articulações com a Juventude Operária Católica (JOC)

176 RODRIGO DE FARIA • JOSIANNE CERASOLI • FLAVIANA LIRA [ORGS.]

e a Juventude Universitária Católica (JUC), ambas integrantes da Ação Católica Brasileira (ACB), assim como com movimentos de cunho eminentemente religioso, especialmente no Rio de Janeiro e em São Paulo.

A Sagmacs foi fundada em julho de 1947, seguindo o modelo da Societé pour l'Application du Graphisme et de la Mécanographie à l'Analyse (Sagma), fundada em janeiro de 1946, em Saint-Étienne, graças ao apoio financeiro do empresário Jean Queneau, integrante de Economia e Humanismo.[13] Nos estatutos da Sagmacs constam seus fins, dentre os quais cabe citar o de "estudar, por meio de pesquisas e outros meios de investigação apropriados, as realidades humanas, sociais e econômicas do meio brasileiro".[14]

A primeira diretoria foi composta por seis leigos, que em sua maioria eram ligados à esquerda católica e que viram nas ideias de Lebret uma possibilidade de articular desenvolvimento e nacional-desenvolvimentismo, concepção muito disseminada então, em especial por meio da Comissão Econômica para a América Latina (Cepal). Essa diretoria foi acompanhada inicialmente pelo francês integrante de Economia e Humanismo, Le Duigou, e, em 1949, assumiu a direção o dominicano Frei Benevenuto de Santa Cruz. A Sagmacs atuou até o ano de 1964,

---

13 A Sagma tinha por finalidade principal a elaboração de "l'étude des réalités économiques, sociales et humaines, à l'aide d'une méthode particuliere, ainsi que l'exploitation et la présentation graphique des résultats [...]" (O estudo das realidades econômicas, sociais e humanas, com a ajuda de um método particular, assim como a exploração e a apresentação gráfica dos resultados). (In Fond Lebret, AN 45 AS 187).

14 A primeira diretoria da Sagmacs foi composta por: Luiz Cintra do Prado, Luciano Vasconcelos de Carvalho, Olga Soares Pinheiro, André Franco Montoro, José Maria de Freitas e Lucas Nogueira Gracez. (In Fond Lebret, AN 45 AS 187).

momento em que interrompeu suas atividades em decorrência do golpe militar.

No relatório técnico escrito por Le Duigou, em seu retorno à França, estão citados os primeiros trabalhos técnicos realizados pela Sagmacs:

> A pesquisa sobre o problema social dos menores; a pesquisa sobre as condições de vida operária em São Paulo (no âmbito da Campanha Social do Cardeal); o problema social das empregadas domésticas (Confederação das Mulheres Católicas); a pesquisa sobre o "pensamento social dos estudantes" e a pesquisa sobre a situação do pessoal do Jockey-Club.[15]

Esses estudos foram solicitados por instituições, provavelmente sem remuneração, momento em que foram aplicados os ensinamentos de Lebret proferidos no curso Introdução à Economia Humana, efetivado na Escola Livre de Sociologia e Política (ELSP), em 1947.

Cabe ainda citar a participação da Sagmacs no Congrès Interaméricain d'Action Sociale Catholique, do qual participaram Le Duigou, José Maria de Freitas e Benevenuto de Santa

---

15 No original: "L'enquête sur le problème social des menors; l'enquête sur les conditions de vie ouvrière à São Paulo (dans le cadre de la Campagne Sociale du Cardinal); Le problème social des empregadas domesticas (Confédération des Femmes Catholiques); l'enquête sur la 'pensée sociale des étudiants' et l'enquête sur la situation du personnel du Jockey-Club". A pesquisa sobre os empregados do Jockey Clube foi uma retribuição ao apoio concedido a Lebret, que teve um espaço do clube cedido para os primeiros tempos de Economia e Humanismo no Brasil. (In Fond Lebret, AN 45 AS 187).

178 RODRIGO DE FARIA • JOSIANNE CERASOLI • FLAVIANA LIRA [ORGS.]

Cruz. O caráter experimental dessas primeiras experiências pode ser apreciado nos comentários sobre o Congresso ocorrido no Rio de Janeiro, em julho de 1948:

> Foi a primeira vez que a EH brasileira se fez presente em uma manifestação internacional. Para além das confusões dos debates e das falhas de organização [...] nós todos sentimos nesse Congresso, diante da curiosidade suscitada por nosso movimento, a falta de uma documentação de base especialmente concebida para a América e mais particularmente para a América Latina.[16]

Como esse relatório se refere ao período 1948-1949, Le Duigou não citou o primeiro estudo realizado por Lebret no Brasil, ainda em 1947, feito sob o impulso do curso da ELSP e antes mesmo da criação da Sagmacs, o "Sondagem preliminar a um estudo sobre a habitação em São Paulo".[17]

Antes desse estudo em São Paulo, já tinham sido elaboradas doze pesquisas similares em diversas cidades e regiões da França,[18] porém a referência maior foram aquelas realizadas

---

16 No original: "C'était la première fois qu'EH brésilien se présentait en corps dans une manifestation internationale. Outre cette confusion des débats et ce défaut d'organization [...] nous sentimes tous à ce Congrès, devant la curiosité suscitée par notre mouvement, le manque d'une documentation de base spécialement conçue pour l'Amérique et plus particulièrement pour l'Amérique latine".

17 Esse estudo foi publicado como separata da *Revista Arquivos*, n° CXXXIX, Departamento de Cultura, São Paulo, 1951.

18 Segundo a "Liste des principales analyses effectuées personnellement par R. P. Lebret ou en liaison avec, de 1929 à 1941, et par le Centre Economie et

sob o contrato do Ministério de Reconstrução e Urbanismo para as cidades de Marseille, Nantes, Lyon e Saint-Étienne.[19] Os resultados da pesquisa mostram a desigualdade entre os tipos de habitação existentes, ficando ainda mais evidente tal constatação ao serem comparados com os das cidades francesas, mesmo considerando-se que as mesmas estavam sendo reconstruídas com o fim da II Guerra Mundial.

Lebret chegou ao Brasil em abril e, logo depois, no mês de maio, participou de uma discussão com os dirigentes da UDN – José Américo de Almeida, Eduardo Gomez e Juarez Távora – sobre a interdição do PCB. Ao condenar Lebret a interdição, ele é acusado de ser "simpatizante do comunismo", o que lhe rendeu dissabores com a ala conservadora da Igreja Católica no Brasil, largamente dominada pela corrente integralista. Essas notícias chegaram a Roma e Lebret ficou impedido de retornar ao Brasil. Só após gestões empreendidas por vários clérigos, no interior e fora da ordem dominicana, inclusive por Dom Helder Câmara, além de Alceu Amoroso Lima e Josué de Castro, Roma permite que ele retorne à América Latina, isso em 1952.

Cabe dizer que, nesse momento, estava-se no contexto político da guerra fria, sendo constante o combate ao comunismo, aliado à hegemonia dos Estados Unidos no jogo geopolítico mundial, ao peronismo presente na Argentina e ao recém-desfecho da ditadura Vargas no Brasil; além do retorno do Partido

---

Humanisme ou en liaison avec lui (1943-1953)". (Fond Lebret, AN 45 AS 87).

19 Conforme está citado na Lista: "Sondage pour l'analyse de l'habitat à Lyon, par R. Delprat ET A. Chaerond; Marseille, par R. Levy et R. Loew; Saint-Étienne, par A. Coron et D. Riboud; Nantes, par J. User et M. Michoud, effectué pour le compte du M.R.U". (Fond Lebret, AN 45 AS 87).

180   RODRIGO DE FARIA • JOSIANNE CERASOLI • FLAVIANA LIRA [ORGS.]

Comunista Brasileiro (PCB) à ilegalidade, após a pequena pausa de outubro de 1945 a abril de 1947.

Ao longo desses anos, Lebret se correspondeu assiduamente com os dirigentes da Sagmacs e demais militantes de EH no Brasil. Dentre os contatos, cabe referência ao governador de São Paulo, Lucas Nogueira Garcez, por ter feito o convite para Lebret vir elaborar um estudo sobre as possibilidades de desenvolvimento do estado de São Paulo, tendo sido o mesmo decisivo para que a ordem dos dominicanos concedesse a permissão para sua volta ao Brasil.[20]

Quando da segunda estada de Lebret no Brasil, Vargas tinha voltado ao poder mediante eleições democráticas, permanecendo sua atuação pautada numa política nacionalista. Período populista ou democracia desenvolvimentista são denominações que marcaram o contexto político brasileiro dos anos 1950, o qual contava ainda com as orientações econômicas de integração do mercado nacional e de industrialização. Os pleitos eleitorais de 1950, 1952 e 1954 mostraram que a estrutura política montada no Estado Novo e mantida por meio do Partido Social Democrático (PSD) ainda permanecia forte. Vale notar que o contexto político do início dos anos 1950 é de desconfianças, incertezas e temores por parte dos detentores do poder político, ainda não adaptados à democracia, ao pluripartidarismo e aos movimentos populares.

O debate intelectual então presente estava referenciado nas contribuições produzidas por Raul Prebisch,[21] Celso Furtado

---

20   Correspondências entre Lebret e Lucas Garcez, em 1951. (Fond Lebret, AN 45 AS 65).

21   O economista Raul Prebisch foi secretário executivo da Cepal, de 1949 a 1963. Essa instituição foi criada, em 1948, pelo Conselho Econômico e Social das Nações Unidas, de modo a incentivar a cooperação econômica entre os

URBANISTAS E URBANISMO NO BRASIL 181

e outros, ao lado d Caio Prado Júnior, que adotava uma perspectiva marxista. Outros intelectuais brasileiros adeptos da teoria do desenvolvimento cepalino estiveram nucleados no Instituto Superior de Estudos Brasileiros (Iseb)[22] e optaram pelo planejamento como campo técnico básico de orientação e coordenação da ação do Estado.

Lebret, atendendo ao convite do governador Lucas Garcez,[23] iniciou o estudo de planejamento regional sob o contrato da Comissão Interestadual da Bacia Paraná Uruguai (CIBPU),[24] intitulado "Problemas de desenvolvimento: necessidades e possibilidades do estado de São Paulo".

É no ano em que se inicia esse estudo que Lebret conhece Baltar e o convida para integrar a equipe da Sagmacs. Baltar já tinha tomado conhecimento de Lebret e de Economia e Humanismo, pois no discurso de paraninfo que ele proferiu

---

seus membros e disseminar o entendimento de que a industrialização era o principal caminho para a superação do subdesenvolvimento dos países da América Latina.

22 O Iseb foi criado pelo governo brasileiro com a função de "assessorar, apoiar e sustentar a política econômica definida no Plano de Metas do governo de J.K.". O nacionalismo era a ideia-chave dos pensadores isebianos; entre os intelectuais que fizeram parte do Iseb, cabe ressaltar: Vieira Pinto, Roland Corbisier e Hélio Jaguaribe (TOLEDO, 1978: 33 e 129).

23 Em São Paulo, Lucas Nogueira Garcez (PSP/PTB) ganha as eleições para o governo do estado contra Hugo Borghi (PRT) e Francisco Preste Maia (UDN/ PR/PSD/PSB), assumindo o cargo para uma gestão de 1951 a 1955.

24 A CIBPU foi instituída por meio de convênio, assinado em 8 de setembro de 1951, em São Paulo, pelos governadores dos estados de São Paulo, Paraná, Santa Catarina, Minas Gerais, Rio Grande do Sul, Mato Grosso e Goiás, com a finalidade de estudar os problemas comuns e elaborar o planejamento regional dessa bacia. O primeiro presidente foi o governador de São Paulo, Lucas Nogueira Garcez, um dos fundadores da Sagmacs "Problemas de desenvolvimento: necessidades e possibilidades do estado de São Paulo". In: SAGMACS/CIBPU [1954]).

aos formandos da Escola de Engenharia da Universidade do Recife, em 1949, intitulado "Por uma Economia Humana", consta a crítica ao liberalismo econômico e ao marxismo e apresenta como alternativa a doutrina de Economia e Humanismo. Esse discurso é uma evidência de que, nesse momento, Baltar já tinha aderido a Economia e Humanismo. Seguem-se a esse outros textos escritos e publicados por ele e que confirmam a sua vinculação a essa vertente de pensamento, a exemplo de "Universidade, Economia e Humanismo",[25] na *Revista de Engenharia*, em 1953, e "Progresso técnico e níveis de vida",[26] no *Boletim Técnico da Secretaria de Viação e Obras Públicas*, em 1955.

É provável que o contato de Baltar com a doutrina de Economia e Humanismo se tenha dado a partir das visitas de Frei Benevenuto de Santa Cruz ao Recife. Benevenuto nasceu nesta cidade e, em uma de suas estadas, possivelmente em 1949, teria feito uma palestra sobre Economia e Humanismo. Em carta cuja autoria não está identificada, está registrado que teria sido um sucesso a vinda de Benevenuto ao Recife.[27]

---

25 Nesse artigo, Baltar tratou do problema da integração da universidade no mundo moderno, fazendo uma exposição das ideias e da história do Movimento Economia e Humanismo. Está enfatizado o conceito do bem comum e são citadas as contribuições de René Moreux, Jean Marius Gatheron, François Perroux, padre Loew, Gustave Thibon, Alexandre Dubois e Edmond Laulhère, todos integrantes de Economia e Humanismo e em sua maioria do Comitê de Direção.

26 Nesse artigo, Baltar retoma uma discussão cara a Economia e Humanismo: a de que o progresso técnico deveria significar uma melhoria dos níveis de vida em todo o mundo habitado e para tanto era necessário agir.

27 Essa carta foi endereçada ao padre Nicolas e escrita de São Paulo, em 07/06/1949. Pelo confronto com outros documentos que permitisse identificar quais membros de EH estiveram presentes em São Paulo nesse momento, pode-se supor que tal carta tenha sido da autoria de Le Duigou. (Fond

Em carta do diretor técnico de estudos de Economia e Humanismo, Pierre Gervaiseau,[28] de La Tourrete, para o secretário geral Louis-Joseph Lebret, datada de sete de abril de 1952,[29] consta a previsão da ida do padre dominicano ao Recife para conhecer o Nordeste do Brasil e estabelecer contato com Baltar e Miguel Arraes de Alencar.[30] Gervaiseau apresenta Baltar como engenheiro de estradas, urbanista, professor universitário e correspondente de Economia e Humanismo. No *"journal du père Lebret"*, foi encontrada uma alusão ao encontro com Baltar em 9 de junho de 1952,[31] ocasião na qual o engenheiro teria exposto sobre a mi-

---

Lebret, AN 45 AS 104).

28 Segundo consta em documento do Fond Lebret, AN 45 AS 67, o cientista social Pierre Gervaiseau era membro leigo de Economia e Humanismo, com a atribuição da direção técnica dos estudos elaborados e da preparação das sessões de estudos realizadas pelo Comitê de Direção.

29 Fond Lebret, AN 45 AS 67.

30 Miguel Arraes de Alencar foi uma personalidade de destaque no cenário nacional, membro e importante líder do Partido Socialista Brasileiro (PSB). Foi eleito prefeito do Recife (1959), deputado estadual (1950, 1954), deputado federal (1983, 1991, 2003) e por três vezes governador do estado de Pernambuco (1962, 1986, 1994). Nacionalista, é considerado um dos maiores expoentes da esquerda brasileira. Com o golpe militar de 1964, foi deposto e, posteriormente, exilou-se na Argélia. Em 1979, com a anistia, volta ao Brasil e à política. Sobre a trajetória política de Arraes ver: CALLADO, Antônio. *Tempo de Arraes: a revolução sem violência*. 2ª ed. Rio de Janeiro: Paz e Terra, 1979; CAVALCANTI, Paulo. *O caso eu conto, como o caso foi: da Coluna Prestes à queda de Arraes – memórias*. São Paulo: Alfa-Omega, 1978; SOARES, José Arlindo. *A frente do Recife e o governo do Arraes: nacionalismo em crise 1955-1964*. Rio de Janeiro: Paz e Terra, 1982; LAVAREDA, Antônio (org.). *A vitória de Arraes*. Recife: Inojosa editores, s/d.; COELHO, Fernando V. *Direita, volver: o golpe de 1964 em Pernambuco*. Recife: Bagaço, 2004.

31 Esse encontro está registrado no *"journal du père Lebret"*, em 9 de junho de 1952. A leitura do *"journal"* das viagens de Lebret ao Brasil constam do Fond Lebret, Bobine 1, classeur 6 et Bobine 2, classeur 3.

séria do Nordeste. Nesse momento, Lebret encontrava-se em São Paulo, sugerindo que o encontro se deu nessa cidade.

O estudo "Problemas de desenvolvimento: necessidades e possibilidades do estado de São Paulo" foi realizado entre 1952 e 1954, sob a coordenação geral de Lebret, tendo sido nomeados como autores o frei dominicano Benevenuto de Santa Cruz, o sociólogo Eduardo Bastos, o advogado Darcy Passos, o economista Raymond Delprat e o urbanista Antônio Bezerra Baltar, além da colaboração direta de Antônio Delorenzo Neto e dos economistas Chiara de Ambrosis e Gilles Lapouge. Na equipe de pesquisadores consta o nome de nove integrantes, e na de desenhista, seis. Desse modo, participaram do estudo um total de 24 pessoas, das quais Le Rouge (desenhista), Raymond Delprat e Lebret foram os integrantes franceses de Economia e Humanismo na equipe desse estudo. Cabe notar que na equipe central desse estudo apenas Baltar tinha a formação de urbanista.

É provável que Baltar tenha participado da elaboração, aplicação e processamento dos questionários que possibilitaram indicar as necessidades e potencialidades do estado de São Paulo. Entretanto, no capítulo dos objetivos sociais, secção cinco, intitulada "Problema urbanístico: a urbanização das aglomerações pequenas e médias, o caso da Capital e a reestruturação da Capital", a sua contribuição é inegável. Nas poucas páginas em que a dimensão urbana é tratada, existe uma análise geral das aglomerações do estado, a indicação de sugestões de etapas de crescimento da cidade segundo o "critério de unidades orgânicas" e, em especial, a explicitação do modelo urbano de uma cidade regional, do esquema de expansão de cidade e das diretrizes mais significativas,

URBANISTAS E URBANISMO NO BRASIL **185**

elementos constantes de sua obra "Diretrizes de um Plano Regional para o Recife", apresentada em 1950 e publicada em 1951.

No relatório desse estudo constam os levantamentos territoriais, econômicos e dos níveis de vida do estado, assim como a indicação de diretrizes para o desenvolvimento industrial e regional. A referência conceitual foram as noções de *mise en valeur*, significando valorização do território, e de *aménagement du territoire*, ou seja, organização e aproveitamento do território, ambas já aplicadas em estudos elaborados por Economia e Humanismo e Sagma, na França.

Lebret e Baltar integraram, ainda, a equipe da Sagmacs nos seguintes estudos: "Estudo sobre desenvolvimento e implantação de indústrias, interessando a Pernambuco e ao Nordeste" (1954), "Plano de urbanização da cidade de Ourinhos" (1954) e "Estrutura urbana da aglomeração paulistana" (1957-1958). Entretanto, dos estudos "Estrutura urbana de Belo Horizonte" (1958-1959) e "Plano Diretor de Belo Horizonte" (1963), somente Baltar participou. A ausência de Lebret deveu-se provavelmente aos compromissos voltados para a criação do Institut International de Recherche et de Formation, Éducation et Développement (IRFED), na França, em 1958, à participação em estudos elaborados em outros países da América Latina e à assessoria concedida à Organização das Nações Unidas. Por outro lado, do estudo "Problemas de desenvolvimento: necessidades e possibilidades dos estados do Rio Grande do Sul, Santa Catarina e Paraná" (1955-1957),[32] Baltar não participou por

---

32 Esse estudo foi realizado sob a coordenação geral de Lebret, complementada pela equipe dos seguintes especialistas: Alain Birou, Benevenuto de Santa Cruz, Domingos Teodoro de Azevedo Neto, Eduardo Bastos, Luiz Carlos M. Goelzer, José Arthur Rios e Raymond Delprat. Esses foram os diretores dos estudos realizados em cada um dos estados. A eles acrescentem-se ain-

186 RODRIGO DE FARIA • JOSIANNE CERASOLI • FLAVIANA LIRA [ORGS.]

estar exercendo o mandato de vereador na Câmara Municipal do Recife, e assim impossibilitado de se afastar da cidade.

Lebret vem à cidade do Recife em dois momentos. Um primeiro, em 1953, quando pronunciou uma conferência no salão nobre da Faculdade de Direito do Recife, e o outro, para elaborar o estudo sobre a localização de indústrias em Pernambuco. A conferência "Problemas de civilização" foi realizada a convite do Reitor da Universidade do Recife, Prof. Joaquim Inácio de Almeida Amazonas. A conferência foi presidida pelo arcebispo de Olinda e Recife, D. Antônio de Almeida Morais Jr.,[33] que proferiu elogios à obra de Lebret. Pode-se dizer que esse momento foi muito significativo, pois representou a aceitação das ideias de Economia e Humanismo pelas elites intelectuais, eclesiásticas e políticas, em uma cidade de traços conservadores advindos da formação social ligada à aristocracia açucareira. É provável que essa conferência tenha conferido a Lebret o necessário reconhecimento profissional, daí ter sido convidado, em 1954, para realizar o estudo sobre a economia pernambucana.

Lebret passou 15 dias no Recife elaborando o "Estudo sobre desenvolvimento e implantação de indústrias, interessando a Pernambuco e ao Nordeste" (1954), momento em que ocorreu uma reunião, provavelmente para apresentar os resultados desse

---

da as equipes de cartografia e desenho, estudos especiais e secretaria, totalizando 42 integrantes, dos quais apenas Delprat e Lebret eram da equipe francesa de EH.

33 D. Antônio de Almeida Morais Jr. foi professor e exerceu várias atividades sacerdotais em São Paulo. Foi bispo de Montes Claros (MG), arcebispo de Olinda e Recife (1952-1960) e arcebispo de Niterói (RJ) até 1979. Participou, no Nordeste, dos grupos de discussão, constituídos por integrantes da administração pública federal e do episcopado brasileiro, que propunham uma solução conjunta para os problemas da região. Publicou vários livros.

estudo, na qual estão presentes intelectuais, governantes e empresários. Esse registro consta em artigo de Bernardes (2011: 8), no qual estão identificados: Murilo Humberto de Barros Guimarães, Bartolomeu Nery da Fonseca, Manoel de Souza Barros, Lael Sampaio, Paulo Maciel, Gilberto Freyre, Telmo Maciel, Fernando Mota (Figura 1).

FIGURA 1. Reunião da Codepe com o Pe. Louis-Joseph Lebret, em agosto de 1954, contando com a participação de Murilo de Barros Guimarães, Bartolomeu Nery da Fonseca, Manoel de Souza Barros, Lael Sampaio, Paulo Maciel, Gilberto Freyre, Telmo Maciel, Fernando Moura, dentre outros

Fonte: BERNARDES e COSTA, 2011: 9

Esse estudo foi realizado por Lebret a partir de contrato realizado entre a Sagmacs e o Governo do Estado de Pernambuco, por meio da Comissão de Desenvolvimento Econômico de Pernambuco (Codepe),[34] com o objetivo de identificar os entraves ao desenvolvimento e apresentar sugestões quanto à localização de indústrias no estado. A ideia central presente nesse

---

34 Segundo o Decreto 180, de 11 de agosto de 1952, do governador Agamenon Magalhães, foi criada a Codepe como órgão consultivo do governo e de assistência às iniciativas de desenvolvimento econômico.

188 RODRIGO DE FARIA • JOSIANNE CERASOLI • FLAVIANA LIRA [ORGS.]

documento era a factibilidade do desenvolvimento via industrialização em Pernambuco e, em decorrência, a redução do seu estado de subdesenvolvimento, tendo como referencial a noção de *mise en valeur* dos espaços regionais.

Lebret teve como assessores diretos o urbanista Antônio Bezerra Baltar e o economista e secretário geral da Codepe Souza Barros, não existindo informações sobre a participação de outros técnicos. Precedeu essa estada a preparação de um dossiê, organizado por esses assessores, no qual estariam ordenados os dados preliminares necessários à elaboração do estudo solicitado.[35]

FIGURA 2. Proposta de um zoneamento e de vias rápidas para a cidade do Recife

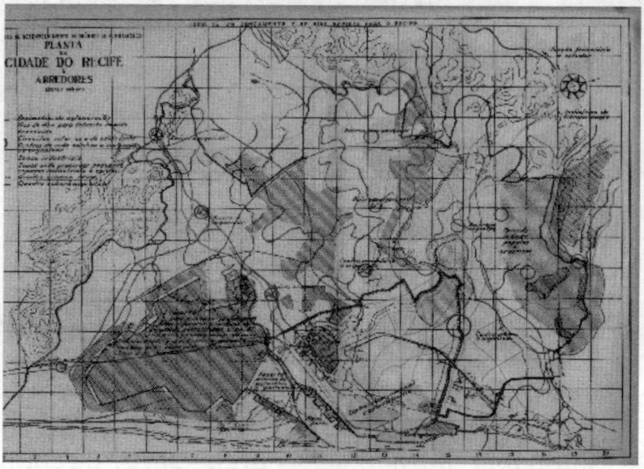

Fonte: LEBRET, 1974

Em que pese a participação inconteste de Baltar na parte em que constam as diretrizes para o Recife, existem os elementos

---

35 O convite dirigido pela CODEPE a Lebret foi sugerido pelo secretário geral Souza Barros, (BALTAR, 1974, p. 11) e, ainda, na palestra ministrada por Antônio Baltar, no mestrado em Desenvolvimento Urbano da UFPE. (Recife, 11/09/1989).

urbanísticos já presentes em sua obra "Diretrizes de um Plano Regional para o Recife", como o da definição de um perímetro de aglomeração dentro do qual a cidade deveria crescer, o de reservar terrenos periféricos apropriados para a implantação de indústrias e o de promover melhoramentos e a expansão do porto, além do zoneamento baseado em quatro mecanismos funcionais: controle das densidades, fluidez da circulação, reserva de espaços verdes e redução dos deslocamentos casa-trabalho (Figura 2). Enfim, para Lebret e Baltar, o Recife ordenado era a cidade regional, industrial e portuária, atividades que remediariam os males do subdesenvolvimento, proporcionando à sua população melhores níveis de vida.

O "Plano de Urbanização da Cidade de Ourinhos", situada no Estado de São Paulo, foi realizado mediante contrato firmado entre a Prefeitura Municipal e a Sagmacs, em 1953. A equipe foi formada por Lebret, Frei Benevenuto, Luiza Bandeira de Melo, René Bride (prefeito da cidade de Reims, na França, e integrante de Economia e Humanismo), Baltar, Clementina de Ambrosis e Domingos Teodoro de Azevedo Neto, tendo sido conferida a "responsabilidade técnica do plano" aos três últimos, todos urbanistas.

O que se conhece sobre esse estudo está apresentado em três artigos publicados na *Revista do Serviço Público*. Dois têm o mesmo título: "Problemas do Município de Ourinhos", sendo um de autoria do Frei Benevenuto de Santa Cruz e o outro de Antônio Delorenzo Neto; e o terceiro é da autoria de Baltar, "Ourinhos – Plano da Cidade".[36]

---

36 Os artigos publicados constam nos seguintes exemplares da *Revista do Serviço Público*: o de Delorenzo – ano XVII, vol. 67, nº 1, jun. 1955, p. 472-481; o de Santa Cruz – ano XVII, vol. 69, nº 3, dez. 1955, p. 162-185; e o de Baltar – XVIII, vol. 72, nº 3, set. 1956, p. 311-352.

Os dois primeiros artigos tratam da dimensão administrativa e do planejamento municipal. Especifica essa cidade como um centro rodoviário e ferroviário, com suas perspectivas agrícolas e industriais, assim como identifica os precários níveis de vida e de equipamentos encontrados. O de Delorenzo vai um pouco mais além, pois apresenta uma minuta de anteprojeto de lei de planificação municipal, incluindo o zoneamento do município segundo a classificação de área urbana, suburbana e rural.

O da autoria de Baltar apresenta as justificativas técnicas e os instrumentos de análise utilizados que informavam sobre os elementos da urbanização de Ourinhos, sendo constatado que os problemas não diferiam dos da "maioria das pequenas e médias aglomerações urbanas". Aponta um conjunto de problemas com a indicação de propostas,[37] como ainda detalha os índices e limites de densidade, o zoneamento por setores e um esquema de circulação urbana (figura 3).

---

37 As propostas foram realizadas considerando cinco conjuntos temáticos: controle da concentração demográfica; zoneamento ou organização do espaço; estruturação racional do sistema viário; localização, dimensão e funcionamento dos equipamentos urbanos. Dentre as propostas cabe citar: a definição de sucessivos perímetros de aglomeração urbana; o controle da densidade residencial; a reserva de áreas para a implantação de centros locais e de centros de bairro em todos os setores residenciais e a definição de um sistema de circulação perimetral.

FIGURA 3. Zoneamento por setores e esquema de circulação urbana do Plano da Cidade de Ourinhos

Fonte: BALTAR, 1956

O estudo "Estrutura urbana da aglomeração paulistana" (1957-1958), contratado pela Prefeitura do Município de São Paulo à SAGMACS, contou com a equipe central composta por: engenheiro Antônio Bezerra Baltar, Antônio Delorenzo Neto, economista Raymond Delprat, sociólogo Frank Goldman, padre Louis-Joseph Lebret (direção geral), engenheiro Mário Larangeiras de Mendonça, economista Chiara de Ambrosis Pinheiro Machado e frei Benevenuto Santa Cruz (coordenador e revisor final do relatório).[38] Junto a essa equipe trabalharam assessores, pesquisadores, desenhistas, auxiliares e secretárias, o que totalizou mais de 90 integrantes. Esse estudo marcou uma inflexão nos estudos urbanos e regionais feitos no Brasil por estar fundamentado num método analítico ou de pesquisa social que pretendia conhecer o todo dos problemas e das necessidades

---

38 O diretor da equipe A – Análise básica foi Mário Larangeiras; o diretor da equipe B – Análise sociológica foi Franck Goldman; o diretor da equipe C1 – Análise demográfica e econômica foi o economista Delprat; o diretor da equipe C2 – Análise de índices urbanísticos de aglomeração foi Baltar, e os Estudos Administrativos ficaram sob a responsabilidade de Delorenzo Neto.

da população e do território, por ser um estudo interdisciplinar, por contemplar as dimensões geográficas, econômicas, sociais, demográficas e administrativas e por trazer uma abordagem ao conhecimento da organização citadina referenciado no método de pesquisa de Economia e Humanismo.[39] Ao analisar a cidade de São Paulo, esse estudo apontou a sua função de uma aglomeração regional e a existência de áreas periféricas.

Nesse plano constam os fundamentos teóricos e os procedimentos analíticos relativos à concepção de crescimento urbano adotados, mostrando que eles são os mesmos que estão presentes na obra dos índices urbanísticos de Baltar. Nessa obra, ele estuda as proporções de áreas destinadas ao uso das diferentes funções urbanas: habitação, trabalho, recreação e circulação, mostrando por meio de um gráfico a parcela de área ocupada por cada função e as suas possibilidades de expansão. A inter-relação dessas funções se expressaria em oito índices urbanísticos e equações matemáticas,[40] o que, segundo Baltar, resultaria "em um sistema indeterminado com quatro graus de liberdade", ou seja, quatro índices poderiam ser obtidos por meio de mensurações efetivadas em levantamento de campo, e os demais resultariam da aplicação do sistema de equações.

---

39 Os preceitos desse método estão explicitados na *Revue Économie et Humanisme*, n°s 12 e 13, de 1944, e no guia de *"L'enquête urbaine"*, de 1955.

40 Os índices numéricos e suas equações matemáticas são: taxa de ocupação do terreno ($th = Ch/Ah$), índice de aproveitamento ($uh = Bh/Ah$), número médio de pavimentos ($nh = Bh/Ch$), índice de proporção de terreno habitacional ($h = Ah/A$), densidade territorial ($p = P/A$), densidade residencial ($ph = P/Ah$), cota de terreno de usos gerais per capita ($ag = Ag/P$) e cota de espaço residencial construído per capita ($bh = BH/P$).

Sem dúvida, as conclusões sobre a aglomeração paulistana condensaram as contribuições de toda a equipe, em especial a de Lebret e de Delprat, mas não há como deixar de reconhecer a contribuição de Baltar.

No documento de apresentação desse estudo, publicado em 1958, consta ainda a direção da Sagmacs de então, composta por: Antônio Delorenzo Neto (diretor presidente), José Gomes de Morais Neto (diretor gerente), Benevenuto de Santa Cruz (diretor técnico) e J. B. de Arruda Sampaio, Domingos Theodoro de Azevedo Netto, Antônio Bezerra Baltar e José Arthur Rios. Essa equipe contém nomes que são muito caros à afirmação da Sagmacs nos anos 1950 e que criaram as condições de sua permanência até o início dos anos 1960.

A ênfase no planejamento regional no Brasil, segundo as concepções em voga no intervencionismo estatal, pode ser aquilatada ainda por meio da elaboração de outros planos e pela criação de instituições governamentais, a exemplo do Plano de Recuperação Econômica e Fomento da Produção (Governo do Estado de Minas Gerais, 1947), do Plano Geral para o Aproveitamento Econômico do Vale do São Francisco (Comissão do Vale do São Francisco, 1950) e do "Uma política de desenvolvimento econômico para o Nordeste" (Grupo de Trabalho para o Desenvolvimento do Nordeste, em 1959). Porém, os estudos da Sagmacs priorizavam não apenas os ganhos de produtividade dos setores da economia, mas também a dimensão social, ao valorarem a promoção social.

Mais de uma dezena de estudos e trabalhos foram realizadas por Lebret e pela Sagmacs sobre desenvolvimento, planejamento regional e organização do território, marcando a atuação de Lebret e da Sagmacs no Brasil. Por meio dos estudos,

194 RODRIGO DE FARIA • JOSIANNE CERASOLI • FLAVIANA LIRA [ORGS.]

trabalhos técnicos e cursos, foram capacitados centenas de técnicos e profissionais em diversas áreas, como sociologia, economia, administração, engenharia e urbanismo, os quais, em maior ou menor grau, se tornaram integrantes e difusores dos princípios filosóficos, religiosos e técnicos de Economia e Humanismo e suportaram essa vertente do pensamento social no Brasil.

Cabe notar ainda a presença de Baltar junto a Lebret quando da realização do I Congresso Internacional de Economia Humana, como parte das comemorações do IV Centenário da Cidade de São Paulo, entre 18 e 25 de agosto de 1954.

No programa constam os nomes dos organizadores,[41] o assunto de cada sessão, os nomes dos presidentes e dos expositores. Dentre os expositores cabe citar: o professor americano Robert W. Faulhauber, da DePaul University de Chicago; os integrantes de Economia e Humanismo na França: – Alfred Sauvy, J. M. Gatheron, George Celestin; e os membros da Sagmacs, como Eduardo Bastos e Antônio Bezerra Baltar. Segundo Pelletier (1996: 311), este último teria lido a comunicação enviada por Jean Labasse, integrante de Economia e Humanismo na França. Os presidentes das sessões constantes do programa eram intelectuais ligados a Economia e Humanismo ou ao movimento da democracia cristã, além daqueles ligados ao governo de São Paulo. A exposição de Lebret, intitulada "economia humana, política e civilização", fecharia as sessões do Congresso; entretanto, não se sabe se isso ocorreu efetivamente. Segundo o

---

41 A Comissão Organizadora do Congresso foi composta por: Frei Benevenuto de Santa Cruz (presidente), Antônio Delorenzo Neto, Severo Gomes, José Pinheiro Cortez e José Arthur Rios, tendo sido financiado pelo Governo do Estado de São Paulo, daí o governador Lucas Garcez ter sido o Presidente de Honra.

depoimento do professor Celso Lamparelli,[42] o Congresso teria sido suspenso no último dia devido ao suicídio do Presidente Vargas, o que provocou uma ebulição política sem precedentes no país e ensejou a suspensão de qualquer evento público.

Os estudos elaborados posteriormente já não contaram com a participação de Lebret e de Baltar. O primeiro participava de estudos em outros países e instituições, passando a dar apenas orientações aos poucos estudos em elaboração pela Sagmacs, quando de suas estadas no Brasil. Cabe notar que parte substantiva da equipe Sagmacs foi integrada à equipe de governo de Carvalho Pinto (1959-1961), o que reduziu a capacidade dessa instituição de realizar estudos. O segundo assumiu compromissos políticos e profissionais, inclusive criou o Centro de Estudos de Planejamento Urbano e Regional (Cepur), em 1962, como uma unidade técnica da Universidade do Recife da qual era professor.

Com o golpe de 1964, Baltar foi cassado e, um ano depois, optou pelo exílio no Chile, em virtude da perseguição que vinha sofrendo. A Sagmacs foi esvaziada e a maioria dos técnicos foi perseguida, cassada e exilada, conforme depoimento de Lamparelli:

> A ação da Sagmacs é interrompida bruscamente pelo golpe de 64. [...] a equipe técnica se vê sem nenhum trabalho, os onze contratos em andamento caem por terra, então há um completo esvaziamento do escritório, tendo como consequências visitas do pessoal do DOPS, a procura do Lebret e do Theillard de Chardin. [...] Entre "nós"

---

42 Depoimento dado pelo professor Celso Lamparelli, em 05/03/2012, na cidade de São Paulo.

há uma debandada geral e uma procura de novas formas de trabalho e sobrevivência, alguns entram na clandestinidade, outros saem do país e os que *permaneceram, se dispersaram. Estavam definitivamente encerrados os destinos dos grupos e equipes de Economia Humana e Sagmacs no Brasil.*

Conclusões

A relação profissional e de estima entre Lebret e Baltar foi construída não apenas a partir da comunhão dos princípios religiosos e doutrinários, mas também pela troca de ideias e conhecimento sobre método de pesquisa, sobre a cidade e o urbanismo. As palavras de Baltar constantes do prefácio ao estudo sobre a implantação de indústrias em Pernambuco são expressivas:

> Os dons naturais de perspicácia na observação dos fatos econômicos e sociais, o Pe. Lebret os tem, hoje, extremamente aguçados pela sua formidável experiência de pesquisador [...]. A sua capacidade de apreender rapidamente os fatos característicos de um complexo econômico, estabelecer relações entre esses fatos e interpretá-los corretamente, em seu conjunto, ficou demonstrado mais uma vez neste trabalho.

A estima foi propiciada pela efetivação de contatos familiares, dado que Lebret, quando de sua passagem por Recife, frequentou a casa de Baltar. Essas aproximações estão registradas tanto em palavras de Baltar quanto nas de Lebret:

> Chegou a minha casa, na Rua das Fronteiras, no Paissandu, [...] pediu um mapa de Pernambuco, pôs na mesa, pegou papel transparente, botou o papel transparente em cima, riscou as linhas principais e aí começou a me perguntar: em quantas zonas econômicas esse estado tem divisas? [...] Isso levou cinco horas [...]. Quando ele acabou, tinha um mapa econômico de Pernambuco [...].[43]
>
> Feliz de lhes ver em breve. Meus sentimentos respeitosos à Madame Baltar. Com afeição.[44]

O reconhecimento por parte de Lebret do saber de Baltar pode ser aquilatado ainda por meio da correspondência entre ambos. Por exemplo, na carta de Lebret escrita em La Tourette, em 8 de abril de 1953, consta o convite para esse urbanista participar da sessão de estudo sobre *"Besoin"*, que teve lugar no mês de setembro, e fazer uma exposição. Eis palavras de Lebret:

> Para tratar os diversos sujeitos previstos nesse programa, contamos com a participação de certo número de personalidades competentes. Por isto, nós nos sentiríamos muito honrados se você aceitar fazer uma exposição de 20 ou 30 minutos sobre o tema de um país em via de rápido desenvolvimento, exemplo do Brasil Meridional, na terça feira dia 23 de setembro.[45]

---

43 Palestra pronunciada por Baltar no Programa de Pós-Graduação em Desenvolvimento Urbano, no Recife, em 1989.

44 Carta escrita por Lebret, em La Tourette, para Baltar, em 10 de julho de 1954. (In Fond Lebret, AN 45 AS 67). No original: "Joie de vous voir bientôt. Mes sentimentts respectueux à Madame Baltar. Vive affection".

45 No original: "Pour traiter les divers sujets prévus dans ce programme, nous

198 RODRIGO DE FARIA • JOSIANNE CERASOLI • FLAVIANA LIRA [ORGS.]

Entretanto, Baltar não participou nem dessa nem de outras sessões de estudo, apesar dos apelos feitos por Lebret, conforme pode ser aquilatado pela correspondência entre ambos. É provável que Lebret tenha entendido o amigo e colega urbanista por tais ausências ou recursas. É provável que Baltar tivesse outros modos de recepcionar o conhecimento para além daqueles concedidos por Economia e Humanismo.

Baltar contribuiu para dar relevância e objetivação à dimensão urbanística nos estudos realizados por Lebret e pela Sagmacs ao introduzir a diretriz de definir um limite ao crescimento urbano, no modelo urbano de cidade regional, ao esquema de expansão de cidades e ao instrumento do sistema de equações de índices urbanísticos. E mais, ao se integrar à Sagmacs, adotou o caminho proposto por Lebret para chegar às deduções acerca da coisa observada.

Acervos e arquivos documentais

As fontes documentais utilizadas foram coletadas nos seguintes acervos e bibliotecas: na França – consulta ao *Fonds Economie et Humanisme – Archives du Père Lebret* (45 AS) *e Archives de Raymond Delprat* (87 AS) no Institut International de Recherche et de Formation em vue du Développement Harmonizé (IRFED) e no Centre des Archives Contemporaines, Fontainebleau; e no Brasil – Biblioteca da Pós-Graduação e da Graduação da Faculdade de Arquitetura e Urbanismo da Universidade de São Paulo (FAU-USP), no Centro de Artes e

---

comptons sur la participation d'un certain nombre de personnalités compétentes. C'est pouquoi nous serions très heureux si vous vouliez bien accepter de faire un exposé de 20 à 30 minutes sur le cas d'un pays en voie de développement rapide, exemple du Brésil méridional le mercredi 23 septembre".

Comunicações da Universidade Federal de Pernambuco, além do acervo documental já registrado no momento de realização da pesquisa de doutorado, entre os anos de 1984-85.

Referências

ANGELO, Michelly Ramos de. *Les développeurs: Louis-Joseph Lebret e a Sagmacs na formação de um grupo de ação para o planejamento urbano no Brasil.* Dissertação (mestrado) – Programa de Pós-Graduação em Arquitetura e Urbanismo da EESC-USP, São Carlos, 2010.

BALTAR, Antônio Bezerra. *Por uma economia humana.* Recife: Imprensa Oficial, 1950.

_____. *Diretrizes de um plano regional para o Recife.* Tese de Concurso para provimento da cadeira de Urbanismo e Arquitetura Paisagística na Escola de Belas Artes da Universidade do Recife. Recife, 1951.

_____. "Universidade, economia e humanismo". *Revista de Engenharia*, Recife, ano VI, nº 7, jan.-dez. 1953.

_____. "Progresso técnico e níveis de vida". *Boletim Técnico da SVOP*, Recife, ano XVII, vol. XXXIX e XL, jul.-dez. 1955.

_____. "Ourinhos – Plano da Cidade". *Revista do Serviço Público/ DASP*, Rio de Janeiro, ano XVIII, vol. 72, nº 3, set. 1956, p. 311-352.

_____. *Seis conferências de Introdução ao Planejamento Urbano.* Publicação da Escola de Belas Artes da Universidade da Bahia, 1957.

_____. "Índices característicos do desenvolvimento urbano: tentativa de sistematização de uma teoria da urbanização das unidades residenciais". Separata da *Revista Portuguesa Binário*, n° 14, 1959.

_____. "Urbanismo". Separata da *Revista do Departamento de Extensão Cultural e Artística (DECA)*, Recife, n° 2, 1960.

_____. "Introdução". In: LEBRET, L. J. *Estudo sobre desenvolvimento e implantação de indústrias, interessando a Pernambuco e ao Nordeste.* 2ª ed. rev. Recife: Condepe, 1974.

_____. Entrevistas concedidas por Baltar à autora deste trabalho, em março de 1993 e em fevereiro de 1995.

_____. Palestra pronunciada pelo engenheiro Antônio Bezerra Baltar no Programa de Pós-Graduação em Desenvolvimento Urbano da UFPE. Recife, 11 de setembro de 1989.

BERNARDES, D.; COSTA, K. "Economia e Humanismo: pensamento e ação em Pernambuco, 1946-1964". In: *Anais do XXVIII Congresso Internacional da Alas*. Recife: UFPE, 2011.

BIROU, Alain. "Un texte précédé d'une note introductive et suivi d'une annexe sur le centre latiano-américain d'Economie Humaine (Claeh)". *Cahier Les Amis du père Lebret*, Paris, n° 9, mar. 1990.

BREUIL, Mathilde Le Tourneur du. *Le père Lebret et la constructuion d'une pensée chrétienne sur Le développement: dans le sillage de medèles politiques et intellectuels émergents au Brésil, 1947-1966*. Mémoire de máster II, Ecole des Hautes Etudes en Sciences Sociales, 2006.

CARVALHO, Pompeu Figueiredo de. *O Planejamento na instância política da luta de classes: análise de planos para a metrópole recifense*. Tese (doutorado) – Instituto de Geociências e Ciências Exatas, Unesp, Rio Claro, 1992.

CELESTIN, G. "L-J Lebret et l'Aménagement du territoire". *Cahier Les Amis du père Lebret*, Paris, n° 1, maio 1981.

CESTARO, Lucas. *Urbanismo e humanismo: a Sagmacs e o estudo da Estrutura Urbana da Aglomeração Paulistana*. Dissertação (mestrado) – Programa de Pós-Graduação em Arquitetura e Urbanismo da EESC-USP, São Carlos, 2009.

CHOMEL, André. "La période 1930-1942. Des débuts du Mouvement de Saint-Malo à la fondation d'Economie et Humanisme". *Cahier Les Amis du père Lebret*, Paris, n° 1, maio 1981.

CRUZ, Frei Benevenuto de Santa. "Problemas do Município de Ourinhos (sugestões para um planejamento racional da administração municipal)". *Revista do Serviço Público/DASP*, Rio de Janeiro, ano XVII, vol. 69, n° 3, dez. 1955, p. 162-185.

GARREAU, L. *Louis-Joseph Lebret, un homme traqué (1897-1966)*. Bruxelas: Editions Golias, 1997.

HOUÉE, Paul. *Un éveilleur d'humanité: Louis-Joseph Lebret*. Paris: Les Éditions de l'Atelier/Éditions Ouvrières, 1997.

IANNI, Octavio. *Estado e planejamento urbano no Brasil (1930-1970)*. Rio de Janeiro: Civilização Brasileira, 1971.

LAMPARELLI, Celso M. "Louis-Joseph Lebret e a pesquisa urbano-regional no Brasil: crônicas tardias ou história prematura". *Revista Espaço & Debates*, São Paulo, ano XIV, n° 37, 1994.

_____. "O ideário do urbanismo em São Paulo em meados do século XX. O Pe. Lebret: continuidades, rupturas e sobreposições". Conferência proferida no *3° Seminário de História da Cidade e do Urbanismo*, São Carlos, 1994a.

_____. Entrevista dada entre maio e junho e publicada na página: www.urbanismobr.com, 2000.

_____. Depoimento dado na cidade de São Paulo, 5 mar. 2012.

LEBRET, Louis-Joseph. "Letre aux américains". *Revue Economie et Humanisme*, Marselha, n° 34, nov./dez. 1947, p. 561-580.

_____. *Estudo sobre desenvolvimento e implantação de indústrias, interessando a Pernambuco e ao Nordeste*. 2ª ed. rev. Recife: Conselho de Desenvolvimento de Pernambuco/ Governo do Estado de Pernambuco, 1974.

_____. "Sondagem preliminar a um estudo sobre a habitação em São Paulo". *Revista Arquivo*, São Paulo, Departamento de Cultura, n° CXXXIX, 1951.

_____. *Guia del militante*. Montevidéu: Editorial Mosca Hermanos S.A., 1950.

_____. *Découverte du bien commun: mystique d'un monde nouveau*. Edition Economie et Humanisme, 1947.

LEBRET, L. J.; BRIDE, R. *Guide Pratique de l'enquête sociale: L'Enquête urbaine*. Tomo III. Paris: Press Universitaires de France, 1955.

LEBRET, L. J; DESROCHES, H. "La méthode d'Économie et Humanisme". *Revue Economie et Humanisme*, Écully, n° 12/13, 1944.

LEME, Maria Cristina da Silva; LAMPARELLI, Celso. "A politização do Urbanismo no Brasil: a vertente católica". In: *Anais do IX Encontro Nacional da ANPUR*, Rio do Janeiro, 2001.

LEME, Maria Cristina da Silva. "A circulação de ideias e modelos na formação do urbanismo em São Paulo, nas primeiras décadas do século XX". In: *Anais do VIII Seminário de História da Cidade e do Urbanismo*, Niterói, 2004.

MACÊDO, Sílvia. *Antônio Bezerra Baltar*. Trabalho de graduação. Departamento de Arquitetura e Urbanismo da UFPE, Recife, 1997.

_____. *Antônio Bezerra Baltar e a cidade integrada à região*. Dissertação (mestrado) – EESC-USP, São Carlos, 2002.

MONTE, Luiz Augusto Dutra Souza do. *O engenheiro Antônio Bezerra Baltar: dossiê de formação profissional e contribuições ao urbanismo*. Relatório de iniciação científica. CNPQ/UFPE/MDU, Recife, 2009.

MONTENEGRO, Antônio T.; SIQUEIRA, Jorge; AGUIAR, Antônio Carlos M. de. *Engenheiros do Tempo: memórias da Escola de Engenharia de Pernambuco*. Recife: Editora Universitária da UFPE, 1995.

MOREIRA, Fernando D.; MACÊDO, Silvia C. C. de. "A obra de Antônio Baltar no Recife dos anos 50". In: *Anais do V Seminário de História da Cidade e do Urbanismo*, Campinas, 1998.

NETO, Antônio Delorenzo. "Problemas do Município de Ourinhos (Estado de São Paulo – a reforma administrativa)". *Revista do Serviço Público/DASP*, Rio de Janeiro, ano XVII, vol. 67, n° 1, jun. 1955.

PELLETIER, Denis. *Economie et Humanisme: de l'utopie communautaire au combat pour le tiers-monde, 1941-1966*. Paris: Les Éditions du Cerf, 1996.

PONTUAL, Virgínia. "A utopia de um novo tempo: reformas sociais e planejamento". In: *Anais do IV Seminário de História da Cidade e do Urbanismo*, Rio de Janeiro, 1996.

_____. *O saber urbanístico no governo da cidade: uma narrativa do Recife das décadas de 1930 a 1950*. Tese (doutorado) – FAU-USP, São Paulo, 1998.

_____. *Uma cidade e dois prefeitos: narrativas do Recife das décadas de 1930 a 1950*. Recife: Editora Universitária da UFPE, 2001.

_____. "A cidade e o bem comum: o engenheiro Antônio Baltar no Recife dos anos 50". In: *Anais do IX Encontro da Associação Nacional de Pós-Graduação e Pesquisa em Planejamento Regional*, Rio de Janeiro, 2001.

_____. "Urbanism in Recife and the circulation of knowledge: the study of the French Dominican priest Louis-Joseph Lebret". *13th Biennial Conference of the International Planning History Society* (IPHS), University of Florida and University of Illinois, Chicago, Illinois, jul. 2008.

_____. "O engenheiro Antônio Bezerra Baltar e a obra *Índices Característicos do Desenvolvimento Urbano*: prática profissional e filiações teóricas". In: *I Enanparq: Arquitetura, Cidade, Paisagem e Território: percursos e prospectivas*. Rio de Janeiro, Anparq, 2010.

_____. "O engenheiro Antônio Bezerra Baltar: prática urbanística, Cepur e Sagmacs". *Revista Brasileira de Estudos Urbanos e Regionais*, vol. 13, nº 1, maio 2011.

QUENEAU, Jean. "Un itinéraire avec Economie et Humanisme". *Cahier Les Amis du père Lebret*, Paris, nº 9, mar. 1990.

SAGMACS-CIBPU. *Problemas de desenvolvimento, necessidades e possibilidades do estado de São Paulo*. Vol. I. São Paulo, 1954.

_____. *Problemas de desenvolvimento: Necessidades e possibilidades dos Estados do Rio Grande do Sul, Santa Catarina e Paraná*. Vol. I. São Paulo, 1958.

SAGMACS. *Estrutura urbana de Belo Horizonte*. São Paulo, 1958-1959.

_____. *Relatório do Plano Diretor de Belo Horizonte*. Belo Horizonte, 1962.

SAGMACS & SÃO PAULO (Cidade). Comissão de Pesquisa Urbana. *Estrutura urbana de aglomeração paulistana: estruturas atuais e estruturas racionais*. São Paulo, 1958. 4 partes em 3 vols.

SILVA, Luiz Dário da. *O Partido Socialista Brasileiro e sua atuação em Pernambuco (1945-1950)*. Dissertação (mestrado) – PIMES/Depto. de Ciência Política/UFPE, Recife, 1986.

TOLEDO, Caio Navarro de. *Iseb: fábrica de ideologias*. 2ª ed. São Paulo: Ática, 1978.

TRUZZI, Oswaldo. "Redes em processos migratórios". In: LANNA, Ana Lúcia Duarte *et al* (orgs.). *São Paulo, os estrangeiros e a construção das cidades*. São Paulo: Alameda, 2011.

VALLADARES, Licia. *La favela d'un siècle à l'autre*. Paris: Éditions de la Maison des Sciences de l'Homme, 2006.

TERCEIRA PARTE

Urbanistas e urbanismo: a escrita da
história como campo de investigação

Biografias profissionais de médicos e engenheiros como fonte para a história da cidade e do urbanismo

CRISTINA DE CAMPOS

Departamento de Política Científica e Tecnológica do Instituto de Geociências da Universidade Estadual de Campinas

Introdução

Nas últimas décadas, os estudos da área de história da cidade e do urbanismo ganharam novo impulso com pesquisas que analisaram o tema sob o prisma das trajetórias profissionais daqueles que lidaram com as questões relativas ao espaço. Assim, trabalhos significativos trouxeram novos elementos ao debate historiográfico sobre as cidades e os profissionais que nela atuaram, contribuições biográficas de engenheiros, arquitetos, médicos, políticos e outros atores que auxiliam na compreensão das matrizes teóricas que nortearam as transformações do espaço ou revelam ainda o jogo das forças políticas e a questão ideológica que também tiveram seus desdobramentos nas cidades e no território.

Este artigo analisa como as biografias profissionais de engenheiros e médicos podem trazer informações importantes para a compreensão das transformações espaciais, fruto de políticas públicas ou ações privadas. Para tal intento, não iremos realizar uma revisão bibliográfica sobre as diversas contribuições ao tema, mas sim enfocar nossas pesquisas realizadas desde

210 RODRIGO DE FARIA • JOSIANNE CERASOLI • FLAVIANA LIRA [ORGS.]

1998 sobre o médico sanitarista Geraldo Horácio de Paula Souza e o engenheiro Antonio Francisco de Paula Souza, desenvolvidas no âmbito do Programa de Pós-Graduação da Faculdade de Arquitetura e Urbanismo da Universidade de São Paulo. Assim, o objetivo é mostrar como biografias profissionais contribuem para o entendimento de ações sociais mais complexas e seus desdobramentos, em processo metodológico similar ao desenvolvido por Carlo Ginsburg em seu clássico *O queijo e os vermes*. A partir do plano individual, das ações do sujeito, é possível conhecer ações sociais mais complexas cujos resultados moldaram o espaço e induziram a novas sociabilidades nas cidades brasileiras (ANDRADE, 1991).

Este artigo está dividido em duas partes. Na primeira parte analisamos a contribuição da biografia do médico Geraldo de Paula Souza para a história da cidade e da urbanização. Mostraremos também como os médicos foram uma classe profissional também preocupada com as questões da cidade e de seu saneamento. Na parte dois, enfocamos a biografia do engenheiro Antonio Francisco de Paula Souza, cuja trajetória é reveladora do envolvimento de engenheiros com a cidade, o planejamento urbano e territorial e a institucionalização de determinados setores junto ao Estado, manobra que previa a absorção deste profissional nos quadros públicos e seu envolvimento direto com a gestão da cidade e do território.

Por último, gostaríamos de ressaltar que os resultados de pesquisas – fruto de biografias profissionais – não se restringem ao campo do conhecimento da área de arquitetura e urbanismo; ao contrário, o conhecimento adquirido contribui com outras esferas do conhecimento, como a história da ciência, ao trazer novos dados sobre a institucionalização das profissões e da própria ciência no país, por exemplo.

Biografia de médicos: Geraldo Horácio de Paula Souza

No século XIX, a cidade constituía-se em um campo de atuação e reflexão da medicina. Foram das primeiras observações empíricas das cidades da revolução industrial que médicos indicaram quais as medidas necessárias para reverter esta situação degradante (BENEVOLO, 1987; MELOSI, 2000; SALGADO, 2009). Certamente, fatores como o avanço da microbiologia, novas descobertas sobre a transmissão das doenças e a entrada de outros atores no debate sobre a salubridade das cidades, especialmente os engenheiros, foram reduzindo o campo de atuação dos médicos junto às cidades. Entretanto, tal recuo não indica uma retirada por completo do debate. No caso brasileiro, a historiografia revela que em meados do século XX, organizações como a Sociedade de Medicina e Cirurgia de São Paulo debatiam questões importantes sobre a salubridade urbana (TEIXEIRA, 2001), e a opinião emitida por estes profissionais era valorizada por políticos e setores públicos. É dentro deste contexto que a pesquisa sobre o médico Geraldo Horácio de Paula Souza busca resgatar a participação deste sanitarista e seus projetos para as cidades paulistas, realizados durante sua gestão como diretor do Serviço Sanitário do estado de São Paulo.

Geraldo Horácio de Paula Souza (1889-1951) era filho de Antonio Francisco de Paula Souza e de Ada Herwegh. Seu pai, que será tratado na próxima seção deste artigo, foi um importante engenheiro que atuou em obras de infraestrutura urbana e territorial desde o final do império até meados da Primeira

212   RODRIGO DE FARIA • JOSIANNE CERASOLI • FLAVIANA LIRA [ORGS.]

República, além de ser um dos fundadores da Escola Politécnica paulista e o seu primeiro diretor. Já sua mãe, de origem europeia, era filha do poeta do proletariado, Georg Herwegh. Os estudos normais de Geraldo Paula Souza ocorreram em São Paulo e foi lá também que cursou a sua primeira graduação, em farmácia, na Faculdade de Farmácia de São Paulo. Ao finalizar o curso, parte para o Rio de Janeiro e lá se matricula no curso de medicina da Faculdade de Medicina do Rio de Janeiro. Durante a graduação em medicina, cursou ainda em regime especial o curso de química da Escola Politécnica paulista durante suas férias escolares, sob a tutela do professor daquela casa, o suíço Roberto Hottinger. Enquanto estudante de medicina, com os contatos estabelecidos por Hottinger e pelos seus familiares europeus, os Herwegh, foi para a Europa em 1911 com o intuito de estudar na Faculdade de Medicina de Bern e realizar uma série de estágios em laboratórios da Alemanha e da França.

Ao retornar ao Brasil, forma-se médico em 1913 e retorna a São Paulo. Geraldo Paula Souza prossegue como assistente de Roberto Hottinger, e juntos realizam vários experimentos sobre a qualidade da água distribuída para o abastecimento público na cidade de São Paulo. Estas pesquisas já indicam a afinidade de Paula Souza com os temas ligados à saúde pública e à cidade. Em 1914, logo após a criação da Faculdade de Medicina e Cirurgia de São Paulo, Geraldo Paula Souza é indicado ao cargo de assistente do Departamento de Química e, em 1916, recebe nova indicação, desta vez para o cargo de professor assistente da cadeira de Higiene, fundada através de convênio estabelecido entre a Fundação Rockefeller e o governo estadual paulista (MARINHO, 2001). O responsável por esta cadeira era o técnico norte-americano Samuel

Taylor Darling, enviado especial da Fundação Rockefeller para desenvolver uma escola de Higiene dentro de São Paulo. Darling será peça fundamental também para a concretização da carreira de sanitarista de Geraldo Paula Souza, pois será este professor que o indicará para o curso de doutorado em Higiene e Saúde Pública pela Johns Hopkins University, em Baltimore. Assim, em 1918, partiram para lá os médicos Geraldo Horácio de Paula Souza e Francisco Borges Vieira.

Os dois permaneceram nos Estados Unidos até 1920 e lá adquiriram os ensinamentos que marcariam as suas carreiras pelo resto de suas vidas. Com a chegada ao Brasil em 1921, Geraldo Paula Souza assume a direção do Instituto de Higiene, instituição voltada ao ensino e pesquisa na área de Higiene e Saúde Pública, fundada com o apoio da Fundação Rockefeller, e a Francisco Borges Vieira é oferecido o cargo de vice-diretor do instituto. Logo em 1922, Geraldo Paula Souza assume a direção do Serviço Sanitário, oportunidade em que colocará em prática os preceitos de administração sanitária difundidos pela Fundação Rockefeller.

Ao assumir a direção do Serviço Sanitário, uma de suas primeiras iniciativas foi a cloração da água distribuída para a cidade de São Paulo, técnica inédita até então na cidade, a fim de conter a epidemia de febre tifoide que grassava mais uma vez a cidade, técnica que não havia sido empregada até então em São Paulo. Já como diretor desta repartição, elaborou relatório ao Secretário dos Negócios do Interior, ao qual estava subordinado, deixando bem claro a sua posição e evidenciando que estaria fazendo uma gestão diferente de seus antecessores, mostrando certa aversão aos modelos de policiamento e de

214 RODRIGO DE FARIA • JOSIANNE CERASOLI • FLAVIANA LIRA [ORGS.]

campanhas sanitárias (CAMPOS, 2002) e indicando suas prioridades para aquilo que definia como o novo problema de saúde
pública: a vida moderna e urbana.

Nos primeiros anos dentro do Serviço Sanitário, Geraldo
Paula Souza fez poucas modificações, pois estava realizando um
rigoroso levantamento dos problemas sanitários de São Paulo,
com o fito de compreender quais eram as principais dificuldades
enfrentadas pela cidade. No levantamento de tais problemas, o
médico utilizou como recurso a pesquisa de campo e o registro
desta informação através do uso da fotografia. O seu estudo sobre o estado sanitário não se restringiu apenas à capital, atingindo também cidades do interior paulista. Os dados coletados ao
longo deste trabalho foram os responsáveis por nutrir uma série
de relatórios remetidos ao secretário dos Negócios do Interior.
Estes dados também foram utilizados para a escrita de artigos
que foram apresentados em vários eventos promovidos pela
Sociedade Brasileira de Higiene, cujos congressos constituíam-se
em um importante fórum de discussão e debate sobre a higiene
em diversos aspectos, entre os quais a do ambiente urbano.

Com o estudo sobre os principais problemas de saúde pública de São Paulo, Geraldo Paula Souza concluiu que o modelo
difundido pela Fundação Rockefeller, com o Centro de Saúde
como instituição principal da organização sanitária, era o que
mais soluções apresentava para o caso paulista. O modelo fundamentado na Educação Sanitária pressupunha que a população de um determinado local, cidade ou campo, precisava ser
instruída dentro dos padrões de higiene determinados pelos
médicos. Quando instruídas de acordo com estas premissas de

saúde, os teóricos desta proposta afirmavam que tais indivíduos não colocariam em risco a saúde coletiva.

A Educação Sanitária implicava também que o ambiente já possuía as condições mínimas de saneamento, mas que as pessoas que nele habitavam não o faziam corretamente, dando margem assim ao aparecimento de doenças que poderiam tornar-se ameaça que nem mesmo o ambiente saneado seria capaz de impedir. A Educação Sanitária seria passada através de pessoal técnico treinado para inculcar e persuadir os indivíduos para a necessidade de adquirir os preceitos básicos de higiene (RIBEIRO, 1993). A Educação Sanitária estaria atrelada a uma instituição em específico, o Centro de Saúde. O centro funcionaria como verdadeiro eixo da nova organização sanitária, desempenhando funções assistenciais, educativas e de saneamento, pois cabia ao mesmo zelar pelo bom estado sanitário em seu perímetro de atuação. Esta instituição, na proposta de Geraldo Paula Souza, deveria fiscalizar, aplicar multas e fornecer instrução para a resolução de problemas como construção de fossas, ligações de esgotos, dentre outros. Tais medidas seriam realizadas por educadores sanitários e agentes fiscais, funcionários vinculados ao centro.

Para a implantação deste novo modelo e sua respectiva instituição, Geraldo Paula Souza iniciou uma série de estudos visando implantar os Centros de Saúde e a Educação Sanitária como política de saúde pública. Para a função de educadores sanitários, Geraldo Paula Souza optou por utilizar moças saídas do curso de magistério, pois em São Paulo ainda não existia uma faculdade de enfermagem. A preparação das moças seria feita com um curso ministrado pelos professores do Instituto

216 RODRIGO DE FARIA • JOSIANNE CERASOLI • FLAVIANA LIRA [ORGS.]

de Higiene que forneceriam conhecimentos sobre puericultura, nutrição e para realizar as tarefas de inspeção das habitações. Já para garantir que a Educação Sanitária e os Centros de Saúde fossem respectivamente implementados e criados, Geraldo Paula Souza propôs uma reforma do Código Sanitário, a principal lei que regia não apenas a ação em saúde no estado de São Paulo, como também a regulamentação na construção de cemitérios, larguras de ruas e outras normas para a edificação de habitações higiênicas.

A proposta de Geraldo Paula Souza encontrou vários obstáculos e foi reduzida significativamente quando aprovada como lei. O número de Centros de Saúde para a capital foi reduzido, e para o interior apenas um único centro entrou em funcionamento. Por outro lado, o curso de educadoras sanitárias entrou em funcionamento e, nas décadas seguintes, o Centro de Saúde foi sendo espalhado para regiões estratégicas da cidade de São Paulo e também no interior paulista, funcionando nas cidades-sede dos distritos sanitários.

A biografia de Geraldo Paula Souza revela o envolvimento do médico com as questões urbanas e os projetos que desenvolveu para a manutenção da salubridade de cidades e do território paulistas. Os reveses sofridos com sua reforma sanitária, consequência direta de um jogo de forças políticas avessas à sua nova administração, foram significativas para que a proposta não fosse implantada em sua totalidade. Nota-se também que sua proposta mantinha um diálogo quase que constante com a cidade e o território, pois estes também eram campo de atuação do sanitarista. Sua nova organização sanitária que tinha como eixo o centro de saúde propunha medidas de saneamento, contudo, sem promover mudanças profundas nas estruturas das cidades. A principal mudança trazida pelo centro consistia na sensibilização das pessoas para os hábitos de higiene, cujos resultados seriam sentidos e refletidos diretamente no espaço.

Biografias de engenheiros:
Antonio Francisco de Paula Souza

A partir da década de 1860, a província de São Paulo passava por transformações no campo econômico, político e social. A cidade deixava aos poucos a tranquilidade do antigo "burgo de estudantes", movimentada pelo trem, pela demolição dos velhos casarões e pela abertura de novas ruas, reflexo direto do sucesso das exportações de café. A cidade necessitava ser reformulada para assumir novas funções junto ao complexo cafeeiro que estava então em processo de constituição (CANO, 1977). As remodelações urbanas foram realizadas na década de 1870, durante os governos provinciais de João Theodoro e João Alfredo. Na década anterior, a companhia inglesa The São Paulo Railway Company rasgava com suas linhas as terras paulistanas em uma ferrovia que escoava a produção cafeeira acumulada em Jundiaí e a escoava até o porto em Santos.

É neste período de intensas transformações que o conselheiro Antonio Francisco de Paula Souza encaminhou seus dois filhos mais velhos para estudarem engenharia na Suíça. Segundo o conselheiro, o Brasil precisava passar por várias mudanças em suas estruturas físicas: novas edificações, ferrovias, abastecimento de água, redes de esgoto etc. Dentro deste cenário, o profissional da engenheira teria várias oportunidades de trabalho.

Antonio Francisco de Paula Souza (1843-1917), homônimo de seu pai, formou-se em engenharia pela Escola do Grão Ducado de Baden, na Alemanha. Ao retornar ao Brasil em 1867, pois seu pai havia falecido em 1866, fez pequenos trabalhos para seu avô materno, Antonio Paes de Barros, e logo foi indicado para reorganizar o setor de obras públicas da província de São Paulo, que passou a denominar-se Inspetoria Geral de Obras Públicas da Província de São Paulo. Paula Souza adquiriu novos instrumentos para a repartição e iniciou inspeção das estradas de rodagem que ligavam São Paulo corte. Sua intenção era realizar um estudo completo do território paulista, chegando a propor a realização da Carta Corográfica da província. No entanto, a permanência na inspetoria foi curta, deixando o cargo poucos meses depois de assumir, em virtude da queda do Gabinete Liberal.

De volta à fazenda de sua mãe em Rio Claro, dedica-se à leitura de autores liberais e republicanos, o que lhe estimula a escrever o panfleto político *A República Federativa no Brasil*. Logo em seguida, parte para os Estados Unidos com a intenção de aprimorar seus conhecimentos e prática da engenharia. Neste país, enfrenta dificuldades financeiras e consegue trabalhos que pouco contribuíram para sua formação, destacando-se as funções desempenhadas junto a companhias ferroviárias do país. Em 1870, depois de passar pela Europa e casar-se com Ada Virginia Herwegh, retorna ao Brasil, logo encontrando ocupação junto à Companhia Ituana de Estradas de Ferro, cujo presidente era seu avô Paes de Barros. Depois da Ituana, Paula Souza trabalha para a Companhia Paulista de Vias Férreas e Fluviais, ocupando a posição de engenheiro-chefe da 3ª seção no novo trecho da ferrovia, ligando Campinas a Rio Claro. Nesta

URBANISTAS E URBANISMO NO BRASIL   **219**

oportunidade, Paula Souza trabalhou sob a direção do renomado engenheiro Antonio Rebouças Filho, contratado para projetar e dirigir os trabalhos da nova linha.

O trabalho com a engenharia não impediu seu envolvimento com movimentos políticos de seu tempo. Em 1893, participa
da Convenção de Itu, evento que fundou o Partido Republicano
Paulista. As amizades e alianças políticas constituídas a partir
desta convenção serão importantes para a carreira de Paula
Souza e um dos meios que permitiram sua ascensão política durante a Primeira República.

Paula Souza conciliava bem as carreiras de político e engenheiro. Acompanhava com o mesmo entusiasmo textos políticos e
os manuais técnicos de engenharia. Sem perder o tom republicano e de crítica ao regime em vigor, escreveu "Estradas de Ferro da
Província de São Paulo", texto onde discorre sobre a situação das
estradas em São Paulo e os limites de seu desenvolvimento, que
poderia trazer sérios entraves ao crescimento da província. Em
seu entendimento, era necessário existir uma padronização das
bitolas existentes da província para que o desenvolvimento ferroviário não tivesse qualquer tipo de empecilho à sua expansão.
Paula Souza tinha plena consciência do papel desempenhado pelas ferrovias em conectar várias praças comerciais, interligando o
território e promovendo assim o progresso de São Paulo.

Em 1879, depois de uma breve estadia na Europa, abre
seu escritório de engenharia naquela que era considerada a
"capital agrícola da província": Campinas. Em parceria com
Berrando Morelli, oferecia serviços diversos, como demarcação
e medição de terras, nivelamento de terreno e comercialização
do portador Decauville, uma inovação ferroviária trazida por

Paula Souza da Europa, cuja versatilidade permitia seu uso em diversas situações. Mas foram os proprietários rurais que mais adquiriram esta ferrovia leve, para o transporte do café em grão no interior das fazendas.

Foi a venda do material Decauville que pode ter aproximado Paula Souza do fazendeiro Antonio Carlos de Arruda Botelho, grande proprietário de terras em São Carlos do Pinhal e Rio Claro. Arruda Botelho contratou o engenheiro para projetar, dirigir e construir uma nova empresa ferroviária, que ligaria as vilas de São Carlos e Araraquara aos trilhos da Companhia Paulista em Rio Claro. Os trabalhos foram iniciados em 1881 e, devido a novos métodos geodésicos, a estrada foi determinada em pouco tempo. Em 1883, a estrada era entregue ao tráfego entre Rio Claro e São Carlos. Paula Souza retira-se da companhia e retoma as atividades junto ao seu escritório em Campinas.

De 1870 a 1884, Paula Souza dedica-se à atividade ferroviária. As ferrovias desempenharam papel importante não somente na melhoria do sistema de transportes da província, mas trazendo também nova dinâmica às relações comerciais entre as cidades e a urbanização, uma vez que a chegada da ferrovia propiciou a "refundação" de muitas cidades paulistas. Ainda sobre a urbanização, as ferrovias propiciaram também o surgimento de muitos núcleos urbanos, as chamadas cidades novas. A partir de 1884, Paula Souza irá atuar também como engenheiro sanitário, projetando diversos sistemas de águas e esgotos para muitas cidades paulistas. Contudo, o projeto de maior relevo foi o abastecimento de sua cidade natal de Itu, realizado entre 1886 e 1888.

Às vésperas da proclamação da República, além da engenharia sanitária, Paula Souza estava envolvido com o Partido Republicano Paulista. Em 1889, com o novo regime, foi convocado para participar do governo. Nesta etapa de sua trajetória profissional, outra divisão: o trabalho no setor público. O triunvirato paulista o convocou para organizar o setor de obras públicas, instituição que passou a ser denominada de Superintendência de Obras Públicas. Ali, Paula Souza reuniu outras instituições dispersas do governo anterior, ficando sob sua responsabilidade as obras públicas e sua respectiva fiscalização, demarcação e divisão de terras públicas, inspeção das colônias do estado e das empresas privadas e fiscalização e levantamento dos trabalhos da Comissão Geográfica e Geológica de São Paulo (SÃO PAULO – PROVINCIA, 1887).

Como diretor da Superintendência, Paula Souza tratou de questões importantes que trataremos aqui devido às suas implicações diretas à produção social do espaço urbano. A encampação da Companhia Cantareira e Esgotos, concessionária dos serviços de águas e esgotos da cidade de São Paulo, foi uma das conquistas de Paula Souza. Ciente das deficiências da empresa em atender as necessidades da cidade, defendia que os serviços de saneamento deveriam ficar a cargo do estado, pois não eram rentáveis o bastante para o setor privado. Por outro lado, eram de fundamental importância para manter o bom estado sanitário da cidade. A partir da estatização da Companhia Cantareira, foi fundada a Repartição Técnica de Águas e Esgotos em 1893 (CAMPOS, 2005).

Depois da Cantareira, Paula Souza foi nomeado, juntamente com o engenheiro Theodoro Sampaio, para formar a Comissão de Saneamento das Várzeas da Capital, com o objetivo de resolver

222 RODRIGO DE FARIA • JOSIANNE CERASOLI • FLAVIANA LIRA [ORGS.]

definitivamente o problema das enchentes na cidade de São Paulo. O plano foi além das obras de saneamento propriamente ditas. Como a implementação de tais obras nas várzeas liberaria grandes áreas disponíveis à expansão da cidade, os engenheiros propuseram uma série de melhoramentos urbanos que seriam construídos nesta vasta área livre das inundações constantes. Tais medidas, esboçadas no Plano de Saneamento das Várzeas da Capital, podem ser tomadas como medidas de cunho urbanístico para a cidade de São Paulo, talvez um dos primeiros planos de conjunto voltado para a capital paulista.

A Comissão de Saneamento das Várzeas iniciou suas atividades no ano de 1890, com um amplo levantamento, com o intuito de recolhimento de informações necessárias para a execução dos projetos de saneamento. Para este levantamento de campo, os engenheiros contaram com o apoio da Comissão Geográfica e Geológica de São Paulo, cujo chefe interino era Theodoro Sampaio. Ainda como diretor da Superintendência de Obras Públicas, foi Paula Souza que chefiou estes trabalhos de campo, muito similar aos desenvolvidos pela equipe de engenharia na época de exploração e abertura das linhas ferroviárias. A Sampaio coube a chefia do escritório, a compilação e sistematização dos dados coletados e a execução das plantas dos projetos anteriormente discutidos pelos dois engenheiros. Contudo, na época em que os trabalhos de escritório iriam se iniciar, Paula Souza pede demissão da Superintendência de Obras Públicas, pois havia sido convocado para assumir a chefia de uma expedição do Banco União de São Paulo para a abertura de uma linha ferroviária ligando São Paulo e Minas Gerais ao estado de Mato Grosso. Mesmo com os projetos definidos entre os dois profissionais, coube somente a Sampaio a escrita e a entrega do plano das várzeas para o governador do estado.

O relatório final de apresentação do plano estava dividido em duas partes, a saber: "obras urgentes e indispensáveis" e "obras de aformoseamento e regularização". Na parte destinada às obras urgentes estavam esboçadas as medidas necessárias para o combate às enchentes, sugerindo os engenheiros a retificação do Tietê (da barra do Tamanduateí até a ponte da São Paulo Railway, na Água Branca), a construção de diques marginais e o enxugo da várzea do Carmo com a implantação de drenos e galerias (COMISSÃO, 1891: 41-47). A retificação do Tietê se faria pela construção de um largo canal que permitiria o fácil escoamento de suas águas, e os diques marginais impediriam o transbordamento de suas águas para a parte baixa da cidade. Para o Tamanduateí, afluente do Tietê e causador das enchentes neste rio, sugeriam a regularização de seu curso e a construção de diques marginais, que teriam implicações diretas no tecido urbano, pois abrigariam "novas avenidas em grande extensão e largura" (COMISSÃO, 1891:65), permitindo a ocupação de parte daqueles terrenos antes alagadiços. Os diques e a retificação desses dois rios seriam acompanhados de outras obras necessárias para que o saneamento fosse completo, como o estabelecimento de galerias, drenos e valas para o enxugo das áreas inundáveis, sendo o alvo principal a Várzea do Carmo. A leste do centro da cidade, a várzea do Carmo era constantemente alvo de intervenções por parte dos governantes da cidade, desde os tempos do Império. O local era ponto de encontro da população pobre e escrava da cidade de São Paulo, reunindo às margens do rio Tamanduateí lavadeiras, carroceiros e outros

224 RODRIGO DE FARIA • JOSIANNE CERASOLI • FLAVIANA LIRA [ORGS.]

trabalhadores urbanos que se serviam daquelas águas para suas lidas cotidianas e também para o seu lazer. Este uso da várzea a transformava em local inapropriado, um verdadeiro obstáculo para uma cidade que pretendia se modernizar (SANTOS, 1998).

Outra área de várzea também foi contemplada pelos engenheiros, incluída na categoria de obras urgentes, mesmo sendo uma região pouco adensada em fins do século XIX: o ribeiro do Anhangabaú, que também era atingido constantemente pelas enchentes. Para esta área foi proposta a cobertura do leito do ribeirão com uma galeria em arcos plenos de 5,50m² de secção. O saneamento deste ribeiro abriria caminho para a execução de melhoramentos de caráter viário, recomendando-se sobre o leito canalizado a construção de uma avenida cujo ponto inicial seria na avenida marginal, junto ao canal de retificação do Tamanduateí.

Depois da apresentação das obras urgentes, os engenheiros passam a descrever suas propostas para as áreas saneadas surgidas depois de implantado o plano de saneamento. Ao lado dos diques marginais do Tamanduateí, a intenção era construir, em cada margem, duas avenidas que deveriam ligar o centro da cidade até o distante arrabalde do Ipiranga. Para a várzea do Carmo, o relatório da comissão revela que no trecho mais largo dos aterros seriam construídos jardins, ficando a parte mais estreita para prédios públicos que seriam instalados na antiga várzea. Fazia parte também do aformoseamento da cidade a construção de novas obras viárias, como o túnel que deveria comunicar a grande avenida proposta para o Anhangabaú com a nova várzea do Carmo. Outras propostas

URBANISTAS E URBANISMO NO BRASIL **225**

diziam respeito à transferência do mercado municipal para as margens do Tamanduateí (perto da foz com o Tietê), bebedouros para animais, lavanderias e banheiros públicos.

No que diz respeito aos melhoramentos urbanos, são estas as soluções apresentadas ao governo pelo relatório da Comissão, entretanto, uma carta que acompanha este documento traz em seu conteúdo diretrizes complementares para o aproveitamento das áreas saneadas. A carta escrita por Paula Souza, com data de março de 1892, nada mais é do que um acompanhamento tardio do relatório, já que o mesmo havia sido entregue por Sampaio em novembro de 1891, período em que Antonio Francisco estava ausente de São Paulo, devido aos trabalhos de exploração da nova linha do Banco União de São Paulo. Na carta, Paula Souza assume integral responsabilidade dos projetos apresentados, que, apesar da ausência de sua assinatura no documento final, estavam dentro do que havia sido estabelecido entre os dois engenheiros.

O motivo para a entrega da carta, além da retratação pela falta da rubrica, é a apresentação de outras propostas – não expressas no relatório final – para as várzeas saneadas de São Paulo. Uma das sugestões de Paula Souza é a desapropriação de prédios particulares situados em logradouros próximos à várzea para que fossem utilizados, em caráter provisório, pelas principais repartições públicas do estado, uma vez que novas edificações deveriam ser construídas nos terrenos ajardinados da várzea do Carmo para abrigá-las em futuro próximo. Além dos prédios das repartições públicas, segundo sugestão do engenheiro, museus deveriam ser erigidos no local, bem como a residência oficial do governador. A colocação desses prédios públicos na várzea revela a intenção de Paula Souza em transformá-la em um centro cívico para a cidade de São Paulo, conjunto monumental com a função de materializar – no espaço – o ideal republicano paulista empenhado no aparelhamento de um estado organizado e forte. Paula Souza – membro ativo do partido e colaborador desta estruturação – tinha consciência de que um centro cívico severo e elegante conseguiria dar corpo a este estado que os paulistas do PRP estavam empenhados em construir.

De uma forma geral, pode-se afirmar que os resultados apresentados pela Comissão de Saneamento das Várzeas da Capital tiveram impacto positivo no desenvolvimento das políticas de saneamento do estado de São Paulo. O plano de conjunto para a cidade de São Paulo, explicitado nas linhas do relatório final, fomentou a criação de uma Comissão de Saneamento, junto à Secretaria Estadual dos Negócios da Agricultura, a fim de executar as obras previstas pelos dois engenheiros para solucionar o problema das enchentes e sanear a várzea do Carmo. A Comissão de Saneamento não restringiu suas ações somente à capital São Paulo, estendendo suas atividades a outras cidades do interior paulista atingidas pela epidemia de febre amarela, como Santos, Campinas, Araraquara e São Carlos. O legado deixado pelo relatório de Sampaio e Paula Souza à Comissão de Saneamento foi o entendimento de que a infraestrutura de saneamento era um dos principais meios de restabelecer o controle sanitário da capital e do estado.

Em relação às sugestões urbanísticas – vias arborizadas, sistema viário, jardins e centro cívico –, não foram efetuadas pelo governo estadual. Posteriormente, nas primeiras décadas do século XX, houve investimentos maciços na transformação do vale do Anhangabaú, onde se instalou o teatro municipal e outros edifícios públicos. A várzea do Carmo não abrigou um centro cívico, mas uma imensa área verde denominada Parque Dom Pedro,[1] de certa maneira considerando as indicações dos dois engenheiros.

O plano de conjunto para a cidade de São Paulo é um marco na trajetória profissional de Antonio Francisco de Paula Souza, pois pode ser considerado como um de seus últimos trabalhos vinculados a projetos de grande porte de engenharia. A década de 1890 será um divisor de águas, uma vez que a carreira de engenheiro autônomo cada vez mais cedia espaço para a carreira acadêmica, abraçada por Paula Souza ao ser nomeado o primeiro diretor da Escola Politécnica de São Paulo, fundada sob seus cuidados, em 1893.

Assim, a trajetória profissional do engenheiro Paula Souza revela que este teve participação ativa não apenas no quadro político paulista da Primeira República, como também desempenhando papel junto à construção das redes de infraestrutura de São Paulo, principalmente em setores como o de transportes e o de saneamento.

Referências

ANDRADE, Carlos Roberto Monteiro de. "O Plano de Saturnino de Brito para Santos e a construção da cidade moderna no

---

1 O primeiro desenho do parque foi concebido pelo arquiteto francês Joseph Antoine Bouvard, na década de 1910, a pedido do prefeito da cidade de São Paulo, Raimundo Duprat. É durante a gestão Duprat que são feitas as obras no Anhangabaú.

Brasil". *Espaço & Debates*, São Paulo, NERU, vol. 11, n° 34, 1991, p. 55-63.

BENEVOLO, L. *As origens da urbanística moderna*. Lisboa: Editorial Presença, 1987.

CAMPOS, C. "A promoção e a produção das redes de águas e esgotos na cidade de São Paulo, 1875-1892". *Anais do Museu Paulista: História e Cultura Material*, São Paulo, vol. 13, n° 2, jul./dez 2005, p. 189-234.

_____. *Ferrovias e saneamento em São Paulo: o engenheiro Antonio Francisco de Paula Souza e a construção da rede de infraestrutura territorial e urbana paulista*. Tese (doutorado) – FAU-USP, São Paulo, 2007.

_____. *São Paulo pela lente da Higiene: as propostas de Geraldo Horácio de Paula Souza para a cidade*. São Carlos: Rima/ Fapesp, 2002.

CANO, W. *Raízes da concentração industrial em São Paulo*. São Paulo: Difel, 1977.

COMISSÃO DO SANEAMENTO DAS VÁRZEAS. *Relatório dos Estudos para o saneamento e aformoseamento das várzeas adjacentes à cidade de São Paulo apresentado ao Presidente do Estado Dr. Américo Brasiliense de Almeida Mello*, pela Comissão para esse fim nomeada em 1890 pelo então governador Dr. Prudente José de Moraes e Barros. São Paulo, 1891.

GINZBURG, C. *O queijo e os vermes: o cotidiano e as ideias de um moleiro perseguido pela Inquisição*. Trad. Maria Betania

Amoroso; trad. dos poemas: Jose Paulo Paes. São Paulo: Companhia das Letras, 1987.

MARINHO, M. G. S. M. C. *Norte-americanos no Brasil: uma história da Fundação Rockefeller na Universidade de São Paulo (1934-1952)*. Campinas/São Paulo: Autores Associados/ Universidade São Francisco/Fapesp, 2001.

MELOSI, M. *The sanitary city*. Baltimore/Londres: The Johns Hopkins University Press, 2000.

"Relatório da Repartição de Obras Públicas apresentado em 20 de novembro de 1886 pelo diretor geral Francisco Julio da Conceição". In: SÃO PAULO – PROVÍNCIA. *Relatório apresentado à Assembleia Legislativa Provincial de São Paulo pelo presidente da província Barão do Parnaíba no dia 17 de janeiro de 1887*. São Paulo: Tip. a Vapor de Jorge Seckler & Comp., 1887.

RIBEIRO, Maria Alice Rosa. *História sem fim...: um inventário da saúde pública*. São Paulo: Editora Unesp, 1993.

SALGADO, I. "Carl Friederich Joseph Rath: o 'higienismo' na formação do corpus disciplinar do urbanismo na cidade de São Paulo". *Arquitextos*, ano 10, out. 2009.

SANTOS, C. J. F. *Nem tudo era italiano: São Paulo e pobreza, 1890-1915*. São Paulo: Annablume/Fapesp, 1998.

TEIXEIRA, Luiz Antonio. *A Sociedade de Medicina e Cirurgia de São Paulo – 1895-1913*. Tese (doutorado) – FFLCH-USP, São Paulo, 2001.

As múltiplas linguagens do urbanismo em Luiz de Anhaia Mello: técnica estética e política[1]

MARIA STELLA BRESCIANI

Departamento de História/Programa de Pós-Graduação em História/
Centro Interdisciplinar de Estudos sobre a Cidade — Unicamp

*O grau do sentimento de responsabilidade de um
homem relativo às condições da comunidade em
que vive é a medida de seu valor como cidadão.*[2]

Alexander Karr

A epígrafe, com a qual o engenheiro-arquiteto Luiz Ignacio Romeiro de Anhaia Mello abre a coletânea de conferências reunidas no livro *Problemas de Urbanismo* (MELLO,

---

1   Este texto apresenta parte da pesquisa sobre a trajetória profissional do engenheiro-arquiteto Luiz I. R. de Anhaia Mello, desenvolvida junto ao Projeto Temático Fapesp "Saberes eruditos e técnicos na configuração e reconfiguração do espaço urbano. Estado de São Paulo, séculos XIX e XX", e apoiada por Bolsa Produtividade CNPq. Texto publicado originalmente na coletânea: SEIXAS, Jacy; CERASOLI, Josianne; NAXARA, Marcia (org.). *Tramas do político: linguagens, formas, jogos.* Uberlândia: Edufu, 2012, p. 147-175. Publicação autorizada pela Edufu. Foram feitas algumas modificações após ser apresentado e debatido no *I Seminário Trajetórias (biografias?) profissionais. Urbanistas e Urbanismo no Brasil. Documentação e narrativas históricas,* realizado na Universidade de Brasília de 10 a 12 de abril de 2013.

2   No original: "The degree of responsibility which a man feels for the condition which exists in his community is the measure of his worth as a citizen". As traduções ao longo do artigo são da autora.

232 RODRIGO DE FARIA • JOSIANNE CERASOLI • FLAVIANA LIRA [ORGS.]

1929),[3] publicado em 1929, poderia ser entendida como um mero recurso retórico erudito. Contudo, as noções de comunidade e, de cidadão/cidadania e de responsabilidade compõem um dos eixos fundamentais de sua opção teórica como professor, homem público e ativo divulgador do pensamento urbanístico e do planejamento regional. A frase traz de imediato a necessidade de formar "uma psychologia urbana", ou seja, "preparar o ambiente" como "preocupação inicial da urbanicultura".[4] Esta constitui a opção mantida em seus numerosos escritos, conferências e planos urbanísticos ao longo dos cerca de cinquenta anos de exercício profissional. Avaliar o modo como Anhaia Mello utiliza essas noções em seus escritos constitui um exercício que proponho esboçar neste artigo, como etapa inicial de um estudo mais amplo, cujo objetivo, após levantar o campo conceitual base de seus escritos e o modo como o organiza em projetos e planos urbanísticos, é avaliar a coerência entre argumentos e atuação, não só na docência, mas também em cargos públicos, centros de planejamento e associações profissionais e civis.

Somo às citações acima outra utilizada em uma palestra para os colegas do Instituto de Engenharia, em 8 de novembro de 1928, editada como segundo texto da mesma coletânea, que, por sua vez, introduz mais um elemento não meramente retórico em sua argumentação: *Seeing is easier than thinking*, frase do

---

3   Constam dessa publicação seis conferências de 1928: "O problema psychologico"; "Ainda o problema psychologico"; "O problema político e administrativo"; "Ainda o problema político e administrativo"; "O problema legal. Regulamentação e expropriação"; "Urbanismo: o problema financeiro".

4   O problema psychologico. Bases de uma campanha pratica e efficiente em prol de São Paulo maior e melhor – palestra realizada no Rotary Club de São Paulo em 21 de setembro de 1928 (MELLO, 1929: 14).

urbanista norte-americano Harry Overstreet, que Anhaia Mello traduz – "Ver é mais fácil do que pensar" – para, em seguida, acrescentar: "e tem a vantagem de interessar também aos analfabetos". A defesa da ampla divulgação visual de projetos de intervenção nas cidades apoia seu argumento quanto à "vantagem de se mostrar ao público desenhos, plantas, diagramas, perspectivas, orçamentos dos trabalhos a executar" (MELLO, 1929: 31).

Declarado defensor da interdisciplinaridade constitutiva do campo do urbanismo, ou "sciencia do urbanismo", como a denomina, Anhaia Mello enfatizou a indispensável "colaboração do sociólogo, do legislador, do jurista, do político, do administrador, do economista" e a estendeu a "todo o cidadão".[5] Embora nas décadas iniciais do século XX essa opinião não fosse consensual, a base interdisciplinar do campo de conhecimento urbanístico constitui atualmente uma acepção compartilhada pelos estudiosos dessa área. Creio, mesmo, ser correto afirmar a estrutura transdisciplinar do urbanismo, dado que pressupostos de diferentes campos do saber se interpenetram e formam um domínio comum, embora heterogêneo, no qual as prescrições sanitárias ou estético-sanitárias traduzem-se em técnicas da engenharia civil, apoiadas em noções estéticas baseadas em orientação político-filosófica e em preceitos filantrópicos de conteúdo moralizante, traduzidas em projetos urbanísticos e arquitetônicos.

Com vistas a avaliar o modo pelo qual as noções acima elencadas compõem os argumentos de Anhaia Mello, propus ler as diferentes linguagens – a escrita, a estatística e as várias possibilidades iconográficas – utilizadas por ele em conferências e textos, por ver nesse procedimento

---

5   Texto introdutório a *Problemas de Urbanismo* (MELLO, 1929).

argumentativo o modo como as imagens atuam em dupla dimensão, a de elemento de persuasão, quando na forma de esboços traçados e desenhos artísticos, e a de convencimento entre pares, quando usa o desenho técnico como tradução de conceitos. Interessa-me discernir nesse agenciamento de diversas linguagens a dimensão política de seus argumentos, nem sempre explícita na trama discursiva de teor técnico. Neste artigo, limitei minha análise aos textos produzidos nos anos iniciais de sua trajetória profissional.[6]

A tarefa dos engenheiros

> O grande fim da vida urbana é produzir typos cada vez mais perfeitos e acabados de civilisação e de civilidade.
>
> O verdadeiro objetivo da civilisação é construir belas cidades e viver nelas em belleza.
>
> Construir cidades é construir homens. O ambiente urbano é que plasma o caracter humano, de accôrdo com a propria feição, para a fealdade ou para a beleza.
>
> Para isso, porém, temos que principiar pela formação de uma psycologia urbana e anceio civico.
>
> Anhaia Mello (929: 16-17)

---

6 O recorte documental deste artigo considera os textos publicados entre 1928 e 1935 e traz alguns textos posteriores quando o argumento exigiu alguma complementação. Mantenho a análise restrita aos textos de Anhaia Mello e indico em nota alguns dos trabalhos que trazem temas por ele tratados. Para uma análise crítica da bibliografia sobre Anhaia Mello, remeto ao meu artigo: "Estudo da trajetória profissional do engenheiro-arquiteto Luiz I. R. de Anhaia Mello" (SALGADO; BERTONI, 2010: 149-170).

Ao expor em termos quase poéticos o conceito de urbanismo ou de planejamento urbano para o público do Rotary Club de São Paulo, presente em uma palestra de setembro de 1928, Anhaia Mello fixa a figura humana como o centro de sua opção teórica. A imagem idealizada da relação cidade-civilidade poderia ser remetida às concepções utópicas da *República* de Platão e a projeções de cidades elaboradas na Idade Média ou, mais modernamente, à *Utopia* de Thomas More, rebatida na longa e complexa filiação presente nos projetos de cidades industriais de finais do século XVIII e do século XIX, filiação esta efetiva ou construída pelo discurso historiográfico e filosófico. Encontra, contudo, apoio modelar, convincente e persuasivo, utópico e utilitário, embora não explicitado, nas projeções arquitetônicas disciplinadoras de Jeremy Bentham em finais do século XVIII,[7] base para a elaboração de tipos e modelos arquitetônicos não restritos a edificações destinadas a abrigar grande número de pessoas, como previa o autor. Se, como lembra Michelle Perrot, o século XIX "esboçaria uma idade de ouro do privado", o domínio do privado definiu-se pela casa por excelência. A moradia cumpria papel moral e político, concepção presente nos escritos e nas várias intervenções em cidades na segunda metade do século XIX. Constitui elemento de fixação e reunião da família

---

7 Remeto à *The Panopticon Writings*, coleção de cartas escritas por Jeremy Bentham em 1787 com dois *postscripts*, de 1790 e 1791. No prefácio, o autor explicita a finalidade de sua proposta: "a simple idea of architecture [...] a new mode of obtaining power of mind over mind" ("uma simples ideia arquitetônica [...] um novo modo de obter poder da mente sobre outra mente"). Bentham afirma ter obtido apoio do irmão engenheiro para a execução do plano arquitetônico. Textos organizados por Miran Bozovic (Londres/Nova York: Verso, 1995, p. 31, 34). Remeto também às reflexões de Michel Foucault (1983).

236 RODRIGO DE FARIA • JOSIANNE CERASOLI • FLAVIANA LIRA [ORGS.]

e, ao reproduzir em escala mínima a casa burguesa, configura o espaço interno das habitações operárias e atua como disciplinador de comportamentos. (PERROT, 1987; GUERRAND, 1987; CARPINTÉRO, 1997; BONDUKI, 1998, CORREIA, 2004). Anhaia Mello recorta a afirmação sobre a necessidade de "preparar o ambiente urbano" de um escrito de William R. Lethaby, urbanista inglês crítico da história da arquitetura – da cabana ao túmulo –, apoiada na teoria de suas origens utilitárias. Lethaby sentenciava que se, corretamente, a história da arquitetura se compunha referida aos materiais usados na construção, o barro, a pedra, os tijolos, deixava de lado, entretanto, uma dimensão fundamental, a de que a arquitetura se destinava "não somente para as simples necessidades do corpo, mas para aquelas mais complexas do intelecto" (LETHABY, 2005: 1). Neste sentido, se neste artigo sublinho a dimensão conceitual do urbanismo na estreita relação entre a forma urbana e a modelagem física e moral do citadino, enfatizo também a atenção de Anhaia Mello quanto à dimensão das "relações entre o Homem e a Paisagem, entre a Terra, a Máquina e o Espírito", para ele, necessariamente presentes nas projeções urbanísticas. Considera, assim, limitada a opção de tomar a escala da cidade em seu território físico como base para os projetos de intervenções e propõe a escala da "arte do pensar simultâneo", na sintonia a ser alcançada entre *Place, Work and Folk* ou, como traduz, "Ambiente, Função e Organismo", tendo como fundamento o conceito sociológico de "Comunidade" e o psicológico "da Pessoa"; uma declarada rejeição às noções liberais de indivíduo e sociedade ou, em suas palavras, a "estudos atomísticos e dissociados de modos de comportamento (MELLO, s.d.).

Em sua longa trajetória profissional – graduado engenheiro-arquiteto na Escola Politécnica de São Paulo em 1913, docente da mesma escola entre 1918 e 1961-, manteve ativa participação nos debates acerca das possibilidades de reconfigurar a área construída e expandir o espaço urbanizado, em particular o da capital paulista. Ao cursar a Escola Politécnica nos anos iniciais da segunda década do século XX, a questão da necessária reconfiguração da antiga área central da capital paulista e da definição do padrão a ser adotado para a abertura de novos bairros encontrava-se no centro de disputas entre diferentes concepções urbanísticas e interesses divergentes do setor de obras públicas da Prefeitura Municipal, de áreas do governo do estado e de empreendedores privados. Anhaia Mello conheceu certamente a posição do engenheiro Victor da Silva Freire, exposta aos alunos da Politécnica em fevereiro de 1911, na qual o professor, também responsável pela Diretoria de Obras Municipais, posicionava-se declaradamente a favor da preservação das áreas centrais das cidades, por exporem sua formação histórica e configurarem o núcleo formativo.

As palavras de Freire expõem sua posição relativa à capital paulista: "Não parece estarmos assistindo á formação de S. Paulo com a casaria irregular alastrando-se em torno da capella do Collegio, a posterior fundação da Cadêa, toda a tão nossa conhecida historia....?" (FREIRE, 1911). Declarado adepto da concepção do "pitoresco" para o desenho urbano, apoiado nos pressupostos presentes nos escritos do arquiteto austríaco Camillo Sitte, Freire defendia a preservação da área do triângulo formada pelos conventos de São Bento, do Carmo e de São Francisco e rejeitava a implantação geométrica em "grelha 'rectangular' de Nova York", ainda que a considerasse "superior ao 'xadrez' de Buenos Aires" (FREIRE, 1911: 99).

Entende-se, assim, em parte, sua oposição ao projeto "As grandes avenidas de S. Paulo", apresentado em novembro de 1910 por iniciativa de um grupo de "capitalistas", entre os quais figuravam nomes da elite política e profissional paulista, já que uma das avenidas planejadas avançava na área do triângulo central até a praça Antonio Prado.[8] A proposta desencadeia o debate entre profissionais da área e em janeiro de 1911 são apresentados outros dois Planos de Melhoramentos: o dos engenheiros Victor da Silva Freire e Eugenio Guilhem, diretor e vice-diretor da Diretoria de Obras Municipais, por solicitação do prefeito Antonio Prado, e o do arquiteto Samuel das Neves, encomendado pelo governo do estado, ambos com seus focos voltados para "desafogar o triângulo", permitindo interligar o centro antigo às áreas de expansão. Além de preverem intervenções nas ruas do "triângulo", os projetos propõem a urbanização do vale do Anhangabaú transformado em uma avenida parque.[9] Em meio ao confronto entre os três projetos, o engenheiro Antoine Bouvard, de passagem pelo Brasil e a convite do prefeito e da Câmara Municipal, traça um novo plano que, além da urbanização do vale do Anhangabaú, prevê uma praça em

---

8   Os proponentes declaravam a intenção de "mostrar a vontade ingente de seus filhos" de erguer "uma nova cidade digna dos progressos do século" e se dispunham inclusive a custear as despesas da implantação do plano, bem como dos equipamentos de iluminação pública, arborização e fornecimento de energia elétrica e gás. (Projecto Alexandre Albuquerque. *Revista de Engenharia*, São Paulo, vol. 1, nº 2, jul. 1911, p. 38).

9   Os três planos urbanísticos foram publicados na *Revista de Engenharia*, São Paulo, vol. 1, nº 2, jul. 1911, p. 37-45.

URBANISTAS E URBANISMO NO BRASIL **239**

estrela e sugere mudar a orientação da expansão da cidade, que se dava pelas áreas elevadas (os espigões), propondo sanear e instalar parques urbanos nas áreas de várzeas; inclui também no projeto a retificação do rio Tamanduateí com a implantação de um parque na Várzea do Carmo.[10] A mesma crítica à desmedida expansão da cidade pela ocupação das áreas altas da topografia acidentada do município e do necessário saneamento e ocupação dos fundos de vales e várzeas seria amplamente exposta em 1918 pelo engenheiro Victor da Silva Freire, no longo relatório crítico aos Códigos Sanitários e Posturas Municipais sobre Habitações.[11]

Os traçados propostos pelos projetos evidenciam diferentes concepções de intervenção no espaço construído, embora se aproximem na intenção de manter a área antiga ou o "centro velho", tanto por razões de teor econômico, em vista dos custos de desapropriação e demolição de edificações, como por opção propriamente urbanística de manter a configuração original, de modo a preservar a história da cidade em seu traçado original.[12] Os três projetos publicados na imprensa

---

10 O relatório Bouvard, acompanhado do plano alternativo, desencadeia reações iradas de profissionais formados pela Escola Politécnica de São Paulo, descontentes com o prefeito e com o governador, por demonstrarem suspeição ou desconfiança em relação à capacidade técnica dos profissionais brasileiros. A polêmica já mereceu vários e importantes estudos, dentre os quais: SEGAWA, 2000; SIMÕES JR., 2004; RETTO JR., 2003; TOLEDO, 1989.

11 *Boletim do Instituto de Engenharia*: fev. 1918, p. 229-355. Ver: *Revista de Engenharia*, jun. 1911/maio 1912.

12 Victor da Silva Freire, responsável pela Diretoria de Obras Municipais, apoia seus argumentos em Camillo Sitte, arquiteto vienense adepto da preservação das edificações e do traçado de cidades, tanto do ponto de vista de manter suas particulares memórias históricas, como do resultado estético do trabalho do

paulistana complementam a linguagem técnica do traçado viário com desenhos de projetos de ajardinamento e conjuntos arquitetônicos, e oferecem assim imagens acessíveis ao leitor não especializado. Essas linguagens próprias da área de planejamento urbano – a escrita e a iconográfica – acompanham os projetos fundamentados nos pressupostos da funcionalidade, do sanitarismo e da estética, base de intervenções cujas finalidades prioritárias seriam desafogar o tráfego da área central, definir normas para a implantação do traçado de novos bairros e sanear as regiões de várzeas dos rios urbanos (Anhangabaú, Tamanduateí e Tietê). Nos memoriais que acompanham os planos, os termos relativos a procedimentos técnicos ganham o suporte político de avaliações projetivas do "rapido movimento de progresso" da cidade e a consequente necessidade de "prever, adoptar e executar judiciosamente todas as medidas que reclamam e cada vez mais serão reclamadas pela sua grandeza e importancia".[13] Projetos de centros cívicos e áreas a serem ocupadas por ruas e parques, plantas de edifícios destinados a compor com o Teatro Municipal o cenário das áreas adjacentes ao parque Anhangabaú, propiciam expor em linguagem

---

tempo, desgastes e acréscimos. Sitte publica em 1889 *Der Städtebaunach seinen kunstlerischen Grüdsätzen*, onde propõe uma concepção urbanística com base na vertente filosófica romântica do século XIX e crítica às intervenções urbanas que rompessem com o antigo traçado das áreas edificadas das cidades que, a seu ver, eliminavam as praças tradicionais, ou seja, os espaços públicos de convivência em comunidade. (Cf. CHOAY, 1997: 205-218; ZUCCONI, 1992; WIECZOREK, 1981). Ver, também, a versão brasileira, com introdução de Carlos Roberto Monteiro de Andrade (SITTE, 1992).

13 *Revista de Engenharia*, vol. 1, nº 2, 10 jul. 1911, p. 37-45. TOLEDO, 1989: 64.

iconográfica (plantas baixas, projetos arquitetônicos e fotografias) o resultado almejado.[14]

Em paralelo, são previstas intervenções sanitárias em construções consideradas insalubres, em particular moradias denominadas cortiços, e propostos projetos de casas econômicas e higiênicas para operários e trabalhadores de baixa renda. Em junho e agosto desse mesmo ano, a *Revista de Engenharia* publica artigos sobre "Casas Operarias", designadas como "casas economicas" e "habitação hygienica", opondo-as às "habitações collectivas", recobertas por imagens pejorativas, tais como: "viveiros de microbrios" e, portanto, "um problema de saneamento".[15]

A estreita relação entre higiene, traçado ordenado e estética arquitetônica encontra-se bastante difundida no meio profissional especializado como elemento formador do cidadão. As indicações de que as casas operárias deveriam "offerecer effeito esthetico de acordo com as rendas" de seus respectivos moradores compõe o argumento de que, unidas na mesma intenção, casa e rua viriam a favorecer as "condições estheticas da cidade" e a colaborar "no aperfeiçoamento social de todos os

---

14   Segawa apresenta detalhes desses projetos e os projetos complementares para a várzea do Carmo (atual parque D. Pedro) em estudo pioneiro sobre essas primeiras iniciativas de intervenção na capital paulista (SEGAWA, 2000: 58-102).

15   As preocupações relativas às péssimas condições das moradias operárias, em particular os denominados "cortiços" e seus derivados, constituem o objeto de uma pesquisa proposta em 1893 pela Intendência Municipal e cujo resultado compõe um relatório do qual constam observações detalhadas das moradias e projetos para casas mínimas unifamiliares a serem construídas em forma de vilas ou bairros operários. Cf. CORDEIRO, Simone Lucena (org.). *Os cortiços de Santa Ifigênia: sanitarismo e urbanização (1893)*. São Paulo: Arquivo Público do Estado de São Paulo/Imprensa Oficial, 2010.

242 RODRIGO DE FARIA • JOSIANNE CERASOLI • FLAVIANA LIRA [ORGS.]

seus habitantes, augmentando-lhes as causas de felicidade", já que, afirma o articulista, "o bello influe poderosamente sobre a natureza humana".[16]

A concepção estética do belo – equilíbrio entre espaços urbanos edificados e verdes, ordenados, saneados, limpos – configura a noção de conforto imprescindível à formação de hábitos urbanos e civis e mantém nítidos vínculos com as projeções imagéticas das cidades ideais e seu poder modelador dos comportamentos. A preocupação estética, recorrente em várias publicações, mereceria, em março de 1913, uma extensa conferência de Victor da Silva Freire para os alunos da Escola Politécnica. Nela, o engenheiro municipal e professor mantém a estrutura argumentativa da linguagem escrita, em suas dimensões técnicas e políticas, e projeta com palavras a imagem organicista da "physiologia d'esse organismo social [...] que é a grande cidade". Critica de modo firme o traçado tradicional dos lotes urbanos – frente estreita e longa em comprimento –, considerando-o insatisfatório de todos os pontos de vista, principalmente os da higiene e dos hábitos, por propiciar a edificação de cortiços na parte traseira contígua à edificação principal. Freire critica também projetos urbanos, como o de Belo Horizonte, a seu ver, inadequado para a topografia local e ainda preso à ultrapassada concepção em grelha clássica europeia.[17]

---

16 "Casas Operarias". *Revista de Engenharia*, São Paulo, vol. 1, nº 1, p. 4 e 6; jun. 1911; vol. 1, nº 3, ago. 1911, p. 84-85. O artigo de agosto reproduz a planta da vila operária projetada pelo engenheiro Regino Aragão.

17 O engenheiro Victor da Silva Freire proferiu duas conferências no Grêmio Politécnico: a já citada "Melhoramentos de S. Paulo" (*Revista Politécnica*, 1911) e "A Cidade Salubre" (*Revista Politécnica*, 1914), nas quais expõe diretrizes para intervenções no tecido urbano e a construção de casas

URBANISTAS E URBANISMO NO BRASIL **243**

Esses debates constituíram elemento importante para a formação acadêmica de profissionais que atuariam de modo intenso como docentes da Escola Politécnica e/ou em cargos públicos. Tal como outros colegas, Anhaia Mello conheceu as posições do professor Victor da Silva Freire no período de sua formação acadêmica e conviveu necessariamente, no início da carreira docente, com as obras de execução dos projetos de intervenção na área central, responsáveis pela imposição de uma concepção estética cujo partido exigia eliminar o traçado colonial da cidade e estabelecer um padrão arquitetônico considerado moderno para os novos edifícios, que vinham ocupar vazios urbanos ou substituíam as antigas construções em taipa.

Já como professor da Escola Politécnica, Anhaia Mello foi responsável pela disciplina de Estética, uma dimensão da arquitetura e do urbanismo que manteve sempre presente em seus estudos e projetos. Essa preocupação estendeu-se à imposição da censura estética dos edifícios, instituída pelo Ato nº 58 de 15 de janeiro de 1931, quando ocupou o cargo de prefeito, por nomeação governamental logo após o golpe de 1930.[18] Efetivado na nova cadeira *Estética. Composição Geral e Urbanismo I e II*, em 1926, passou a lecionar urbanismo para os alunos do curso de engenheiro-arquiteto e fez desse campo disciplinar seu principal objeto de estudo na prática docente e nos

---

populares, ambas baseadas em noções sanitárias, em particular com vistas a eliminar a insalubridade: assegurar a circulação do ar, a insolação e a distribuição de água potável, além da coleta de esgotos.

18 Consta do *Diario Oficial*, 15 jan. 1931, p. 464.

244 RODRIGO DE FARIA • JOSIANNE CERASOLI • FLAVIANA LIRA [ORGS.]

cargos públicos que ocupou.[19] Apostou na força e nos interesses do capital privado como suporte das intervenções na cidade, acompanhando a posição de boa parte da "elite" paulista,[20] posição próxima à de Victor da Silva Freire, para quem a proposta de modelo de gestão municipal para São Paulo acompanhava a forma vigente na Inglaterra e na Alemanha. Anhaia Mello acreditava que a administração da capital deveria "ser entregue aos cuidados dos homens de negócios", por estes representarem "a capacidade da respectiva agglomeração nas forças economicas da nação" (FEIRE, 1911: 93-94). Em sua proposta, redefinia a concepção administrativa do município, denominando-a "corporação de negocios publicos locaes", forma sugerida por um juiz da Suprema Corte dos Estados Unidos. Rejeita, entretanto, a padronização de um modelo administrativo para todas as cidades, tal como acontecia na Inglaterra e na França (MELLO, 1929: 53, 59-60, 133). Toma como exemplo de bons resultados da iniciativa privada o Plano de Chicago, a seu ver, "o mais ousado, o mais grandioso de todos os numerosos planos de cidades americanas", resultado da iniciativa de associações comerciais daquela cidade, o Merchant's Club e o Commercial Club (MELLO, 1929: 18-21).[21]

---

19 Sobre a trajetória docente e profissional de Anhaia Mello ver: LEME, 2000; FICHER, 2005; CAMPOS, 2002; ARASAWA, 1999.

20 Expressa essa posição o artigo de Paulo Egydio publicado pelo jornal *O Estado de S. Paulo* em dezembro de 1887, no qual o autor parabeniza a iniciativa privada – "associações livres da vontade individual" – pela indústria, agricultura e comércio e pela implantação da rede ferroviária na então província de S. Paulo (Cf. EGAS, 1926: 657-658, vol. 1).

21 O *Plan of Chicago*, de autoria de Daniel H. Burnham e Edward H. Bennett, publicado em 1908, foi iniciativa do Merchants Club de Chicago. Consta da apresentação de Kristen Schaffer na reedição (New York: Princenton

Formar a "urbanocultura"

> Uma ideia precisa de apoio para se fazer acceitar, mas uma vez aceita, fundada, alicerçada no coração humano é um móvel poderoso de acção, embryão fecundo que germina, cresce, se alteia e desabrocha em flor, em fructo, em sombra para o bem estar geral.
>
> A cidade moderna, tentacular, industrial, cosmopolita, é um problema multifário; immenso e variado campo de estudo e experimentação para todos os homens de boa vontade, sociologos, economistas, juristas, legisladores, politicos, engenheiros.
>
> Anhaia Mello[22]

Convencido da estreita relação entre cidade/civilidade/civismo, reafirmaria a importância de estimular a iniciativa coletiva da população urbana. Desde suas primeiras conferências e escritos de 1928 a 1935, definiu essa tarefa como essencial que, a seu ver, exigia do urbanista ampla exposição pública das intervenções a serem executadas pela edilidade

---

Architectural Press, 1993): "Burnham's association with Chicago's business elite is very important to note, as his large-scale planning projects were initiated and sponsored by community-minded businessmen" (p. VI) ("Na associação de Burnham com a elite empresarial de Chicago é muito importante notar como o projeto do plano de larga escala teve início e foi financeiramente apoiado por iniciativa dos homens de negócios da comunidade").

22 "Ainda o problema psychologico"; "As Associações Americanas de Urbanismo"; "O problema politico e administrativo" e "A cidade, problema de governos". (MELLO, 1929: 45 e 50).

de modo a "formar o ambiente" ou "elevar a temperatura moral". Convencido de que "projectos, leis e regulamentos nada adiantarão, sem sympathia geral e calorosa", insistia junto aos colegas do Instituto de Engenharia na necessidade de ampla exposição à "opinião publica" que, não deixou de sublinhar, "para ser effectiva precisa ser esclarecida, controlada e organisada" (MELLO, 1929: 45 e 50).

FIGURA 1. Problemas de Urbanismo

Fonte: MELLO, 1929/folha de rosto

O homem constitui a figura essencial no pensamento urbanístico de Anhaia Mello. Apoiado nessa premissa, assume a posição pedagógica de formar o cidadão por meio do esclarecimento, ou seja, o dever de divulgar os "princípios modernos do urbanismo" por meio de campanhas de iniciativa das mais variadas associações e aplicadas em todos os níveis escolares.

Maior atenção é dada às escolas superiores responsáveis pela instrução profissional, base da ação urbanística. Ao apoiar a "formação do ambiente pela conquista da opinião pública", concluía pelo limitado âmbito de ação dos *city-planning* ou *town-planning*, denominações utilizadas na Inglaterra e nos Estados Unidos, por se referirem apenas aos aspectos materiais da cidade. Estendia a crítica ao termo francês *urbanisme* que, embora mais compreensivo, por abarcar a "concepção sintética dos problemas da 'urbs'", mostrava-se ainda insuficiente por não levar em conta "os factos anthropogeograficos e sociais" (MELLO, 1929: 209; 1933).

Por partir da concepção multidimensional do "urbanismo", ou "sciencia do urbanismo", Anhaia Mello o inscreve entre os campos do conhecimento e atuação interdisciplinares, com grande ênfase na necessária "colaboração do sociólogo, do legislador, do jurista, do político, do administrador, do economista e de todo o cidadão" (MELLO, 1929: 38 e 50). Essa acepção interdisciplinar possibilita a utilização de termos fundamentais da vertente sociológica de base organicista, evidentes quando afirma ser uma das questões de mais difícil solução "o problema de governo e administração, ou a anatomia e a physiologia desses organismos tão complicados", as cidades. Esta terminologia orienta a proposta funcional de recortar a cidade em áreas de usos específicos e complementares, por meio de leis de zoneamento (*zonning*), para ele, a "espinha dorsal do urbanismo".

FIGURA 2. O Metabolismo Urbano/Zonning e Censura Esthética

O Metabolismo Urbano

Como conciliar a mobilidade, o metabolismo desse organismo que é a cidade, com a fixação de districtos?

Zonning e Censura Esthetica

É admirável que... ainda haja autoridades municipaes que não se importem com... a Architectura urbana, a maior massa no horizonte de toda cidade e na retina de todo o cidadão.

Nada mais detestavel... Numa avenida de palacetes senhoriaes, bombas de gasolina e engraxadores de automóveis; as esquinas que são justamente os pontos de melhor perspectiva, manchadas de armazéns, vendas e empórios; garagens alternando com escolas; fábricas e oficinas entremetidas com residências e mais disparates.

Fonte: MELLO, 1929: 117

Se o estatuto legal do zoneamento tinha como objetivo "conciliar a mobilidade, o metabolismo desse organismo [...] com a fixação de districtos", essa ação vinculava o sanitarismo e a estética, por assegurar "melhores condições de hygiene e esthetica para o bem geral".[23] A aproximação aos modelos biológicos desenha o campo do urbanismo como uma morfologia; ela permite – e, no caso, a aproximação é evidente –, integrar as partes numa figura significante, colocando lado a lado a imagem da cidade e a imagem do organismo social.[24]

---

23 "O problema legal. Regulamentação e expropriação", p. 109-123 e "O problema político e administrativo". A Cidade, Problema de Governo, p. 50. In: MELLO, 1929. Ver: FELDMAN, 2005.

24 Sobre as metáforas orgânicas usadas pelas ciências sociais, ver: SCHLANGER, 1971: 166 ss.

Os "espaços livres" assumem importância especial nessa estruturação do espaço urbano. Parques de caráter estético destinam-se à fruição da natureza e neles a característica dominante residia na composição de uma paisagem que lembrasse a própria natureza. Já os parques organizados a partir do "moderno conceito de recreio activo" seriam providos de equipamentos esportivos, para que neles a população, em particular os moradores de bairros operários, "re-criasse as energias gastas na dura labuta diária pela própria subsistência".[25]

FIGURA 3. Systema de Recreio

CIDADE	Area da Cidade em Acres	Area de Parques em Acres	Porcentagem
Boston	27.634	3.594	13%
Newark	15.084	1.924	12,8
San Francisco	26.880	2.535	9,4
Philadelphia	83.017	7.801	9,4
Indianopolis	29.879	2.566	8,6
Kansas City	37.395	3.237	8,6
Washington	39.680	3.424	8,6
Providence	11.410	934	8,2
Rochester	22.995	1.771	7,7
St. Louis	39.040	2.880	7,4
Louisville	23.024	1.653	7,2
Toledo	22.752	1.592	7,0
Cincinnati	46.280	2.718	5,9
San Antonio	23.020	1.363	5,9
Buffalo	26.880	1.548	5,8
Omaha	23.686	1.348	5,7
Baltimore	50.560	2.833	5,6
New York	190.161	10.482	5,5
Pittsburgh	30.035	1.591	5,3
Cleveland	43.160	2.221	5,2
Atlanta	21.120	1.100	5,2
Portland	42.604	2.181	5,1

O systema de Recreio, segundo Bartholomew

Fonte: MELLO, ago. 1929: 16 e 28

---

25 "O problema psychologico", p. 24-26; "O problema legal. Regulamentação e expropriação", p. 160. In: MELLO, 1929. Questão detalhada em "Problemas de Urbanismo. O recreio activo e organisado das cidades modernas" (MELLO, ago. 1929). Ver: TIMÓTEO, 2008.

FIGURA 4. Parques nacionais americanos

Combinação de playfield, "playground" e parque urbano. Minneapolis. Area: 27 acres.

Um parque urbano de Chicago. Area: 9 acres.

Fonte: MELLO, 1929: 18 e 42

Descentralizar a cidade

> A descentralização para a cidade jardim satellite é a solução racional para o problema insoluvel das nossas cidades tentaculares metropolitanas, superpovoadas, supercongestionadas, supermechanizadas.[26]
>
> O automóvel está criando a cidade celular. A organização da vida interna da célula é o próximo passo.[27]
>
> Anhaia Mello

---

26 "O problema legal" [palestra 13 dez. 1928]. In: MELLO, 1929: 98.

27 No original: The automobile is creating the cellular city. The organization of life within the cell is the next step". O autor indica como fonte o *Regional Survey of New York and its Environs*, vol. VII (MELLO, jun. 1933).

Evitar a centralização exagerada da capital paulista, cuja população crescia "em proporção geométrica", completa sua concepção de que o automóvel revolucionara "os métodos tradicionais de traçado das cidades". Anhaia Mello trazia para o campo do debate urbanístico os problemas causados pela progressiva extensão da massa compacta edificada da cidade e propunha que o convívio com a natureza deveria ser restabelecido não só nos espaços dos parques e jardins urbanos, mas na própria inserção das moradias.[28] Vivia-se a "era do automóvel" (MELLO, 1929: 131). A noção de descentralização constitui o cerne da redistribuição de áreas visando melhorar as condições de circulação de pessoas e veículos e "restabelecer o contato do homem urbano com a natureza" (MELLO, 1929: 146-148).[29]

---

28 Anhaia Mello faz uma clara opção pela linhagem de urbanistas que, no início do século XX, criticam as más condições da vida urbana e propõem um relativo retorno à natureza, tal como Ebenezer Howard, Peter Kropotkin e Patrick Geddes. Ver: WHYTE, 2002: 54 ss.

29 Ver: SCHICHI, 2002.

FIGURA 5. A cidade orgânica

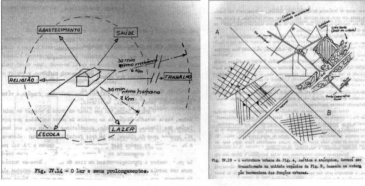

Fonte: MELLO, 1957: 20, 75 e 103

O *tipo* urbanístico da descentralização por "grupos de cidades jardins satélites", opção de Anhaia Mello, proporcionaria, a seu ver, possibilidades formais de ampliar a urbanização a partir da estrutura polinuclear. A "cidade celullar, a nova concepção do agenciamento urbano", baseava-se em um sistema de "vias principaes – radiaes, perimetraes e diagonaes", assegurando a circulação centro-periferia, interbairros ou interfocos. Malha que previa intervalos regulares entre os bairros residenciais a serem tratados como unidade, ou seja, "cellula completa, de vida autônoma o quanto possivel, chamada pelos urbanistas americanos: *neighborhood unit cell*" (unidade de vizinhança).[30] No traçado dessas superquadras, ou unidades de vizinhança, as casas definem-se pelas fachadas voltadas para a área verde interna destinada somente para a circulação de pedestres.

FIGURA 6. Problemas de Urbanismo: o recreio activo e organisado das cidades modernas

Fonte: MELLO, 1929: 46

---

30 MELLO, L. de Anhaia. "Ainda o problema político e administrativo. O problema legal", p. 98 e "O problema legal. Regulamentação e expropriação, p. 147; O recreio activo e organisado das cidades modernas", p. 46-47. In: *Problemas de Urbanismo. Op. cit.*; "A cidade cellular". *Op. cit.*, p. 132.

FIGURA 7. A cidade cellular

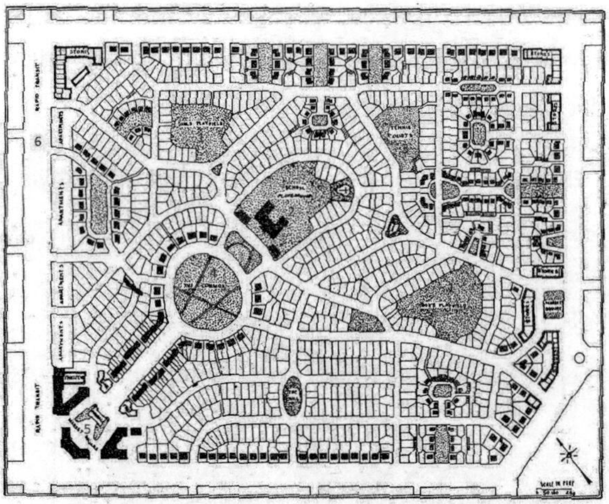

- A "Neighborhood Unit Cell". Clarence Perry - *Robert Whitten.*

Fonte: MELLO, jan. 1933: 137

Assegurava-se, por meio desse traçado, a mobilidade sem transtornos de veículos nas vias externas, vias secundárias para o tráfego local, as vias internas para pedestres e os jardins destinados aos jogos infantis e desfrute da vegetação. Anhaia Mello preocupava-se, tal como anteriormente o engenheiro Victor da Silva Freire (fev. 1918), em evitar a formação de quadras com lotes estreitos e profundos, traçado tradicional da urbanização de São Paulo, e quase sempre utilizado para a construção de cortiços, vistos por ele como "cancros sociaes". A solução urbanística das superquadras definia a dimensão adequada dos lotes urbanos na metragem de sua ocupação e representava o corte de mais de 50% dos custos dos melhoramentos viários – nivelamento, calçamento, passeios, guias, arborização, canalizações de esgotos, águas pluviais, gás, água, eletricidade e telefones (MELLO, 1929: 135). Acompanhavam os argumentos da proposta reproduções do traçado de planos realizados em várias cidades dos Estados Unidos e de explicações técnicas detalhadas relativas às dimensões das quadras, disposição e largura das ruas e vias para pedestres, disposição de áreas verdes e suas finalidades, bem como custos e formas de coparticipação dos moradores beneficiados. Nas longas exposições sobre a adoção da concepção de "cidade jardim" ou da expansão limitada da cidade, Anhaia Mello traz não só exemplos de planos bem-sucedidos, mas também expõe um procedimento de trabalho bastante disciplinado que manterá em seus escritos.

Método de trabalho

> Examinemos como os outros os resolveram [os problemas urbanos] e procuremos applicar, com intelligencia e não servilmente ou por mero espirito de imitação, os methodos e processos que se adaptem às nossas condições locaes.
>
> [...] nossos actuaes problemas urbanos [...] já foram integralmente resolvidos em grande numero de cidades estrangeiras e principalmente as americanas. Estas são as que devemos imitar, não só pela paridade de situação mas tambem pela excellencia do modelo.
>
> Anhaia Mello (1929: 13)

O procedimento comparativo de problemas e soluções encontrados traz para a análise as experiências contemporâneas ou a avaliação de leis promulgadas em vários países ou cidades no que se considerava seu progressivo aperfeiçoamento no

256 RODRIGO DE FARIA • JOSIANNE CERASOLI • FLAVIANA LIRA [ORGS.]

tempo. Anhaia Mello percorre as "leis urbanisticas de administração" de vários países. Leis e instâncias administrativas da Alemanha, França, Inglaterra e Estados Unidos são analisadas e avaliadas em seus aspectos higiênicos, estéticos e funcionais, ainda que na "conclusão" ele afirme serem, em sua maioria, embora necessárias, insuficientes por não encontrarem apoio no "elemento psicológico". A avaliação dessas iniciativas administrativas em vários países, em um longo período de tempo, apoia o procedimento de trabalho e estrutura sua argumentação (MELLO, 1929: 85-103).

A análise comparativa permite entender sua opção pelas soluções propostas e efetivadas por urbanistas norte-americanos, opção quase sempre precedida por análises da situação de cidades europeias e, em grande parte, pela boa adaptação de soluções realizadas anteriormente na Inglaterra. Expõe sua forma de argumentar e a justifica por considerar ser "norma geral da pesquisa scientifica [...] tomarmos por marco inicial das nossas pesquisas a alheia experiência" (MELLO, 1929: 13). O levantamento dos problemas urbanos e de como foram enfrentados com bons ou maus resultados pelas autoridades locais de várias cidades do mundo configura um procedimento protocolar presente em vários autores da segunda metade do século XIX e século XX. Pode ou não acompanhar uma apresentação retrospectiva das fases pelas quais passou o urbanismo enquanto prática. Anhaia Mello segue esse procedimento, já presente em Victor da Silva Freire, e lista as várias etapas das modernas intervenções urbanas: a *citybeautiful*, com seus belos centros cívicos, bulevares, fontes e estátuas, dera lugar à "cidade útil, hygienica, confortável, pratica e economica", quando

URBANISTAS E URBANISMO NO BRASIL **257**

a atenção dos urbanistas voltara-se para os aspectos técnicos de circulação, transporte, indústria, zoneamento e custeio dos "melhoramentos urbanos". Moderna concepção abrangente de pensar a cidade não mais como "divisão política, mas a cidade unidade econômica do paiz" (MELLO, 1929: 108-109).[31]

Já em seus primeiros textos de 1928 e 1929, Anhaia Mello expunha a explícita interdependência de cidades e regiões, o que fez com que modulasse suas propostas na escala de "planos regionaes". Definida assim a *escala* regional como unidade mínima para o planejamento urbano, sublinhava a interdependência expressa no conceito de rede regional que poderia vir a abranger todo o país na concepção de "urbanização integral".

Ao comentar o panorama das fases e da abrangência dos planos urbanísticos com base no que sucedia nos Estados Unidos, enumerava as múltiplas injunções políticas e os interesses privados contrariados e atuantes naquele país como obstáculos constitutivos do jogo político a serem superados (MELLO, ago. 1929: 106-112). Essa concepção ampla do planejamento estendido à dimensão regional e nacional, ele a detalharia em 1954 em um texto de grande repercussão entre os profissionais da área, que receberia acirrada crítica do também engenheiro-arquiteto formado pela mesma Escola Politécnica, prefeito da capital paulista no período do Estado Novo, Francisco Prestes Maia (MELLO, s.d). O centro da discordância entre os dois engenheiros-arquitetos estava na própria concepção de expansão da cidade. Enquanto Anhaia Mello preconizava a limitação do crescimento do tecido urbano por um cinturão verde

---

31 Freire expõe as fases das intervenções urbanas em *Melhoramentos de S. Paulo*, p. 92.

baseado no tipo cidade-jardim e colocava as necessidades das pessoas no centro da opção pelas superquadras e unidades de vizinhanças, desdobrado o núcleo central em múltiplas cidades-satélites, Prestes Maia defendia a expansão ilimitada da cidade na forma concêntrica radial concedendo privilégio a um plano viário. Também na inserção de área verdes os dois urbanistas divergiam: embora afirme o universal reconhecimento da distribuição de "espaços livres", Prestes Maia critica a criação de parques e bosques na periferia das cidades, pois, a seu ver, seria, "sob o actual systema de edificação, ineficaz para proporcionar ar fresco à população domiciliada no interior". Propõe como alternativa a "penetração em cunha dos espaços livres"; sua crítica se desdobra às "áreas residenciaes como ilhas no meio da vegetação", por considerar utópico esse esquema. Propõe "um systema de parques e parways paulista" nas margens dos "dois rios que banham a cidade", Tietê e Pinheiros (MAIA, 1930: 124-129).

A oposição de Anhaia Mello em relação à forma como São Paulo se expandia, a partir do Plano de Avenidas de Prestes Maia, baseava-se no que defendia como "o molde ecológico metropolitano", contrário ao "processo típico em uma série de círculos concêntricos", com propensão a desenvolver em torno do centro urbano "uma área de transição ou deterioração, antes residencial" e depois "invadida pelo comércio e industrias leves". A formação de anéis de cortiços suburbanos, terrenos onde "o operário, expulso das zonas centrais, vae construir a sua residência", traduz na *escala mínima* do plano da expansão urbana ou metropolitana "uma desorganização, análoga aos processos anabólicos e catabólicos do metabolismo do corpo humano", que, entretanto, possui "entelechia" ou a "posse de própria perfeição", diz Anhaia Mello. Persiste na imagem orgânica da cidade como parte de uma região e opõe à imagem negativa do crescimento ilimitado da cidade a "limitação forçada [...] por meio de regionalismo e polinucleação" (MELLO, s.d.: 35).

Retoma persistentemente a concepção da necessária e ampla discussão das questões urbanas e prevê a "consulta direta e constante da opinião pública, a 'publichearing' [como] parte de qualquer resolução", como a formação da Comissão do Plano da Cidade, como instância imprescindível para se formular os planos destinados a definir os limites e a configuração da área urbanizada, ainda que em sua menor dimensão, a cidade, mas extensível aos vários níveis do planejamento da "era biotécnica" (MELLO, 1929: 69; 1957: 37). Fortemente marcada pela concepção organicista de cidade, em seus textos a argumentação é, com frequência, repleta de termos biológicos – "cidade organismo vivo", "anomia" e "anonimidade", "hommosporogenes [...] que se encapsula para suportar o ambiente metropolitano". Refere-se às várias dimensões de deterioração – física, econômica, demográfica e social – da vida urbana para propor cinturões verdes delimitadores da área urbanizada da "cidade celular", composta pelas unidades de vizinhança (*neighborhood unit cele*) em superquadras dotadas de espaços verdes, como base ideal para o núcleo familiar e para a vida em um ambiente urbano (MELLO, 1957). Assegurar segurança, sossego, conforto, ar puro, *family life*, nas unidades de vizinhança projetava a possível recomposição orgânica da comunidade, na qual o indivíduo liberal atomizado desfazia-se na célula familiar.

Diversidade de linguagens

> Toda cidade é um organismo, mas, cresce sem o controle de leis biológicas que estabeleçam, automaticamente, equilibrio e harmonia entre as partes do todo. [...] Uma cidade é um organismo e como tal requer desenvolvimento parallelo e equilibrado de todos os organs e faculdades.
>
> Anhaia Mello[32]

As figuras de linguagem, em especial as metáforas, amplamente utilizadas por Anhaia Mello, cumprem uma dupla finalidade nos textos dos urbanistas que as adotam: projetam com palavras e representações imagéticas de alto poder persuasivo que indicam com essa mesma imagem a solução possível (RICOEUR, 1992 e 1975). Reproduções iconográficas se dispõem como parte integrante da linguagem escrita – projetos de loteamentos adequados à função do zoneamento, desenhos de situações representativas do que se prevê eliminar ou criar – e completam os argumentos da avaliação técnica e da solução proposta pelos autores. Nos textos do período inicial da trajetória profissional de Anhaia Mello, as imagens, em sua grande maioria, traduzem a opção pela concepção filosófica romântico-organicista, inscrevendo a família enquanto célula da vida em comunidade a ser recuperada em cidades de expansão limitada e controlada. Ao traduzirem situações problemáticas e propostas passíveis de serem executadas, constituem parte da

---

32 "A 'Sociedade Amigos da Cidade' e sua função no quadro urbano". *Boletim do Instituto de Engenharia*, São Paulo, vol. XXI, nº 115, jun. 1935, p. 264-267.

própria argumentação crítica da concepção liberal cuja base se estrutura a partir do indivíduo atomizado.

Há, assim, na crítica à cidade de expansão ilimitada uma dupla denúncia: ela seria fruto de interesses do capital imobiliário e de projetos formulados no restrito âmbito dos gabinetes dos técnicos municipais, ausentes às consultas, à opinião dos cidadãos, ainda que na forma representada pelas comissões do Plano da Cidade. Enfatiza-se a ausência de qualquer procedimento destinado a formar o "espírito cívico" ou a "urbanocultura" de modo a minimizar a distância entre os técnicos e os habitantes.

Exemplos dessa inserção de diferentes linguagens aparecem nas propostas de áreas verdes em suas diversas possibilidades. Ao definir "a evolução do conceito de parque" para o de "recreio activo", em 1928, para os membros do Rotary Club, Anhaia Mello elabora duas imagens fortes. A primeira ao dizer da impossibilidade de se cultivar no mesmo chão grama e crianças; a essa segue uma descrição da paisagem urbana que divisa da janela de seu escritório "no alto da collina central": a edificação maciça nos bairros industriais e operários do Brás, Mooca e Ipiranga, chaminés das indústrias e casario denso, "marcos commemorativos do progresso da cidade, balisas da marcha triumphal para o futuro", em contraste com "o Parque da Varzea do Carmo, de gramados immensos, não direi inuteis, mas inutilisados". Após definir o contraste na forma de contradição – crianças sem espaços abertos adequados aos jogos infantis e gramados imensos e sem uso a solução de transformá-los em "playgrounds" bem equipados surge como elemento previsto no campo dos "ideaes do urbanismo moderno – o maior bem do maior numero" (MELLO, 1929: 26-17).

Cumpre mencionar que esse procedimento argumentativo recebe maiores detalhes técnicos em textos destinados ao público especializado do Instituto de Engenharia. Sem renunciar a inserções poéticas e filosóficas, sempre presentes em seus textos, Anhaia Mello recorre a imagens como parte do roteiro (MELLO, 1929), no qual quadros estatísticos e cálculos das áreas necessárias aos "recreios ativos", já estabelecidos em outras cidades, em particular dos Estados Unidos, vinculam-se necessariamente aos desenhos de parques apresentados como soluções resultantes de seus estudos. Parques modernos, implantados em "unidades de vizinhança", e "superquadras" entrelaçadas por áreas verdes fornecem elementos estratégicos para a argumentação da proposta de assegurar qualidade de vida ao habitante dos núcleos urbanos. Procedimento repetido na sugestão em defesa da tipologia "cidade celular, unidades de vizinhança e superquadras", com ampla exposição de projetos nos quais a previsão de áreas com espaços abertos, públicos ou privados, configura parte estratégica do traçado na subdivisão dos terrenos. Estatísticas demográficas, número de veículos rápidos em trânsito, atropelamentos e acidentes causados pelo traçado tradicional de vias de circulação inserem-se na proposta com o objetivo sempre sustentado do benefício do maior número, no caso, referido à segurança (MELLO, jun. 1933: 131-142). Os quadros esquemáticos da estrutura administrativa das fases anteriores e níveis de planejamento formam representações imagéticas de fácil compreensão para o público leigo.

Retomo afinal Anhaia Mello em uma de suas primeiras conferências: "Ver é mais fácil do que pensar e tem a vantagem de interessar também aos analfabetos". Na "arvore do urbanismo", suas raízes fortes e abundantes, fincadas na "opinião pública" (devidamente "esclarecida"), levam pelo tronco da Comissão do Plano da Cidade a seiva que alimenta e sustenta, pois, a formulação de leis definidoras dos parâmetros da ação urbanística. Estas, por sua vez, deitam como sombra o progresso urbano. Em suas palavras: "Só á sombra dessa arvore frondosa do Urbanismo se poderá organizar o crescimento ordenado e bello das cidades onde viverão felizes as gerações a vir". A imagem compõe a representação da proposta considerada por ele correta: tramitar o processo de formação de projetos de intervenção urbana por meio de leis em oposição à alternativa corrente da formulação de projetos de gabinete pelas mãos dos técnicos especializados.[33] A proposta de Anhaia Mello contempla um duplo processo pedagógico que visa o esclarecimento da população urbana e a alteração do procedimento de seus colegas. O esquema hierarquizado das várias instâncias envolvidas no planejamento inserido na última página da coletânea dispõe visualmente a argumentação escrita, como pudemos observar no traçado que comporia a cidade celular moderna.[34]

---

33   Há aqui oposição clara à posição de seu colega Francisco Prestes Maia que, no texto introdutório do seu Plano de Avenidas para São Paulo, afirma ser "Estudo summario e despretencioso de repartição, como tantos que diariamente os arquivos sepultam... merecidamente" (MAIA, 1930: XI).

34   "O problema psychologico", página de rosto, "Regulamentação e expropriação", p. 117; "Urbanismo: o problema financeiro", p. 197; "A 'Sociedade Amigos da Cidade' e sua função no quadro urbano", p. 265 (MELLO, 1929).

Referências

ARASAWA, Claudio Hiro. *A "Árvore do Urbanismo de Luiz de Anhaia Mello"*. Dissertação (mestrado em História) –FFLCH-USP, São Paulo, 1999.

BENTHAM, Jeremy. *The Panopticon Writings*. Org. Mirian Bozovic. Londres/Nova York: Verso, 1995 [1787].

Boletim do Instituto de Engenharia, São Paulo, vol. 1, nº 3, fev. 1918.

BONDUKI, Nabil. *Origens da habitação social no Brasil: arquitetura moderna, lei do Inquilinato e difusão da casa própria*. São Paulo: Estação Liberdade/Fapesp, 1998.

BRESCIANI, Maria Stella. "Estudo da trajetória profissional do engenheiro-arquiteto Luiz I. R. de Anhaia Mello". In: SALGADO, Ivone; BERTONI, Angelo (orgs.). *Da construção do território ao planejamento das cidades: competências técnicas e saberes profissionais na Europa e nas Américas (1850-1930)*. São Carlos: RiMa, 2010, p. 149-170.

BURNHAM, Daniel U.; BENNETT, Edward. *Plan of Chicago*. Apresentação de Kristen Schaffer. Nova York: Princenton Architectural Press, 1993 [1908].

CAMPOS, Candido Malta. *Os rumos da cidade: urbanismo e modernização em São Paulo*. São Paulo: Editora Senac, 2002.

CARPINTÉRO, Marisa. *A construção de um sonho: os engenheiros-arquitetos e a formulação da política habitacional no Brasil*. Campinas: Editora da Unicamp, 1997.

CHOAY, Françoise. *O Urbanismo: utopias e realidades – uma antologia*. Trad. Dafne do Nascimento Rodrigues. São Paulo: Perspectiva, 1997 [1965].

CORDEIRO, Simone Lucena (org.). *Os cortiços de Santa Ifigênia: sanitarismo e urbanização (1893)*. São Paulo: Arquivo Público do Estado de São Paulo/Imprensa Oficial, 2010.

CORREIA, Telma de Barros. *A construção do habitat moderno no Brasil. 1870-1950*. São Carlos: RiMa/Fapesp, 2004.

EGAS, Eugenio. *Galeria dos Presidentes de São Paulo*. Secção de Obras d'O Estado de São Paulo, vol. 1, Império, 1926.

FELDMAN, Sarah. *Planejamento e zoneamento. São Paulo: 1947-1972*. São Paulo: Edusp/Fapesp, 2005.

FICHER, Sylvia. *Os arquitetos da Poli: ensino e profissão em São Paulo*. São Paulo: Edusp, 2005.

FOUCAULT, Michel. *Vigiar e punir: nascimento da prisão*. Trad. Ligia M. Pondé Vassallo. Petrópolis: Vozes, 1983 [1975].

FREIRE, Victor da Silva. "Melhoramentos de S. Paulo". *Revista Politécnica*, São Paulo, vol. 6, n° 33, fev./mar. 1911, p. 91-145.

_____. "A cidade salubre". *Revista Politécnica*, São Paulo, vol. 8, n° 48, out./nov. 1914, p. 319-354.

_____. "Codigos Sanitarios e posturas municipaes sobre habitações (alturas e espaços). Um capitulo de urbanismo e de economia nacional". *Boletim do Instituto de Engenharia*, São Paulo, vol. 1, n° 3, fev. 1918, p. 229-427.

GUERRAND, Roger-Henri. "Espaços privados". In: PERROT, Michelle (org.). *História da vida privada*. Vol. 4: *Da Revolução Francesa à Primeira Guerra*. Trad. Denise Bottmann e Bernardo Joffily. São Paulo: Companhia das Letras, 1995, p. 325-411.

LEME, Maria Cristina da Silva. *Formação do urbanismo em São Paulo como campo de conhecimento e área de atuação profissional*. Tese (livre-docência em Arquitetura e Urbanismo) – FAU-USP, São Paulo, 2000.

LETHABY, William R. *Architecture, mysticism and myth*. Nova York: CosimoClassics, 2005 [1892].

MAIA, F. Prestes. *Introdução ao estudo de um Plano de Avenidas para a cidade de São Paulo*. São Paulo: Melhoramentos, 1930.

MELLO, L. de Anhaia. *Problemas de urbanismo: bases para a resolução do problema technico*. Publicação do Boletim do Instituto de Engenharia de São Paulo. São Paulo: Escolas Profissionaes Salesianas, 1929.

_____. "A verdadeira finalidade do Urbanismo". *Boletim do Instituto de Engenharia*, São Paulo, nº 52, ago. 1929, p. 106-112.

_____. "Urbanismo e suas normas para organisação de planos". *Boletim do Instituto de Engenharia*, São Paulo, vol. XVII, nº 89, abr. 1933, p. 209-214.

_____. "A cidade cellular. Quadras, superquadras e cellulas residenciaes". *Boletim do Instituto de Engenharia*, São Paulo, vol. XVIII, nº 91, jun. 1933, p. 131-142.

_____. "A 'Sociedade Amigos da Cidade' e sua função no quadro urbano". *Boletim do Instituto de Engenharia*, São Paulo, vol. XXI, n° 115, jun. 1935, p. 264-267.

_____. *Curso de Urbanismo: elementos de composição regional*. Curso de Extensão Universitária, Escola Politécnica da USP. Impresso no Departamento de Livros e Publicações do Grêmio Politécnico, 1957.

_____. *O Plano Regional de São Paulo*. Uma contribuição da Universidade para o estudo de "Um Codigo de Ocupação lícita do solo", 8.11.1954 – Dia Mundial do Urbanismo. Monografias FAU-USP, mimeo, s.d.

PERROT, Michelle. "Maneiras de morar". In: PERROT, Michelle (org.). *História da vida privada*. Vol. 4: *Da Revolução Francesa à Primeira Guerra*. Trad. Denise Bottmann e Bernardo Joffily. São Paulo: Companhia das Letras, 1995 [1987], p. 307-323.

RETTO Jr., Adalberto. *Escalas de modernidade: Vale do Anhangabaú – estudo de uma estrutura urbana*. Tese (doutorado em Estruturas Ambientais e Urbanas) – FAU-USP, São Paulo, 2003.

Revista de Engenharia. Publicação mensal de Engenharia Civil e Industrial, Architectura e Agronomia (diretores Engs. Ranulpho Pinheiro Lima e H. Souza Pinheiro), São Paulo, vols. 1 e 2, jun. 1911/maio 1912.

RICOEUR, Paul. *La métaphore vive*. Paris: Seuil, 1975.

268 RODRIGO DE FARIA • JOSIANNE CERASOLI • FLAVIANA LIRA [ORGS.]

_____. "O processo metafórico como cognição, imaginação e sentimento". Trad. Franciscus W. A. M. van de Wiel. In: SACKS, Sheldon (org.). *Da metáfora*. São Paulo: Educ-Pontes, 1992 [1979], p. 145-160.

SALGADO, Ivone; BERTONI, Angelo (org.). *Da construção do território ao planejamento das cidades: competências técnicas e saberes profissionais na Europa e nas Américas (1850-1930)*. São Carlos: RiMa, 2010, p. 149-170.

SCHICHI, Maria Cristina. *Centralidades ou periferias? Repensando o papel dos subcentros na cidade de São Paulo*. Tese (doutorado em Arquitetura) – FAU-USP, São Paulo, 2002.

SCHLANGER, Judith E. *Lesmétaphores de l'organisme*. Paris: Vrin, 1971.

SEGAWA, Hugo. *Prelúdio da Metrópole: arquitetura e urbanismo em São Paulo na passagem do século XIX ao XX*. São Paulo: Ateliê Editorial, 2000.

SIMÕES Jr., José Geraldo. *Anhangabaú: história e urbanismo*. São Paulo: Imprensa Oficial, Editora Senac, 2004.

SITTE, Camillo. *A construção das cidades segundo seus princípios artísticos*. Organização e apresentação Carlos Roberto Monteiro de Andrade. Trad. Ricardo Ferreira Henrique. São Paulo: Ática, 1992 [1889].

TIMÓTEO, Jhoyce P. *A cidade de São Paulo em "Escala Humana": Luiz de Anhaia Mello e sua proposta de recreio ativo e organizado*. Dissertação (mestrado em História) – IFCH-Unicamp, Campinas, 2008.

TOLEDO, Benedito Lima de. *Anhangabaú*. São Paulo: Fiesp, 1989.

WHYTE, Iain Boyd. *Biopolis*: *Patrick Geddes and the City of Life*. Cambrigde/Londres: MIT Press, 2002.

WIECZOREK, Daniel. *Camillo sitte et les débuts de l'urbanismo moderne*. Bruxelas: Pierre Mardaga, 1981.

ZUCCONI, Guido (org.). *Camillo Sitte i suoiinterpretti*. Milão: Urbanistica Franco Angeli, 1992.

A formação do campo conceitual de estudos sobre a cidade: (im)possibilidades de uma abordagem biográfica[1]

JOSIANNE FRANCIA CERASOLI
Departamento de História/Programa de Pós-Graduação em História/
Centro Interdisciplinar de Estudos sobre a Cidade – Unicamp

> [...] *tem a ver com uma área pequena, com homens em vez de massas, e com paixões humanas de indivíduos, em vez daquelas vastas forças impessoais que, em nossa sociedade moderna, são uma conveniência necessária de pensamento, e cujo estudo tende a obscurecer o estudo dos seres humanos.*
>
> T. S. Eliot

Foi a partir de um ensaio de Isaiah Berlin que a menção a "forças impessoais" chamou minha atenção, justamente quando buscava no pensamento político elementos para este estudo sobre a formação do campo conceitual sobre o urbano. Uma questão de fundo pareceu opor de modo

---

1 Parte dessas indagações têm origem nos estudos da trajetória do engenheiro-arquiteto Alexandre Albuquerque (1880-1940), primeiro egresso do curso de engenheiro-arquiteto da Escola Politécnica de São Paulo a se tornar docente no mesmo curso, em 1917, cerca de dez anos após diplomar-se. As pesquisas sobre ele estão relacionadas ao projeto temático *"Saberes eruditos e técnicos na configuração e reconfiguração do espaço urbano. Estado de São Paulo, séculos XIX e XX"* [Fapesp 05/55338-0].

272   RODRIGO DE FARIA • JOSIANNE CERASOLI • FLAVIANA LIRA [ORGS.]

inconciliável as trajetórias pessoais e as estruturas impessoais, para levantar-se logo de início como um obstáculo – talvez uma impossibilidade – a abordagens biográficas nos estudos sobre a cidade: ao considerar-se a complexidade da experiência urbana sob seus múltiplos aspectos, que contribuição poderia trazer um estudo biográfico a respeito de alguns de seus agentes? Especificamente, que aspectos dos estudos urbanos poderiam ser aclarados a partir de investigações sobre a ação e a trajetória de urbanistas? Em que medida se pode considerar a ação de "forças impessoais" e "intervenções pessoais" quando se estuda o urbano e os saberes a ele direcionados, como o urbanismo?

Instigadas inicialmente pelo ensaio de Berlin, essas indagações estimularam estes apontamentos. Ao iniciar uma reflexão crítica sobre o que chamou de inevitabilidade histórica,[2] o filósofo e historiador das ideias Isaiah Berlin retirou apenas e tão fortemente três palavras, na forma de uma sintética epígrafe: "vastas forças impessoais". Separou-as nos dizeres do escritor e crítico T. S. Eliot, selecionados entre ponderações sobre a importância da cultura como instrumento de política, e atribuiu às forças impessoais o papel de obscurecer dimensões humanas na sociedade.[3] Colocada ao lado de ponderações sobre uma abordagem histórica biográfica, a brevíssima epígrafe teve efeito imediato. Sua aparente antítese em relação a noções implicadas na escala e na pessoalidade próprias da biografia me

---

2   Texto escrito na Inglaterra em 1953, sob o título de "Inevitabilidade histórica" (BERLIN, 2003: 159-225).

3   Especificamente ao falar da importância do estudo da história da teoria política, em livro publicado pelo autor pela primeira vez em 1948: *Notas para uma definição de cultura*, por Eliot (1998).

URBANISTAS E URBANISMO NO BRASIL **273**

obrigou, então, a vasculhar posições declaradas ou vistas como opostas a tais determinismos históricos.

O historiador Carlo Ginzburg tem se posicionado, entre outros pensadores, de modo contrário a posições deterministas. Em uma reflexão publicada cerca de quatro décadas depois do ensaio de Berlin e passados aproximadamente vinte anos de suas primeiras incursões em meio a estudos que ficaram conhecidos como micro-história, o historiador faz uma espécie de inventário sobre os usos e as possibilidades de uma análise da história, e nela considera ao mesmo tempo a importância da dimensão microanalítica e da imprevisibilidade histórica.[4] Apesar das distâncias, ambos expressaram seu incômodo diante de generalizações e paradigmas totalizantes, mesmo que tivessem diante de si momentos distintos (considerando-se as polêmicas em torno do fazer histórico).[5] Ao opor-se reiteradamente a relativismos capazes de reduzir

---

4 Texto originalmente publicado na Itália em 1994 (GINZBURG, 2007: 249-279).

5 Os trabalhos dos dois autores não apenas se situam cronologicamente mas dialogam de modo claro com discussões teóricas e metodológicas em pauta entre historiadores nas décadas de 1950, 1970 e 1990, e certamente pressupõem posicionamentos e avaliações distintas acerca da história, como uma disciplina acadêmica e uma narrativa comprometida com projetos sociais e/ ou políticos e/ou epistemológicos. Os objetivos desta reflexão sobre a abordagem biográfica, porém, reduzem a possibilidade de avançar nessa direção da nálise, da qual sublinho apenas a importância de se situar alguns aspectos gerais desses debates em relação aos textos: o primeiro texto, de 1950, estaria próximo de preocupações com a dimensão ideológica dos estudos históricos; os trabalhos de Ginzburg na década de 1970, indiretamente, indicariam uma resposta à preocupações com a história vista a partir de forças não hegemônicas, e os posteriores estariam relacionados a dilemas teórico-metodológicos amplamente discutidos pelos historiadores nas últimas décadas, ligados à necessidade de pensar os significados da própria narrativa histórica.

a história a meras formas literárias, Ginzburg remete explicitamente sua aproximação do modo de narração da microanálise ao "projeto grandioso e intrinsecamente irrealizável" do escritor L. Tolstói, em *Guerra e Paz*, ou seja, a convicção de que um "fenômeno histórico só pode se tornar compreensível por meio da reconstrução da atividade de *todas* as pessoas que dele participaram" (GINZBURG, 2007: 265-266).

Sinteticamente, de um lado, em Berlin, nota-se a crítica a uma história impessoal regida pela força da inevitabilidade e explicada em escala cósmica, de modo determinista; de outro, a defesa da imprevisibilidade e do potencial de uma abordagem histórica baseada na esfera particular e heterogênea, analisada em escala microcósmica. Enquanto o primeiro investiga detidamente noções abrangentes como liberdade e responsabilidade, pautado em matrizes liberais de pensamento, Ginzburg parece voltar-se mais à esfera pessoal, ocupado ao mesmo tempo em vasculhar vestígios de vozes esquecidas e em justificar posicionamentos teórico-metodológicos distantes de relativismos. Porém, mesmo diante de perspectivas específicas e apostas em procedimentos distintos, ambos insistem na importância de se levar em conta nos estudos históricos os significados e as singularidades existentes no passado, ou seja, reiteram a relevância de uma visão que contemple a "escala humana" na história.

A meu ver, sem que explicitem essa posição, ambos também estão diante de um dilema persistente nas reflexões históricas e que repercutem incisivamente nos estudos de história urbana: como se relacionam forças sociais, individualidades e subjetividades? Como o entendimento dessa relação atua

URBANISTAS E URBANISMO NO BRASIL **275**

sobre a explicação/compreensão do passado?[6] De que maneira diferentes posicionamentos diante dessas dimensões alteram as abordagens acerca da história, em última instância, do humano? Se ajustarmos o foco para a abrangência dos estudos urbanos, o mesmo dilema pode ainda instigar outras indagações: é possível uma compreensão sobre a formação do campo conceitual de estudos sobre a cidade a partir de uma análise biográfica? Analisados pelo prisma das trajetórias profissionais de urbanistas, seriam os estudos urbanos propícios a uma melhor compreensão acerca das dinâmicas constitutivas do campo conceitual pelo qual se apreende o urbano?

Ajustar o foco ao domínio dos estudos urbanos inclui, a meu ver, também situar questões acerca do próprio campo conceitual de estudos sobre a cidade, do modo como é considerado nestes apontamentos. Entendo esse campo conceitual como aquele que abrange estudos de história urbana, de história das cidades e estudos sobre os saberes e sensibilidades mobilizados e elaborados para a intervenção e a apreensão do urbano. Trata-se de um campo conceitual amplo, configurado de modo transdisciplinar no decorrer de constantes transformações, e por isso mesmo um domínio constituído em meio a diferentes tensões.[7] O caráter transdisciplinar dos saberes sobre a cidade

---

6   Remeto à discussão sobre explicação/compreensão na narrativa histórica aos apontamentos de Paul Ricouer em capítulo homônimo (RICOEUR, 2007).

7   Sobre a formação transdisciplinar que caracteriza o urbanismo, vários estudos de Bresciani sobre questões urbanas têm apontado aspectos importantes, seja para o entendimento das diferentes questões que instigam essa configuração, seja na análise dos preceitos provenientes de outros campos disciplinares que compõem o urbanismo. Uma análise de como a história tem abordado os temas urbanos também indica, em texto escrito por mim em parceria com Carpintéro, a importância de se considerar aspectos sociais, políticos, culturais,

(e dos estudos urbanos) acrescenta ainda uma variável importante ao entendimento desse campo conceitual, uma vez que amplia o jogo de forças a ser considerado, tanto em relação à autoridade e significado desse saber quanto em relação aos discursos de legitimação do mesmo. Por um lado, é possível entender o campo científico e disciplinar, a partir de autores como Bourdieu, como originário de uma espécie particular de condições sociais de produção, estabelecido entre disputas pelo monopólio do campo científico (reconhecimento da autoridade técnica e do poder social do conhecimento, bem como da legitimidade do falar e agir por ele sustentado); portanto, o próprio funcionamento do campo científico produz e pressupõe formas específicas de interesse.[8]

Por outro lado, as provocativas investigações de Foucault a respeito das interdições em torno do discurso, inclusive o científico, continuam a sugerir fortemente a necessidade de se repensar, em variadas circunstâncias, o papel da autoria e das coerências de pensamento nos diferentes campos do conhecimento. Noções como o controle externo e interno do discurso, bem como a limitação da ideia de *identidade* e *individualidade,* obrigam a considerar o papel do controle da produção do discurso quando não se subestima os jogos de diferenças e escolhas em que opera o discurso: "ninguém entrará na ordem do

---

sensíveis, territoriais etc., e propõe uma abordagem histórica capaz de ansiar o alcance dessa complexa pluralidade de saberes e dimensões que a compõe. Ver: BRESCIANI, 2002; BRESCIANI, 2012; CERASOLI; CARPINTÉRO, 2009.

8   São conhecidas e esclarecedoras as considerações do sociólogo acerca das noções de campo e *habitus,* também em relação ao funcionamento dos campos do conhecimento e da ciência (BOURDIEU, 1976; 2004).

discurso se não satisfizer a certas exigências ou se não for, de início, qualificado a fazê-lo" (FOUCAULT, 1996: 36-37).

Tanto as reflexões de Bourdieu quanto de Foucault, nesse caso, apontam para a necessidade de se abordar a configuração de um campo conceitual a partir de um jogo complexo de forças, autorizado e legitimado em meio ao funcionamento do campo ou controlado por meio dos enunciados que formula. Visto desse modo, e ainda compreendido na perspectiva transdisciplinar que o constitui historicamente, o campo do urbanismo e dos estudos sobre a cidade parece adquirir uma feição peculiar. Desse modo, a pluralidade de interesses e pressões ("vastas forças") que nele atua parece apontar ainda maiores desafios a uma abordagem do campo conceitual tecida a partir de estudos biográficos. Não caberia apenas perguntar sobre a possiblidade de uma compreensão sobre a formação do campo conceitual de estudos sobre a cidade a partir de uma análise biográfica, mas, de forma mais precisa e abrangente, caberia investigar *quais possibilidades* uma investigação biográfica confere à compreensão do campo conceitual de estudos sobre a cidade, bem como do campo profissional em que atua.

São questões amplas, sem dúvida, mas busco aqui contribuir para explorá-las primeiramente por meio de uma leitura desse dilema e, em seguida, utilizando-me de uma abordagem panorâmica a partir de alguns estudos sobre urbanistas e arquitetos, nos quais a trajetória individual – profissional, intelectual ou mesmo biográfica em sentido estrito – figura como um importante fio condutor da trama narrada. A fim de melhor compreender as implicações desses dilemas, localizo inicialmente o debate sobre a inevitabilidade histórica a partir

278 RODRIGO DE FARIA • JOSIANNE CERASOLI • FLAVIANA LIRA [ORGS.]

de Berlin, colocando-o em seguida em diálogo com as ideias de singularidade e representatividade nos estudos biográficos, e acompanho reflexões de Certeau e Dosse para pensar seu alcance. Nestas reflexões busco, ao final, alguns "desvios" ou "escapes", a partir de estudos sobre trajetórias de profissionais, para se repensar o lugar – e o potencial – das abordagens biográficas no estudo das cidades.

Entre a "vontade livre" e as "vastas forças impessoais"

O ensaio de Isaiah Berlin sobre a inevitabilidade histórica apresenta uma argumentação francamente crítica em relação à importância que adquiriram as concepções de fundo estruturalista e ideológico para os estudos de história, sociologia e política até meados do século XX. Tanto o avanço de paradigmas estruturalistas quanto o fortalecimento de interpretações delineadas previamente por ideologias geravam, segundo afirma, um obscurecimento dos estudos históricos e uma imprecisão ao se descrever as ações e comportamentos humanos. Por meio de uma aposta na equivalência entre explicar e justificar, tornaram-se responsáveis por "falácias retumbantes". A ideia de que seria possível "descobrir grandes padrões ou regularidades na marcha dos acontecimentos históricos", ou seja, de que certas "filosofias da história" estariam na base das ações (e também de seu estudo), aparece como motivação central para a crítica do autor ao predomínio de referências às "vastas forças impessoais" nos estudos históricos.[9]

---

9 O autor chama atenção para forças impessoais como: classe, raça, cultura, Hstória, Razão, Força de Vida, Progresso, Espírito da Época, criticando-as como crença em uma suposta "maquinaria da própria história" ou na "obediência a leis naturais ou sobrenaturais" (BERLIN, 2003: 167-168).

Ele aponta ainda como alguns domínios invisíveis e aparentemente oniscientes, tais como como "a Renascença" ou "a urbanização", figuram nessas explicações generalizantes como se pairassem *sobre* as ações e escolhas individuais. Vistas como entidades impessoais, tais generalizações funcionam como pressupostos ou contextos dados e assumem o estatuto de justificativa ou explicação antecipada ante as escolhas individuais. É o que levaria a considerar, por exemplo, em meio ao ambiente cultural do "modernismo" (ou mesmo do "pré" ou "pós-modernismo"), as ações e opções individuais como correspondentes a certas expectativas e horizontes definidos nesse domínio prévio, responsáveis por sujeitar escolhas e vontades, ou por homogeneizar as interpretações sobre essas "vanguardas" ou espécies de "heresias". Berlin não especifica quais temas de estudo poderiam incorrer nessa coerção operada nas explicações, mas é possível situar, também, abordagens relativas à história urbana. A sobreposição entre ambiente cultural e opções individuais parece muito presente, por exemplo, na compreensão da atuação de um arquiteto como Otto Wagner (1841-1918) quando comparado a seu contemporâneo Camilo Sitte (1843-1906): enquanto o primeiro figura como mais adaptado a seu tempo, ou seja, "moderno", Sitte é essencialmente definido como "preservacionista". Os "domínios invisíveis" forneceriam, pois, os parâmetros que não se evidenciam desse modo no debate entre esses dois arquitetos acerca das intervenções urbanas em Viena no final do XIX, por exemplo.[10]

Por outro lado, o autor também analisa explicações que exageram o papel de razões "puramente subjetivas ou

---

10 Esse debate é problematizado no clássico estudo de Schorske (1988).

psicológicas" ou que atribuem a vida de sociedades inteiras à influência de indivíduos excepcionais. Percebe distorções na excessiva "pessoalização", e chama atenção para as consequências de se exagerar a importância de ações individuais, de modo a pressupor uma "consciência do ato" difícil de ser justificada: "não somos oniscientes, e nossas imputações são portanto absurdamente presunçosas" (BERLIN, 2003: 197). Busca apontar os limites para ações e desejos humanos, por considerar que, além dos condicionamentos identificáveis na suposta "vontade livre", as consequências dos atos estariam além de qualquer controle individual. O que parece ser a preocupação mais persistente de Berlin no longo ensaio de 1953 é a virtual impossibilidade de se apontar responsabilidades únicas, seja por meio de uma aposta em efetivas liberdades, seja diante do condicionamento incontornável pressuposto nesses estruturalismos e determinismos. O texto se alonga, assim, na crítica à pressuposição de que existiriam "razões profundas" como parâmetros inevitáveis aos acontecimentos e ações e contesta a existência de "grandes padrões ou regularidades na marcha dos acontecimentos", passíveis de descoberta. Para o autor, a aceitação dessas razões "não anima os pensamentos comuns da maioria dos seres humanos", além de inibir qualquer consideração acerca das potenciais responsabilidades dos "atos de vontade livre dos indivíduos", mesmo que de modo parcial, pela "operação de outros fatores impessoais" (BERLIN, 2003: 182, 184).

Apesar de sua desconfiança, tanto a respeito das relações de poder que envolvem as ações dos indivíduos quanto sobre o alcance de fatores supostamente determinantes (ou da "inevitabilidade histórica", como denomina), Berlin não se pergunta, estritamente, sobre como ou o que controlaria as ações individuais. A meu ver, a longa crítica de Berlin, amplamente apoiada em um manifesto desconforto diante dos limites dos grandes esquemas explicativos em voga nos anos 1950, mostra-se francamente oposta a alguma possível teoria da ação humana, mesmo quando não oculta sua forte aposta na liberdade como um valor e uma prática essencialmente humanos, capaz de impulsionar as ações humanas. Pergunta-se sobre o que tem sido levado em conta na descrição do comportamento humano e no entendimento de determinadas situações, observando a existência, *grosso modo*, de uma polarização persistente: "teorias pessoais e impessoais da história" (BERLIN, 2003: 161-162). Para ele, a crença na liberdade e na pressuposta possibilidade de escolha, ainda que ocasionalmente, "é uma ilusão necessária" tão profunda e difundida que nem sequer é percebida como ilusão (BERLIN, 2003: 185).

Parecem estar na base da análise crítica de Berlin os riscos e limites de uma explicação que antecipa de algum modo sua compreensão ou conclusão – dito de outro modo, uma explicação que opera com a categoria da inevitabilidade, norteada por condicionamentos pessoais ou impessoais. Não estão tais limites e riscos restritos aos estudos contemporâneos ao autor, ou presentes apenas nas investigações sobre a liberdade e a literatura, recorrentes na obra de Berlin. A própria persistência da escrita biográfica e das investigações voltadas a trajetórias individuais (profissionais, intelectuais etc.) reedita insistentemente a preocupação acerca desses condicionamentos. A biografia, ou seja, a escrita regida pelas investigações acerca da esfera pessoal ou individual, em suas facetas plurais, em sua longa existência tem

282 RODRIGO DE FARIA • JOSIANNE CERASOLI • FLAVIANA LIRA [ORGS.]

resvalado nesses dilemas, nem sempre de modo direto. Nos estudos e escritas biográficas, a esfera das "forças pessoais", para aproveitar a terminologia de Berlin, aparece como fruto de determinações externas, ou como fruto da "ilusão de liberdade", ou ainda, de modo mais problematizado, como resultante de condições de possibilidade configuradas historicamente, dentro e fora dos estudos relativos à cidade. Mais raramente, a escrita biográfica contempla uma análise crítica dos próprios enunciados que lhe postulam significados, por vezes independentes das trajetórias estudas, e em todos esses diferentes e persistentes delineamentos parece-me muito importante considerar alguns aspectos implicados no funcionamento de uma biografia a fim de avançar na compreensão sobre suas possibilidades.

Ritos biográficos

> Tendo de saber o que a história diz de uma sociedade, importa, pois, analisar como ela aí funciona.
>
> Michel de Certeau[11]

Uma abordagem biográfica pode servir-se de uma função simbolizadora, seja como leitura ou como pesquisa histórica, e nesse sentido envolver-se em certa ritualização. Não é novidade considerar que a narrativa biográfica, de modo próximo à narrativa histórica, figura como uma representação do

---

11 L'histoire, une passion nouvele. Table ronde avec Phillipe Aries, Michel de Certeau, Jacques le Goff, Emannuel Le Roy Ladurie, Paul Veyne. *Magazine littéraire*, nº 123, abr. 1977, p. 19-20 (*apud* DOSSE, 2009. p. 409).

passado, mas com riscos ainda maiores, diante da relação direta que se pode estabelecer entre o desaparecimento e sua ritualização por meio da biografia. Certeau chama atenção, em texto clássico (1975), para a função específica da escrita da história, diferente e complementar em relação à função prática: "a escrita representa um papel de *rito de sepultamento*; ela exorciza a morte introduzindo-a no discurso" (CERTEAU, 2008: 167). Esse "rito de sepultamento" torna-se ainda mais claro quando o discurso histórico lida com traços biográficos e, a meu ver, à medida em que se propõe a analisar não apenas rastros da vida em si – nasceu aqui, estudou ali etc. –, mas elementos de uma inserção social específica. No caso dos engenheiros, arquitetos, urbanistas, na condição de profissionais ligados a um campo específico de atuação, a abordagem biográfica me parece potencializar ainda mais esse conteúdo ritualizador, dada a necessária inserção desse percurso de vida em tensões – entre convicções ou controvérsias – próprias à configuração do campo profissional. Além disso, o entrecruzamento entre biografia e percurso profissional ou intelectual, que acompanha a investigação biográfica sobre agentes identificados com o campo profissional, deixa espaço para que essa ritualização aproxime ainda mais biógrafo e biografado, notadamente quando se discute escolhas profissionais.

Algo semelhante também poderia ser observado em outras área de atuação e inserção na sociedade, como a literatura, a educação, a medicina ou a filosofia, como se a investigação acerca de certas escolhas e o exame de algumas convicções manifestadas pelo biografado permitisse ao biógrafo, identificado com o campo, compreender seus próprios percursos, esclarecer suas escolhas ao aproximá-las do biografado, de modo mais amplo, inserir-se na ordem do discurso. No caso da arquitetura e do urbanismo, uma característica particular ao campo parece acentuar a função simbolizadora intensificada na biografia de um arquiteto, de um urbanista: a visibilidade e mesmo a tactibilidade das obras executadas ou propostas. A obra projetada ou imaginada é muitas vezes tangível, concretamente visível, ou mesmo perceptível por sua ausência, no lamento diante de projetos vistos como tecnicamente qualificados e não efetivados ou amplamente modificados – "se tivesse sido...". Tais percepções, ao compor o repertório da narrativa biográfica, podem ressaltar ainda mais aquilo que poderia marcar a trajetória profissional, como um "legado" que incorpora uma função simbólica e prática, em que uma atua sobre a outra.

Sobre essa "função *simbolizadora*", parece-me importante também assinalar, a partir de Certeau, seu papel ordenador das representações do passado. Ela permite, segundo afirma, que uma sociedade se situe, por meio da linguagem, entre o passado e o presente: "'marcar' um passado é dar um lugar à morte, mas também redistribuir o espaço das possibilidades, determinar negativamente aquilo que está *por fazer* e, consequentemente, utilizar a narratividade, que enterra os mortos, como um meio de estabelecer um lugar para os vivos" (CERTEAU, 2008: 107-108). É nesse papel performativo que o texto histórico, e de modo mais expressivo aquele que propõe uma abordagem biográfica, pode ao mesmo tempo propor uma "arrumação dos ausentes", por meio de uma interpretação capaz de classificar ou mesmo hierarquizar a relevância dos mortos, e em certo sentido "impor um querer", ou seja, estabelecer relações claras entre as escolhas do passado e as possibilidades presentes. Para dimensionar o efeito dessa função simbolizadora ritualizada no discurso biográfico, Certeau registra preocupada crítica, por perceber nele, em última instância, uma "escrita que caminha entre a blasfêmia e a curiosidade" (CERTEAU, 2008: 109).

Não se trata, de fato, de riscos desconhecidos para a narrativa biográfica, mas ao colocá-los ao lado dos temas e problemáticas comuns nos estudos sobre cidades, sobre práticas urbanísticas e suas concepções, podem assumir contornos mais intensos. O "efeito do real" da narrativa histórica se apresenta no gênero biográfico como "ambição de se criar um 'efeito do vivido'" (DOSSE, 2009: 410), enfatizado, no caso de investigações sobre profissionais, pelo conteúdo sensível que acompanha a exploração de suas ações. Essa ambição pode estar presente em qualquer narrativa biográfica, mas parece-me especialmente à espreita quando é preciso lidar com informações centrais na trajetória de um urbanista, por exemplo, a partir da investigação sobre seus projetos, sua inserção no meio profissional, os debates que assumiu publicamente ou os planos que executou. Ao lado da aparente possibilidade de se encadear os momentos e acontecimentos da vida do profissional como uma explicação sobre a trajetória – "estudou em...", "trabalhou com...", "projetou para..." etc. –, apresenta-se de forma acentuada o risco de uma valorização excessiva dos rastros, como se eles reiterassem a trajetória explicada. Essa narrativa tangencia o perigo da "ilusão" – da linearidade, a partir de Bourdieu, e da liberdade do sujeito, a partir de Berlin – e acentua o perigo da sedução do objeto.

É conhecida a metáfora de Bourdieu que alerta quanto a perigos como esses. Para ele, "tentar compreender uma vida como uma série única e autossuficiente de acontecimentos sucessivos sem outro liame que a associação a um 'sujeito' cuja constância é sem dúvida apenas a do nome próprio" – ou, no caso dos profissionais ligados ao campo conceitual da cidade, um *sujeito* cuja constância é o nome próprio precedido de sua filiação profissional –, "é quase tão absurdo quanto tentar reproduzir um trajeto de metrô sem levar em conta a estrutura da rede, ou seja, a matriz das relações objetivas entre diferentes estações" (BOURDIEU, 1986: 88). Trata-se de uma metáfora sensível ao olhar voltado para estudos sobre cidades e os saberes especializados que a tematizam, e a questão que levanta, da oposição entre a trajetória e a complexidade das relações que a envolve, mostra-se com expressiva força quando se considera as escolhas de uma narrativa biográfica que investiga a inserção profissional de um urbanista em seu campo de trabalho, com sua plural e incontornável multiplicidade de relações. Trata-se de uma metáfora que retoma, em outros termos, as suspeitas de Berlin sobre a inevitabilidade histórica, ao mesmo tempo que revisita a aposta de Ginzburg na imprevisibilidade do sujeito, e desse modo obriga a considerar mais uma vez as tensões entre "forças impessoais" e "livre escolha".

Biógrafos possuídos na (opa)cidade

As observações e reflexões a respeito dos perigos da abordagem linear de um percurso, da necessidade de se considerar as complexas relações que compõem a trajetória investigada, bem como da importância de se manter relativo distanciamento do objeto/*sujeito* de estudo, certamente acompanham os levantamentos acerca de pesquisas sobre profissionais ligados ao campo do urbanismo e à intervenção na cidade. Tais reflexões têm participado de minhas preocupações ao investigar, por exemplo, os percursos do engenheiro-arquiteto Alexandre Albuquerque, que viveu em São Paulo entre os anos de 1880 e 1940 e foi o primeiro egresso do curso de engenheiro-arquiteto da Escola Politécnica de São Paulo a se tornar docente no mesmo curso.[12] Além de figurar em estudos que problematizam aspectos do campo profissional da arquitetura e do urbanismo nas primeiras décadas do século XX, a trajetória de Albuquerque foi discutida em pelo menos dois estudos monográficos anteriores, que estabeleceram fios condutores diferentes para a problematização da atuação desse profissional. Um deles volta-se à investigação dos estudos do engenheiro-arquiteto sobre temas urbanos, especialmente a questão da insolação e seu papel na definição de padrões de arruamento e edificação; outro, apresenta uma exaustiva investigação sobre as obras construídas e projetadas pelo profissional ao longo de sua atuação, de certo modo em busca de coerências ou de aspectos circunstanciais como elementos de interpretação dessa atuação (ALBUQUERQUE, 2006; GRAZIOSI,

---

12 Até mesmo ao formular essas três linhas breves acerca desse profissional, observações sintetizadas na metáfora das redes do metrô, por exemplo, vêm à mente como uma cautela, a fim de se evitar que a narrativa construa artificialmente a linearidade desse percurso. Sem dúvida muitas escolhas que acabram por revelar poucas consequências para a trajetória analisada ficaram de fora dessa síntese, como o estabelecimento de um escritório de arquitetura, logo após sua diplomação, ou a apresentação de um plano de intervenção que não foi implantado, no centro da cidade de São Paulo, em 1911, em meio a debates com outros profissionais e interesses. As três sintéticas linhas, portanto, servem apenas como apresentação e sublinham uma vez mais a necessidade de se considerar a complexidade desse percurso.

288 RODRIGO DE FARIA • JOSIANNE CERASOLI • FLAVIANA LIRA [ORGS.]

2001). Nenhum desses estudos, inclusive o que desenvolvo, propôs-se a realizar uma biografia *stricto sensu* do profissional, mas todas resvalam na investigação ou na escrita biográfica como explicação ou como forma narrativa. Mais próximos de um percurso relacionado à profissão que de uma trajetória de vida, os três estudos não podem evitar, porém, as ligações entre o jogo de forças que envolve o campo profissional e as escolhas da esfera individual, ou seja, as relações entre as dimensões impessoais e pessoais nesse percurso.

Mas como têm sido conduzidos estudos sobre profissionais como este, no campo da história e dos estudos urbanos? Certamente não se pretende aqui um balanço tão abrangente como supõe uma questão tão ampla. Ela é tomada em seu valor heurístico, como proposição e investigação de uma conjectura acerca das abordagens biográficas. Para sua análise, considera-se tanto as citadas investigações acerca da trajetória de Albuquerque quanto o levantamento, ainda panorâmico e não exaustivo, de pesquisas acadêmicas sobre profissionais ligados ao campo do urbanismo e à intervenção na cidade no Brasil. A partir disso, é possível identificar inicialmente dois aspectos que merecem ser analisados detidamente ao considerarmos tais pesquisas, em termos gerais: a franca preferência por estudos sobre arquitetos (e sua arquitetura), em detrimento de urbanistas; o papel fundamental da investigação das relações e tensões do campo profissional ou, nos termos da metáfora de Bourdieu, das relações entre metrô e rede, entre forças pessoais e impessoais.

Para esse levantamento abrangente, foram observados três registros de investigações acadêmicas sobre profissionais ligados ao urbano e ao urbanismo, especificamente no campo da arquitetura no Brasil, considerando-se a disponibilidade dos dados e não, neste primeiro momento, as possibilidades de aprofundamento dessa investigação.[13] Prioritariamente, foram consideradas as dissertações e teses da área de arquitetura e urbanismo finalizadas entre 1987 e 2013, a partir dos dados divulgados pelo Instituto Brasileiro de Informação em Ciência e Tecnologia (IBICT) e pela Coordenação de Aperfeiçoamento de Pessoal de Nível Superior (Capes).[14] Esses dados foram comparados às publicações especializadas, com divulgação significativa na área de arquitetura e urbanismo (publicações que, em alguns casos, reeditam e divulgam os estudos feitos em nível de mestrado e doutorado), e aos trabalhos publicados nos anais do Seminário de História da Cidade e do Urbanismo desde sua primeira edição, em 1990 (espaço privilegiado para a busca de pesquisas voltadas aos estudos urbanos).[15] As justificativas para a abrangência

---

13 A proposta de análise das pesquisas acadêmicas mais recentes para acompanhar a presença das biografias nos estudos urbanos norteou a abrangência desse levantamento aos estudos feitos no Brasil. Não se priorizou pesquisas acadêmicas de significativa repercussão, inicialmente, mas sim a atualidade das abordagens, consideradas pelo enfoque proposto, e não analisadas qualitativamente.

14 O Banco de Teses da Coordenação de Aperfeiçoamento de Pessoal de Nível Superior (Capes), baseado em informações dos programas de pós-graduação, disponibiliza dados de dissertações e teses defendidas a partir de 1987. Disponível em: <http://www.capes.gov.br/servicos/banco-de-teses>. Acesso em: 3 dez. 2012. A Biblioteca Digital Brasileira de Dissertações e Teses (BDTD) do Instituto Brasileiro de Informação em Ciência e Tecnologia (IBICT), desenvolvida com apoio da Financiadora de Estudos e Pesquisas (Finep), tem entre os membros de seu conselho técnico consultivo representantes do CNPq, MEC (Capes e Sesu) e apresenta dados a partir de 2002. Disponível em: <http://bdtd.ibict.br/>. Acesso em: 3 dez. 2012.

15 Material organizado segundo o Sistema de Editoração Eletrônica de Revistas (SEER), a partir de reunião e editoração realizada pela Anpur; dis-

290   RODRIGO DE FARIA • JOSIANNE CERASOLI • FLAVIANA LIRA [ORGS.]

desse levantamento é prioritariamente de ordem prática, considerando-se a disponibilidade de dados, a intenção de se reunir informações panorâmicas (e não uma pesquisa exaustiva) e necessidade de não dispersar a atenção voltada para a relação entre trajetória e campo profissional na área do urbanismo e arquitetura, a partir de estudos realizados no Brasil.

Os dados analisados são interessantes para o entendimento dessas relações. Cerca de um décimo das dissertações e teses definidas como estudos de trajetória ou biografia de um profissional se volta destacadamente para estudos de percursos de urbanistas, ou seja, das 136 teses e dissertações defendidas desde 1987, sendo mais de cem entre 2002 e 2013, apenas 16 delas trazem como tema trajetórias de arquitetos que priorizam sua atuação como urbanistas, e todas as demais se voltam para o estuso de profissionais que tiveram inserção destacada no campo da arquitetura. A proporção é semelhante ao se observar os livros publicados, embora a amostragem seja limitada por serem vários deles diretamente resultantes das teses e dissertações já consideradas, ou pela dispersão dos dados disponíveis de editoras com linha editorial de perfil acadêmico.[16] Outro dado interessante diz respeito aos trabalhos que priorizam trajetórias profissionais apresentados nos Seminários de História da Cidade e do Urbanismo, realizados ao longo de duas décadas.

---

ponibiização dos trabalhos dos trabalhos de 1990 a 2008 tem por base o DVD *1990 a 2008: Dez SeminÁrios de História da Cidade e do Urbanismo*, organizado por Maria Cristina da Silva Leme e Renato Cymbalista; criação e desenvolvimento: Bureau Brasileiro. Disponíveis em: <http://www.anpur.org.br/revista/rbeur/index.php/shcu/index>. Acesso em: 3 dez. 2012.

16   Dos 35 livros analisados, apenas três deles priorizam trajetórias de urbanistas ou a contribuição desses profissionais para o urbanismo propriamente dito.

São dezenas de trabalhos a cada edição, e as modificações ocorridas tanto no formato dos seminários quanto na quantidade de trabalhos apresentados e publicados nos anais a cada uma delas fragiliza qualquer amostragem possível. Apesar disso, um dado geral observável nesses seminários permite algumas aproximações: entre centenas de estudos apresentados, voltados a temáticas de história da cidade e do urbanismo, uma pequena parcela, cerca de 30 deles, problematiza trajetórias de profissionais, sendo a maioria dos trabalhos voltados a questões urbanas abordadas historicamente, como propõe o próprio seminário, consolidado como espaço de debates de pesquisas a respeito da história da cidade e do urbanismo ao longo de suas edições no Brasil. É significativo que entre esses 30 trabalhos, dois terços deles problematizem a cidade e o urbanismo por meio de aspectos das trajetórias de urbanistas propriamente ditos. Alguns deles, deve-se observar, coincidem em autoria e temática com as teses e dissertações, mas nos Seminários inverte-se a proporção entre urbanistas e arquitetos, privilegiando-se nas análise de fundo biográfico os urbanistas.

Como números provenientes de uma amostragem abrangente, esses dados oferecem uma visão panorâmica e não permitem, sem dúvida, uma análise qualitativa ou capaz de explorar conteúdos e referenciais implicados nas pesquisas apresentadas, mas nem por isso deixam de ser expressivos. Na verdade, entre os dados pesquisados nos trabalhos acadêmicos, ou seja, teses, dissertações, publicações e anais dos Seminários de História da Cidade e do Urbanismo, somente nesses últimos a abordagem biográfica aparece como uma possibilidade de compreensão do campo do urbanismo e dos estudos urbanos, de modo significativo. As temáticas propostas nos Seminários favorecem a exploração de aspectos do urbanismo e da história urbana a partir de diferentes recortes, ao mesmo tempo em que são menos abertas a estudos restritos à arquitetura, mas me parece importante assinalar o papel da abordagem biográfica nesses estudos, sobretudo considerando-se sua presença bem mais discreta nos demais trabalhos acadêmicos da área. De algum modo essa, presença sinaliza a percepção de abordagens biográficas para o entendimento das questões relativas ao urbano, e oferece uma resposta, ainda que parcial, às indagações trazidas aqui inicialmente sobre o potencial da biografia para o entendimento de situações tão complexas quanto as que envolvem os estudos urbanos e a formação do campo conceitual de atuação na cidade. Refiro-me, por exemplo, a trabalhos voltados a obras urbanísticas em seu conjunto, como "Urbanismos e fronteiras: Attilio Corrêa Lima", de Elane Peixoto (2010), ou "A atuação urbanística de Luís Saia: análise do Plano Diretor de Goiânia", de Juliana Mota (2002); estudos que focalizam aspectos específicos na obra urbanística de um profissional, como "Parque e cidade na obra de Prestes Maia", de Fabiano de Oliveira (2006); ou ainda análises que problematizam o próprio campo do urbanismo a partir de atuações de profissionais específicos, como "Um urbanista nos tempos de tifo: Saturnino de Brito em Curitiba", de Irã Dudeque (2006) e "Higiene, estética e construções civis em São Paulo no início do século XX – itinerário profissional de Alexandre Albuquerque e o debate sobre a cidade", discutido por mim no Seminário de 2008.

Já as teses e dissertações, assim como os livros especializados publicados, podem abordar temas advindos de toda sorte de questões relacionadas ao campo da arquitetura e do urbanismo, e por isso mesmo as escolhas que atestam são ainda mais significativas para estas indagações. Por se caracterizarem como estudos de caráter monográfico, baseados em investigações originais que impõem investimento considerável de tempo, pesquisa e reflexão, parecem-me potencialmente capazes de gerar um envolvimento singular entre os pesquisadores e o próprio objeto de sua investigação, ainda mais quando há familiaridade em relação ao campo profissional. Certamente não sugiro que essa familiaridade ou mesmo interação entre os profissionais seja algo específico da área de arquitetura e urbanismo, sobretudo ao abordar trajetórias ou biografias, mas também nesse caso não me parece desprezível o papel de afinidades ou escolhas para potencializar aproximações ou relações específicas entre autor e objeto de estudo, assim como não me parece secundário o espaço ocupado pela dimensão autoral e pela dimensão tangível que pode assumir a obra arquitetônica. De algum modo, incitam a interação entre o profissional que pesquisa e aquele que é investigado.

Em sua extensa análise sobre as diferentes formas da escrita e abordagem biográfica ao longo da história, Dosse chama atenção, em diversas situações, para essa potencial aproximação, somada ao aumento da ilusão de um acesso direto ao passado quando se percorre os rastros de uma vida, devido à verossimilhança implicada nas descobertas e impressa nas narrativas. Cita Roger Dadoun para explicitar o perigo que ronda o biógrafo: o risco de ser "possuído pelo biografado" (DOSSE, 2009: 13-14). Nesse sentido, é como se as narrativas de fundo biográfico tratassem de "entes queridos já falecidos" e, em certo sentido, aproximassem dois protagonismos: da vida e da escrita, do biógrafo e do biografado.

> Para o historiador, a redação de uma biografia presta-se a toda sorte de desvios. Convém manter certa distância do sujeito que em geral lhe é simpático e que, por isso mesmo, o arrasta a uma adesão não apenas intelectual, mas não raro afetiva e passional (DOSSE, 2009: 208).

A obra coletiva que configura as cidades ou o jogo de forças implicado nas ações dos urbanismos tornam, de certa maneira, menos perceptíveis os gestos decisivos dos sujeitos, mais sutis suas supostas autorias, e menos identificáveis os papéis das trajetórias profissionais na intriga que configura historicamente o urbano. Não se pode descartar o risco da "fusão" dos dois protagonismos, ou seja, da interação muito próxima entre biografado e biógrafo. Há, no caso dos estudos urbanos e nas análises sobre urbanismos, aspectos complexos, advindos da própria cidade, que interferem nessa aproximação entre biógrafo e biografado, e seria necessário investigar mais detidamente essas relações. Mas uma análise mais detalhada dessas interações permanece, por ora, à espera de uma abordagem qualitativa, que avance em relação aos dados panorâmicos aqui trazidos e considere os referenciais e os modos de explicação adotados nessas abordagens biográficas. Igualmente, mereceria um esforço e cuidado ainda maiores analisar o material dos Seminários de História da Cidade e do Urbanismo ao longo de duas décadas, pois as temáticas dos Seminários não são livres – ao contrário, são seletivas e planejadas anteriormente – e os trabalhos apresentados não partem da liberdade da investigação de seus autores apenas. Por isso mesmo, tomo esses dados apenas como um indício, um rastro a provocar a reflexão, sobretudo o fato de que uma quantidade relativamente pequena desses estudos utilizou-se de abordagem biográfica para entender a história da cidade e do urbanismo. Mesmo sendo os Seminário bem delimitados e seus temas convidarem a investigar especificamente a cidade, um terço desses trabalhos norteados por biografias ou trajetórias profissionais abordou preferencialmente aspectos da arquitetura relacionada a esses percursos, em detrimento do urbanismo ou da cidade. Pergunto, pois, se este seria um indício de algumas seduções próprias da abordagem biográfica no campo da arquitetura e do urbanismo: a sedução da "sensibilidade/tactibilidade" das obras da arquitetura, a sedução da interação entre os autores (biógrafo e biografado), ou, por oposição, o afastamento em relação ao objeto de difícil apreensão que é a cidade.

Nesse ponto, percorrer os trabalhos dos Seminários e das monografias me devolve à questão inicial, ou seja, a pergunta sobre a possibilidade de uma compreensão da formação do campo conceitual do urbanismo (ou mesmo uma compreensão da complexidade que envolve a cidade, sua gestão e sua apreensão) a partir de uma abordagem biográfica. Pergunto-me, portanto, se seria perceptível nesse ponto um limite até mesmo desconcertante para o pesquisador: o risco da incontornável opacidade, da indesejável e persistente ilusão de lucidez sobre o urbano, sobre as relações e forças que nele interferem, inclusive o urbanismo e seus agentes.

296   RODRIGO DE FARIA • JOSIANNE CERASOLI • FLAVIANA LIRA [ORGS.]

Descontínuo e plural

O extensivo estudo de Dosse acerca de diferentes formas e concepções da escrita biográfica sustenta a aposta do autor na possibilidade de uma abordagem biográfica que permita compreender aspectos complexos a ela relacionados. Seria possível, para ele, a partir de certos procedimentos metodológicos, construir narrativas biográficas capazes de enfatizar complexidades, em detrimento de "singularidades" que aumentam o risco da "ilusão", da "sedução do objeto" e fortalecem a "imposição de um querer", de que falava Certeau. Dosse aborda mesmo as minúcias da própria história da biografia, ou seja, dos diferentes aportes e usos projetados para a escrita biográfica ao longo dos séculos, e afirma tratar-se de um "gênero curioso", que ultrapassa limites aparentemente intangíveis e "parece a um tempo atravessar a duração como uma necessidade imperiosa e pertencer a uma prática mal estabilizada, híbrida, espécie de monstro" (2009: 405). Embora não figure mais o "culto da vida exemplar", da *historia magistrae vitae*, chama atenção para a vitalidade do gênero, reiterado a partir de novas preocupações e indagações acerca da "singularidade" e dos possíveis "fenômenos emergentes" na história. Essa abordagem renovada permitiria escapar às visões da biografia sustentadas pela exemplaridade e, ao mesmo tempo, propõe-se a contornar os determinismos dos esquemas mecânicos e considerar complexidades (DOSSE, 2009: 406).

Não me parece, portanto, ser apenas o caso de se propor uma mudança terminológica: biografia (na qual aspectos da vida figuram como determinantes), trajetória (na qual se remete logo de início ao caráter seletivo dos eventos encadeados na narrativa) ou experiência de vida (noção que parece preservar aspectos relacionais de um percurso). Cada uma das denominações não contorna a tarefa que a antecede, de se indagar sobre as escolhas e escalas de análise consideradas, ou seja, sobre o que se quer e o que se pode problematizar a partir do aporte biográfico. Concordo com Rodrigo de Faria, em texto apresentado também nesta coletânea, quando sublinha a importância de se compreender quais aspectos de uma vida podem ser trabalhados pelo historiador, quais aspectos interessam ao historiador no interior de um projeto específico, ou seja, que complexidades ele permite iluminar, que possibilidades essa trajetória, essa vida, permite delinear e investigar. O que diferencia, a partir disso, uma biografia e uma trajetória profissional, a biografia intelectual, a trajetória de vida, a biografia profissional? Entendo que uma mesma necessidade se impõe a cada um desses aportes: a de nos posicionarmos conscientemente a respeito das relações entre a narrativa feita e a totalidade, sem mascarar a inevitável parcialidade do narrado, bem como a importância de se considerar os acasos, os improváveis, os desvios, os *escapes*, até mesmo de nossas investigações.

Retomo o aspectos dos estudos sobre o engenheiro-arquiteto Alexandre Albuquerque, mencionados anteriormente, para exemplificar o que entendo como um potencial ao mesmo tempo próprio às abordagens biográficas e nela incontroláveis. A trajetória profissional de Albuquerque poderia ser analisada como representativa de um momento de formação do campo, e não por alguma singularidade perceptível nos registros de sua atuação como engenheiro-arquiteto: ativo como docente em dois cursos de arquitetos em São Paulo; atuante nas questões políticas, tanto ligadas à profissão como à administração urbana; proponente ou defensor de obras importantes na cidade, como o sempre lembrado projeto das grandes avenidas para o centro, de 1910, e as obras da catedral paulistana, que dirigiu ao longo da vida profissional; autor de obras em áreas de ocupação mais recente, como o chamado "oeste paulista" e Mato Grosso, por exemplo, com obras em Aquidauana; membro profissional, como tantos outros colegas nas primeiras décadas do século XX na capital paulista, do escritório de seu ex-professor, o prestigiado arquiteto Ramos de Azevedo; ativo defensor de uma atitude moderna, mas não modernista, na arquitetura e no urbanismo, em meio às polêmicas tão recorrentes na década de 1930; envolvido em iniciativas na área artística, como o Salão de Belas Artes e a Escola de Belas Artes; como tantos outros engenheiros e arquitetos contemporâneos a ele, foi ativo também em cargos e campanhas políticas. Em muitas dimensões de sua trajetória seria possível encontrar um fio condutor para adentrar a cidade e os estudos urbanos a partir de um itinerário até certo ponto previsível ou coadunado com as condições de possibilidade que se pode supor no período de sua existência. É certo que há uma simplificação nessa síntese assim exposta, mas não se pode negar que mesmo nessa versão sumária, essa trajetória indica algo, talvez, mais próximo à inevitabilidade que à imprevisibilidade, nos termos de Berlin e Ginzburg.

Todavia, nas relações visíveis a partir da pesquisa sobre esse profissional, *escapando* à sua própria trajetória, deparei-me com vários "imprevistos", tomados na pesquisa como tão relevantes quanto qualquer suposta "normalidade" da trajetória. Chamo atenção para um desses *escapes*: deparei-me com outro

URBANISTAS E URBANISMO NO BRASIL **299**

arquiteto de especial importância para se compreender algumas abordagens específicas acerca da história e das manifestações culturais dos povos americanos, em seu entrelaçamento com a arquitetura nos anos 1920 e 1930. Angel Guido (1896-1960), pouco mais de uma década mais jovem que Albuquerque, ativo profissionalmente na Argentina, onde nasceu, provavelmente se encontrou com o arquiteto brasileiro em Buenos Aires durante as reuniões do III Congresso Panamericano de Arquitetos, em 1927. Seria um encontro sem especial importância para se compreender a trajetória profissional de Albuquerque, ou mesmo a inserção desse atuante arquiteto paulista na formação do campo conceitual e profissional da arquitetura e do urbanismo em São Paulo nas primeiras décadas do século – aspecto de interesse especial na abordagem biográfica realizada. Porém, um importante desvio se opera nesse ponto a partir de um dado de improvável controle: na biblioteca de Albuquerque estão praticamente todas as publicações de Guido, com vibrantes dedicatórias ao profissional paulista, indicativas de um diálogo que extrapola os Panamericanos e seus protocolos.

Poderia a trajetória profissional ou a biografia intelectual (ou mesmo a biografia, simplesmente) ignorar esse diálogo? Guido tornou-se um ato desviante na pesquisa, ao mesmo tempo em que conferiu novos e importantes elementos para o entendimento de toda a intriga pesquisada. Localizei-o como autor de um denso e volumoso trabalho, de investigação e reflexão sistemática e propositiva acerca das manifestações artísticas no continente americano desde antes da chegada dos europeus – manifestações que, segundo suas análises, poderiam conferir um papel especial aos povos da América. O diálogo e as proposições de Guido tornaram-se um capítulo à parte, uma abordagem biográfica até dentro de uma trajetória profissional, especialmente uma densa e volumosa obra publicada em 1940, no mesmo ano da morte de Albuquerque, *Redescubrimiento de América en el Arte*, e que reuniu uma série de escritos de Guido discutidos em diversos encontros com profissionais da área no continente americano. Há nela, inclusive, indícios importantes de um diálogo de ambos a respeito da obra de Aleijadinho, em Minas Gerais, como um dos três principais artistas da América capazes de potencializar o que Guido entendia como a contribuição singular da arte americana para a humanidade. Não caberia aprofundar essa discussão neste ponto, mas parece-me importante assinalar como esse desvio nas pesquisas permite reunir novos elementos para adensar a discussão, por exemplo, acerca dos imbricados caminhos que levaram à composição do repertório chamado "neocolonial" nos anos 1920 e 1930 no continente – composição, aliás, muitas vezes menosprezada pelas defesas dos modernismos, posteriormente vencedoras, mas que mobilizou fortemente muitos profissionais, inclusive Albuquerque e Guido, em seus respectivos contextos de atuação.

Certamente outros caminhos poderiam ter me levado a esse *escape* da trajetória de Albuquerque, que se tornou tão significativo para o entendimento de outras relações e tensões relativas à mesma trajetória. Porém, parece-me que as características especialmente relevantes em um estudo biográfico foram ainda mais decisivas nesse desvio, e nesse sentido permitem conferir maior significado tanto à trajetória quanto ao *escape*. As questões e os métodos de pesquisa de uma investigação biográfica

URBANISTAS E URBANISMO NO BRASIL **301**

são favoráveis ao encontro de aspectos indeterminados, de descontinuidades, de desvios. Vasculhar as bibliotecas pessoais, no caso de investigações sobre um profissional atuante na cidade, por exemplo, é potencialmente uma abertura ao inesperado, e possibilidade de exploração de uma diversidade de relações que, sem dúvida, superam os limites da metáfora do metrô e da rede, citada anteriormente. A abordagem biográfica assim aberta, e não restrita à improvável linearidade da trajetória, deixa claras possibilidades de construção de uma interpretação, que permita compreender as relações e as tensões constituintes do campo, no lugar de fornecer uma explicação. Torna-se assim uma narrativa menos determinista, para compor-se como uma trama importante para se compreender uma intriga – aquela reiteradamente exposta nas dimensões plurais do urbano.[17]

Há ainda outros aspectos nos quais as noções de descontinuidade e de desvio tornam-se importante nos aportes biográficos, considerando-se a pluralidade que envolve a compreensão do urbano, sobretudo. Dizem respeito, por exemplo, à importância de se estudar, a partir de abordagens biográficas, aqueles profissionais que não figuraram no centro dos debates e dos projetos próprios a seu tempo, como Albuquerque, mas ao lado, à margem desses debates, contornando-os até. São em geral os arquitetos identificados como pós-modernos que chamam a atenção para a necessidade de se pensar o lugar do que "deslocaliza", para lembrar a importância do deslocamento e do questionamento à linearidade dos discursos sobre os campos disciplinares, e que acabam por constituí-los por meio

---

17 As noções de trama e intriga são tributárias aqui dos trabalhos essenciais de Paul Veyne sobre a narrativa (2008).

dessa mesma linearidade.[18] De certa maneira, essa defesa do não linear – do heterogêneo que não poderia ser tomado como representativo e tampouco como apenas ruptura ou vanguarda – se aproxima da proposição de Ginzburg acerca da importância de se considerar também a raridade nos estudos históricos. A propósito de seus trabalhos sobre eventos pouco usuais na historiografia, sobre personagens desconhecidas ou considerados pouco representativos de certas circunstâncias históricas, voltados a particularidades e especificidades, em detrimento de estudos abrangentes ou exemplares, o historiador é taxativo em afirmar que nenhuma conclusão alcançada a propósito de um determinado âmbito pode ser transferida automaticamente a uma abrangência mais geral. Afirma, nesse sentido:

> um contínuo vaivém entre micro e macro-história, entre close-ups e planos gerais ou grandes planos gerais, a pôr continuamente em discussão a visão conjunto do processo histórico por meio de exceções aparentes e causas de breve período. Essa receita metodológica desembocava numa afirmação de natureza decididamente ontológica: a realidade é fundamentalmente descontínua e heterogênea (GINZBURG, 2007: 269).

É nesse sentido que entendo o potencial de estudos sobre o pensamento de um autor/sujeito para que ele possa, de alguma

---

18 Refiro-me, por exemplo, às análises e proposições de Bernard Tchumi, Peter Eisenman e Antony Vidler, mas para os objetivos destas reflexões, deixo-os apenas indicados, em especial a partir da importante antologia comentada e organizada por Nesbitt (2008).

forma, informar sobre o contexto intelectual com o qual dialoga. Com atenção ao descontínuo e heterogêneo – expresso na raridade, na anomalia, no desviante ou apenas à importância dos *escapes* à linearidade, como discutido nestes apontamentos – é que me parece possível considerar a relevância de abordagens biográficas, sobretudo para os estudos voltados à compreensão da cidade e do campo conceitual que a envolve. Por essa consideração da heterogeneirade seria, portanto, possível escapar aos limites de um aporte biográfico que só pode se justificar pela escolha entre singularidade e ineditismo, entre especificidade e representatividade, diante de trajetórias que de longe ultrapassam essas antinomias.

Referências

ALBUQUERQUE, Maria Beatriz Portugal. *Luz, ar e sol na São Paulo moderna: Alexandre Albuquerque e a insolação em São Paulo, 1916-1934*. Dissertação (mestrado em Arquitetura e Urbanismo) – FAU-USP, São Paulo, 2006.

ALBUQUERQUE JR., Durval Muniz de. "O significado das pequenas coisas: História, prosografia e biografemas". In: AVELAR, Alexandre de Sá; SCHMIDT, Benito Bisso (orgs.). *Grafia de vida: reflexões e experiências com a escrita biográfica*. São Paulo: Letra e Voz, 2012, p. 15-38.

BERLIN, Isaiah. "Inevitabilidade histórica". In: HARDY, Henry & HAUSHEER, Roger (orgs.). *Estudos sobre a Humanidade: uma antologia de ensaios*. Trad. Rosaura Eichenberg. São Paulo: Companhia das Letras, 2003, p. 159-225.

304 RODRIGO DE FARIA • JOSIANNE CERASOLI • FLAVIANA LIRA [ORGS.]

BOURDIEU, Pierre. *Os usos sociais da ciência: por uma sociologia clínica do campo científico*. Trad. Denice Barbara Catani. São Paulo: Editora Unesp, 2004 [1997].

_____. "L'illusion biographique". *Actes de la recherche en sciences sociales*, vol. 62-63, jun. 1986, p. 69-72.

_____. "Le champ scientifique". *Actes de la recherche en sciences sociales*, vol. 2, n°s 2-3, jun. 1976. Disponível em: <http://www.persee.fr/web/revues/home/prescript/article/arss_0335-5322_1976_num_2_2_3454>. Acesso em: 2 abr. 2013.

BRESCIANI, Maria Stella M. "Interdisciplinaridade – Transdisciplinaridade nos Estudos Urbanos". *III Seminário Intelectuais, sociedade e política: trajetórias, memória e cidade*. Rio de Janeiro, UFF, LABHOI, 2012.

_____. "Cidade e História". In: OLIVEIRA, Lúcia Lippi (org.). *Cidade: história e desafios*. Rio de Janeiro: Editora FGV, 2002, p. 16-35.

CERASOLI, Josianne F.; CARPINTÉRO, Marisa V. A cidade como história. *História: Questões & Debates*, Curitiba, n° 50, jan./jun. 2009, p. 61-101.

CERTEAU, Michel de. "A operação historiográfica". In: *A escrita da história*. Trad. Maria de Lourdes Menezes. 2ª ed. Rio de Janeiro: Forense Universitária, 2008, p. 65-123.

CHARTIER, Roger. "A história entre narrativa e conhecimento". In: *À beira da falésia: a história entre certezas e inquietudes*. Trad. Patrícia Chittoni Ramos. Porto Alegre: Editora Universidade/UFRGS, 2002. p. 81-100.

DARNTON, Robert. "História, eventos e narrativa: incidentes e cultura do quotidiano". *Varia historia*, vol. 21, nº 34, jul. 2005, p. 290-304.

DOSSE, François. *O desafio biográfico: escrever uma vida*. Trad. Gilson C. Cardoso de Sousa. São Paulo: Edusp, 2009.

ELIOTT, T. S. *Notas para uma definição de cultura*. Trad. Geraldo Gerson de Souza. São Paulo: Perspectiva, 1998.

FOUCAULT, Michel. *A ordem do discurso*. 3ª ed. Trad. Laura Fraga de A. Sampaio. São Paulo: Loyola, 1996 [1971].

GINZBURG, Carlo. "Micro-história: duas ou três coisas que sei a respeito". In: *O fio e os rastros: verdadeiro, falso, fictício*. Trad. Roda Freire d'Aguiar e Eduardo Brandão. São Paulo: Companhia das Letras, 2007, p. 249-279.

GRAZIOSI, João Carlos. *A trajetória profissional do engenheiro-arquiteto Alexandre Albuquerque, 1905-1940*. Dissertação (mestrado em Arquitetura e Urbanismo) – FAU-USP, São Paulo, 2001.

HARTOG, François. "A arte da narrativa histórica". In: BOUTIER, Jean & JULIA, Dominique (orgs.). *Passados recompostos: campos e canteiros da história*. Rio de Janeiro: Editora UFRJ/ Editora FGV, 1998, p. 193-202

LIMA, Henrique Espada. "Narrar, pensar o detalhe: à margem de um projeto de Carlo Ginzburg". *Artcultura*, Uberlândia, vol. 9, nº 15, jul.-dez. 2007, p. 99-111.

306   RODRIGO DE FARIA • JOSIANNE CERASOLI • FLAVIANA LIRA [ORGS.]

NESBITT, Kate (org.) *Uma nova agenda para a arquitetura. Antologia teórica, 1965-1985*. 2ª ed. rev. Trad. Vera Pereira. São Paulo: Cosac Naify, 2008.

RICOEUR, Paul. *A memória, a história, o esquecimento*. Trad. Alain François *et al*. Campinas: Editora da Unicamp, 2007.

SCOTT, Joan. "A invisibilidade de experiência". *Projeto História*, PUC-SP, nº 16, fev. 1998, p. 297-325.

SCHORSKE, Carl. *Viena Fin-de-Siécle: política e cultura*. Trad. Denise Bottmann. São Paulo: Companhia das Letras/ Campinas: Editora da Unicamp, 1988.

VEYNE, Paul. *Como se escreve a história: Foucault revoluciona a história*. 4ª ed. Trad. Alda Baltar e Maria Auxiliadora Kneipp. Brasília: EdUnB, 2008.

Esta obra foi impressa em São Bernardo do Campo na Assahi Gráfica e Editora, no outono de 2014. No texto foi utilizada a fonte Droid Serif em corpo 9,5 e entrelinha de 16 pontos.